Contactos espontáneos con un fallecido

Evelyn Elsaesser

Contactos espontáneos con un fallecido

LA REALIDAD DE LAS VSCD*

(Vivencia Subjetiva de Contacto con un Difunto)

KEPLER

Argentina – Chile – Colombia – España
Estados Unidos – México – Perú – Uruguay

1.ª edición Noviembre 2022

© 2022 by Ediciones Urano, S.A.U.
Plaza de los Reyes Magos, 8, piso 1.º C y D – 28007 Madrid
www.edicioneskepler.com

ISBN: 978-84-16344-74-1
E-ISBN: 978-84-19251-40-4
Depósito legal: B-15.003-2022

Impreso por: Rodesa, S.A. – Polígono Industrial San Miguel
Parcelas E7-E8 – 31132 Villatuerta (Navarra)

Impreso en España – *Printed in Spain*

Dedicamos este libro a todas las personas que generosamente compartieron su experiencia con nosotros.

Índice

Prefacio del doctor Christophe Fauré

Al principio, no lo podía creer.

Durante mis años de juventud como psiquiatra en el campo de los cuidados paliativos, acompañé a personas de luto por la pérdida de un ser querido. Compartieron conmigo su sufrimiento, su dolor, su rabia, su culpa… y caminé con ellos por el doloroso camino del duelo. Lo vi como el desarrollo de un proceso del que inicialmente solo percibía la dimensión psicológica.

Pero, a lo largo de los años, comenzaron a aparecer experiencias curiosas en los relatos de mis pacientes. Con tal consistencia y recurrencia que me resultó imposible no tomarlos en serio.

Me hablaron de «señales». Señales interpretadas por estas personas como una manifestación de su ser querido desaparecido, pero sobre las que guardaban silencio, a veces durante años, ¡tanto temían ser tomadas por «locas» si las revelaban a quienes les rodeaban! Además, muchos de ellos, un poco avergonzados por hablar con un psiquiatra en esos términos, me decían: «Doctor, soy una persona muy racional, pero…», y surgió el relato de este «algo» perturbador que ocurrió después de la muerte de su ser querido. «Algo» que luego aprendí a llamar VSCD.

VSCD: Vivencia Subjetiva de Contacto con un Difunto.

Después de más de 25 años de asesoramiento en materia de duelo, hoy planteo sistemáticamente esta pregunta, de forma más o menos directa: «Desde la muerte de su ser querido, ¿considera que ha tenido alguna "señal" o percepción específica?». ¡Ya no puedo contar el número de personas que, aliviadas por mi pregunta, se apresuran inmediatamente a relatar una o más VSCD!

Por lo tanto, aquí hay un tema real que merece toda nuestra atención, ya que sus implicaciones son considerables, y me complace que mis años de observación y escucha a los pacientes en mi práctica encuentren un poderoso eco en el contenido de CONTACTOS ESPONTÁNEOS CON UN FALLECIDO.

Debemos ser conscientes de ello: publicar un libro así no es anodino y quisiera elogiar la integridad y la valentía genuina de estos autores, investigadores y profesores universitarios de prestigio internacional que se atreven a poner en juego su credibilidad profesional para aventurarse, como verdaderos pioneros, en el misterioso territorio de las VSCD.

No se equivoquen al respecto: no estamos aquí en el reino de la fe; creencias a las que nos aferraríamos, en un acto desesperado, para inhibir el miedo a la muerte y la angustia de la nada. No; el enfoque de estos investigadores es totalmente diferente. Se basa en escuchar, observar, recopilar y analizar datos. Se sustenta en una metodología científica que observa y establece los hechos. Así, aunque el tema de las VSCD parezca lo contrario, ¡no se puede ser más cartesiano en esta forma de abordarlo! Sus autores se basan en información tangible y eso es lo que hace que su trabajo sea tan pertinente e inteligente.

A las objeciones que afirmarían que las VSCD son solo alucinaciones o meras producciones de la mente, mi posición como psiquiatra me permite oponer varios argumentos en contra. En mi experiencia, las VSCD no cumplen los criterios de diagnóstico para las alucinaciones de tipo psicótico, ni para las alucinaciones inducidas por drogas psicoactivas. De hecho, las alucinaciones psicóticas ocurren en el contexto específico de una patología mental como, por ejemplo, la esquizofrenia. Las personas que padecen enfermedades mentales alucinatorias sufren un doloroso confinamiento mental. Sus mentes están alborotadas, ya sea antes, durante o después del episodio alucinatorio. Sin embargo, este no es el caso de la inmensa mayoría de las personas que viven una VSCD: no presentan ninguna patología psicótica que podría explicar su VSCD.

Además, las alucinaciones de origen psicótico suelen tener un tono negativo o traumático (experiencia de persecución, humillación, amenaza, etc.). Sin embargo, como se verá en este libro, las personas que han experimentado una VSCD describen, en su mayor parte, una vivencia positiva, incluso muy positiva. Asimismo, las secuelas de un episodio alucinatorio acentúan el sufrimiento de la persona psicótica, mientras que, en la mayoría de los casos, las personas que han tenido una VSCD describen, por el contrario, un apaciguamiento, una apertura del corazón, a menudo con un impacto beneficioso en la experiencia de su duelo. Así pues, no, estas no son alucinaciones.

«Sí, pero», a veces replican, «¿no es el deseo de encontrar a la persona desaparecida lo que induce estas manifestaciones? ¿No es una proyección puramente psicológica?». Podríamos pensar que sí porque muchos dolientes expresan con mucha frecuencia el intenso deseo de encontrar a su ser querido desaparecido. De hecho, ¿qué padre, qué cónyuge, qué hijo, no desearía establecer contacto con su hijo, su cónyuge, su padre, después de su muerte? Ciertamente…, pero si el deseo de reencontrarse fuera el único elemento, la fuerza impulsora, que estuviera detrás de la VSCD, ¿no tendría sentido pensar que *todas* las personas en duelo experimentarían una VSCD? Sin embargo, ¡solo podemos constatar que este no es el caso! Por lo tanto, es difícil afirmar que solo la fuerza del deseo de encontrar al ser querido está en el origen de la vivencia de una VSCD. En la misma línea, también podemos hablar de las VSCD que ocurren en algunas personas que no tenían ese deseo y, sin embargo, lo experimentan. Más aún, ¿qué pasa con las VSCD experimentadas por personas que, en el momento de esta experiencia, desconocían la muerte de su ser querido? ¿Qué pasa, en este caso, con cualquier deseo de reunirse con un ser querido después de su muerte, cuando ni siquiera se sabe que esa persona ha muerto? De modo que no, el solo deseo de encontrar al familiar fallecido no es la fuerza impulsora que se halla detrás de una VSCD.

Entonces, ¿de qué se trata?

En este libro se ha puesto toda la inteligencia y delicadeza para no responder a esta pregunta directamente. De hecho, CONTACTOS ESPONTÁNEOS CON UN FALLECIDO describe el fenómeno de las VSCD a partir de testimonios. Sin embargo, no se arriesga a interpretar los datos recopilados. Deja que el lector extraiga sus propias conclusiones, simplemente ofreciéndole algunas vías de reflexión: ¿qué sentido dar a estas experiencias? ¿Qué nos dicen de lo que hay más allá de esta vida? ¿Sugerirían una continuidad de la conciencia después de la muerte? Esto nos lleva a la dimensión espiritual de las VSCD, que no es el tema de este libro.

Sin embargo, estas preguntas son demasiado fascinantes para no detenerse en ellas ni por un momento.

Mientras estudio las VSCD, no puedo evitar establecer una conexión con otra área de investigación: la de las ECM (experiencias cercanas a la muerte). Los relatos de ECM provienen de personas que han sido declaradas clínicamente muertas y que han vuelto a la vida gracias a los esfuerzos de reanimación. Todas describen una experiencia similar durante el tiempo que fueron declaradas «muertas». En el hospital, en una unidad de cuidados paliativos o en mi oficina, a menudo he escuchado relatos de tales experiencias en boca de las propias personas que las habían experimentado. Les invito a explorar el tema por ustedes mismos, si están interesados.

Lo intrigante de las ECM es que también sugieren una posible continuidad de la conciencia después de la muerte física. En las ECM se aborda esta posibilidad a través de la experiencia de personas que «mueren», mientras que, en las VSCD, tenemos la perspectiva de las personas que «se quedan». Se nos ofrecen así dos puntos de vista, dos perspectivas extremadamente diferentes que, sin embargo, parecen apuntar en la misma dirección.

¿En qué dirección? Depende de usted definirlo. Es usted quien debe formarse su propia opinión basándose en sus investigaciones y lecturas fiables sobre diversos temas al respecto, a los que se dará acceso.

Y aquí es donde CONTACTOS ESPONTÁNEOS CON UN FALLECIDO realmente puede ayudarlo.

Puede consolidar sus sentimientos tanto si usted mismo ha experimentado una VSCD como si no ha vivido una VSCD, aunque esté de luto, o bien estimular su curiosidad, para invitarlo a seguir adelante con sus investigaciones y explorar más a fondo el significado y las implicaciones de este fenómeno. Sea como sea, tiene usted en sus manos un precioso compañero que será capaz de nutrir su reflexión en profundidad.

¿Quién sabe entonces a dónde le llevará?

Le deseo una buena y fructífera lectura.

Dr. Christophe Fauré

Autor de *Vivre le deuil au jour le jour*, Éditions Albin Michel

Algunas palabras a modo de introducción

En este libro presento los resultados de la primera parte de un proyecto de investigación internacional de cinco años de duración sobre la *Fenomenología y el impacto de las vivencias subjetivas de contacto con un difunto (VSCD) espontáneas y directas*. Esta encuesta nos permitió recopilar más de mil testimonios en los tres idiomas del proyecto, a saber, francés, inglés y español. Por lo tanto, hemos efectuado la encuesta multilingüe más amplia sobre las VSCD espontáneas y directas a nivel mundial. Habíamos diseñado un cuestionario que comprendía cerca de doscientas preguntas sobre la naturaleza y el impacto de estos contactos espontáneos, aparentemente iniciados por los fallecidos con respecto a sus familiares. Los resultados presentados en este libro permiten una comprensión profunda de este fenómeno tan común pero ausente en los medios y el discurso público. Los investigadores estiman la ocurrencia de las VSCD en un 50-60% de la población,[1] especialmente

---

1. Burton, J. (1982). «Contact with the dead: A common experience?». In: *Fate*, 35(4), 65-73.

Castelnovo, A.; Cavallotti. S.; Gambini, O.; D'Agostino, A. (2015). «Post-bereavement hallucinatory experiences: A critical overview of population and clinical studies». In: *Journal of Affective Disorders.* 186:266-74. doi: 10.1016/j.jad.2015.07.032. Epub 2015, Jul 31.

Keen, C.; Murray, C.; Payne, S. (2013). «Sensing the presence of the deceased: A narrative review». In: Mental Health, Religion & Culture, 16(4), 384-402, DOI: 10.1080/13674676.2012.678987.

Rees, W.D. (1971). «The hallucinations of widowhood». In: *British Medical Journal*, 4, 37-41. Rees, W.D. (1975). «The bereaved and their hallucinations». In: I. Schoenberg; A. Gerber; A.H. Wiener; D. Kutscher, A.C. Carr (Eds.) *Bereavement: Its psychosocial aspects.* New York: Columbia University, 66-71.

pero no exclusivamente, en duelo. Dada la frecuencia y la naturaleza de estas experiencias, es hora de dejar de llamarlas «inusuales», «excepcionales», «extraordinarias» o «paranormales» y reconocerlas por lo que son: experiencias humanas comunes, normales y saludables.

En CONTACTOS ESPONTÁNEOS CON UN FALLECIDO, la palabra se concederá en gran medida a los participantes de nuestra encuesta que tan generosamente han compartido su experiencia con nosotros. Surgieron muchas similitudes entre las diferentes experiencias. Aunque los numerosos testimonios presentados son efectivamente plurales (cada uno con su propia tonalidad y color porque están inscritos en el contexto de la vida y, a menudo, en el dolor del duelo de los participantes), existe sin embargo un hilo común que une estas distintas experiencias.

En nuestra encuesta, nos centramos exclusivamente en la *experiencia* de las personas que han experimentado una VSCD (los receptores). La cuestión de la autenticidad (del estatus ontológico) de estos contactos no es el tema de este proyecto de investigación, aunque una serie de preguntas proporcionan información sobre la *impresión de realidad* de las VSCD que tienen los receptores.

Las VSCD se manifiestan en multitud de formas y situaciones. La primera parte del libro está dedicada a la fenomenología de las VSCD, es decir, a los diferentes tipos de VSCD identificadas y cómo ocurren. Los contactos manifestados a través de cuatro de los cinco sentidos, a saber, las VSCD visuales, auditivas, olfativas y táctiles, fueron objeto de una serie de preguntas, así como las VSCD del sentir una presencia. Las VSCD durante el sueño, al quedarse dormido o al despertarse, representan el tipo de contacto experimentado con mayor frecuencia por nuestros encuestados. Sin embargo, más de la mitad de ellos se despertaron por el contacto y el resto de la experiencia cayó en una de las otras categorías de las VSCD. Las VSCD que ocurrieron en el momento del fallecimiento también fueron objeto de una serie de preguntas. Son especialmente interesantes, incluso probatorias, porque los receptores afirman haber sido informados de la muerte de un familiar o amigo por el propio fallecido. Otras formas de expresión de VSCD son revisadas e ilustradas por numerosos testimonios. Además, una serie de preguntas permitió elaborar un «perfil» de los difuntos percibidos.

La segunda parte del libro está dedicada al impacto de las VSCD en el sistema de creencias de los receptores y sus efectos beneficiosos en el proceso de duelo.

Estos contactos tienen consecuencias para las creencias de los receptores. Hicimos una serie de preguntas sobre este tema y las respuestas recopiladas son esclarecedoras. En primer lugar, cabe señalar que las VSCD no son experiencias religiosas. La investigación muestra que ser creyente, agnóstico o ateo no influye de ninguna manera en la naturaleza de la experiencia ni en la probabilidad de tenerla. Una creencia preexistente en la supervivencia de la conciencia después de la muerte física no es de ninguna manera un requisito previo para experimentar una VSCD. Por lo tanto, no es de extrañar que estas experiencias consoliden solo muy levemente las creencias religiosas. La espiritualidad, sin embargo, se refuerza fuertemente siguiendo la VSCD. Además, los entrevistados se expresaron sobre los cambios que se produjeron en ellos a raíz de la VSCD en cuanto a su concepción de la muerte, al miedo a su propia muerte, a la supuesta capacidad de los difuntos para contactar con los vivos y a las creencias a favor de una vida después de la muerte física.

Las VSCD impactan fuertemente en el proceso de duelo. A los ojos de los receptores, el ser querido fallecido ha logrado cruzar (muy excepcionalmente y muy brevemente) la línea divisoria entre los dos mundos para expresarles su apoyo y amor. Más allá de la percepción del difunto que, en sí misma, ya es una experiencia notable, son las emociones sentidas y percibidas durante los contactos las que les dan todo su significado. Las vivencias subjetivas de contacto con un difunto abren la perspectiva de un vínculo relacional continuo y dinámico entre los vivos y los muertos que se materializaría en momentos excepcionales. Las numerosas preguntas que se hicieron a los participantes hicieron posible comprender hasta qué punto y de qué manera las VSCD impactan el proceso de duelo. Además, nuestros encuestados nos proporcionaron descripciones detalladas y multifacéticas de los mensajes percibidos durante los contactos que nos permitieron captar el alcance emocional completo de las VSCD.

Los invito a descubrir los resultados de nuestra encuesta y los numerosos testimonios que los ilustran.

El fenómeno de las VSCD

¿Alguna vez ha percibido la presencia de un ser querido fallecido? ¿Lo escuchó?[2] ¿Lo vio entrar en su sala de estar y acercarse a usted? ¿Sintió su mano tomar la suya en un gesto familiar repetido mil veces durante su vida? ¿Había un olor característico que indicara su presencia? ¿Se comunicó con la persona fallecida mientras dormía, no en un sueño ordinario, sino en un claro y coherente frente a frente que parecía perfectamente real?

Si este es el caso, es probable que haya experimentado un contacto espontáneo y directo con una persona fallecida: una VSCD.

Una «vivencia subjetiva de contacto con un difunto», o VSCD, espontánea y directa ocurre cuando una persona, a menudo, pero no siempre, de luto, percibe inesperadamente a una persona fallecida a través de los sentidos de la vista, el oído, el olfato o el tacto. Muy comúnmente, las personas que experimentan una VSCD (los receptores) simplemente sienten la presencia del difunto o perciben un contacto durante el sueño o al quedarse dormidos o al despertar. La persona fallecida se percibe de una manera que los receptores interpretan como indicativa de la supervivencia continua de esa persona.

Las VSCD son:

- **Espontáneas:** aparentemente iniciadas por los fallecidos, sin intención o solicitación por parte de los receptores;

---

2. Para facilitar la lectura, he optado por utilizar la forma masculina para designar colectivamente los dos géneros.

- **Directas:** sin intervención de otras personas (p. ej., médium), uso de dispositivos (güija/ouija,[3] fenómenos de voz electrónica (EVP)/TransComunicación Instrumental TCI)[4] o un contacto mediado por otros procesos.

Los contactos realizados por iniciativa de los afligidos a través de un médium, que son mucho más conocidos por el público que las VSCD, no son el tema de la investigación presentada y, por lo tanto, se hablará de ello solo brevemente.

Un fenómeno social (oculto) importante

Las VSCD ocurren con frecuencia. La literatura indica que entre el 50 % y el 60 % de las personas,[5] especialmente las que están de luto, han experimentado una o más VSCD espontáneas. Los testimonios registrados en todos los continentes y durante siglos sugieren que este fenómeno es *universal* y *atemporal*. Es evidente que no se trata de una experiencia marginal, sino de un fenómeno social importante. Cada

---

3. Tablero de madera que tiene alfabeto y números con el que supuestamente se establecería contacto con espíritus. Según los proponentes del fenómeno paranormal, dichos registros aparecen como voces (masculinas, femeninas, juveniles, seniles e infantiles) que enuncian contenidos significativos.

4. Las psicofonías, parafonías o fenómenos de voz electrónica (EVP) son sonidos de origen electrónico que quedan registrados en distintos tipos de grabadoras de audio y son interpretados con hipótesis muy diversas. Este proceso también se conoce como «TransComunicación Instrumental TCI».

5. Burton, J. (1982). «Contact with the dead: A common experience?». In: *Fate*, 35(4), 65-73.
Castelnovo, A.; Cavallotti. S.; Gambini, O.; D'Agostino, A. (2015). «Post-bereavement hallucinatory experiences: A critical overview of population and clinical studies». In: *Journal of Affective Disorders*. 186:266-74. doi: 10.1016/j.jad.2015.07.032. Epub 2015, Jul 31.
Keen, C.; Murray, C.; Payne, S. (2013). «Sensing the presence of the deceased: A narrative review». In: Mental Health, Religion & Culture, 16(4), 384-402, DOI: 10.1080/13674676.2012.678987.
Rees, W.D. (1971). «The hallucinations of widowhood». In: *British Medical Journal*, 4, 37-41. Rees, W.D. (1975). «The bereaved and their hallucinations». In: I. Schoenberg; A. Gerber; A.H. Wiener; D. Kutscher, A.C. Carr (Eds.) *Bereavement: Its psychosocial aspects*. New York: Columbia University, 66-71.

día, un gran número de personas viven estas experiencias y no saben cómo nombrarlas o cómo situarlas en su concepción de la realidad. A pesar de su presencia extendida, las VSCD, paradójicamente, han sido objeto de poca investigación y están ausentes de los medios de comunicación y del discurso público. Como resultado, los receptores generalmente no tienen un marco de referencia para comprender, integrar y beneficiarse plenamente de esta experiencia que no parece corresponder a la concepción de la realidad dominante en las sociedades occidentales.

La investigación

Había llegado el momento de estudiar estas experiencias, tan comunes y, sin embargo, tan poco investigadas. Hemos decidido emprender un proyecto de investigación internacional para comprender mejor la naturaleza y el impacto de las VSCD. Desde febrero del 2018 hasta enero del 2020, llevamos a cabo la primera parte de un ambicioso proyecto de investigación titulado *Investigación de la fenomenología y del impacto de las vivencias subjetivas de contacto con un difunto (VSCD) espontáneas y directas.*[6] La segunda parte del proyecto ha comenzado en julio del 2021 y se completará en junio del 2024.

Equipo de proyecto

La constitución del equipo del proyecto refleja el carácter internacional del mismo.

Equipo

- Evelyn Elsaesser, líder del proyecto, Chavannes de Bogis, Suiza.
- Prof. Chris A. Roe, investigador principal, Universidad de Northampton, Reino Unido.

6. Nos gustaría agradecer el amable apoyo de la Fundación Bial (Award 169/20), el Fondo de Supervivencia de la Sociedad para la Investigación Psíquica (Society for Psychical Research Survival Fund) y un benefactor anónimo, que han permitido llevar a cabo este proyecto de investigación.

- Prof. Asociado Callum E. Cooper, miembro del equipo, Universidad de Northampton, Reino Unido.
- David Lorimer, Scientific and Medical Network, miembro del equipo, Reino Unido.

Comité científico

- Prof. J. Kim Penberthy, Universidad de Virginia, Estados Unidos.
- Prof. Peter Fenwick, Kings College, Londres, Reino Unido.
- Prof. Emeritus Kenneth Ring, Universidad de Connecticut, Estados Unidos.

Evelyn Elsaesser   Chris A. Roe   Callum E. Cooper   David Lorimer

Diseño de proyecto

Esta encuesta internacional, realizada en francés, inglés y español, tenía tres objetivos.

1.er objetivo
Descripción de las circunstancias de ocurrencia y de la fenomenología de las VSCD

- ¿Quién tiene una VSCD?
- ¿Bajo qué circunstancias?
- ¿En qué forma (tipo de VSCD)?
- ¿Cómo se desarrollan estas experiencias?

- ¿Cuáles son los mensajes de las VSCD?
- ¿Quiénes son las personas fallecidas que supuestamente inician el contacto?
- ¿Cuál fue/es su relación con los receptores?
- ¿Existen diferencias fenomenológicas entre los países?

2.º objetivo
Análisis del impacto de las VSCD en los receptores

- ¿Cómo experimentan las personas las VSCD?
- ¿Qué significado les atribuyen?
- ¿Cuál es el impacto inmediato y a largo plazo en los receptores?
- ¿Cómo influyen las VSCD en el proceso de duelo?
- ¿El contexto nacional y social influye en las experiencias de los individuos?

3.er objetivo
Difusión de los resultados de la investigación al público en general y a la comunidad científica

- Con esta encuesta, deseamos contribuir a la sensibilización del público sobre el fenómeno de las VSCD. Al presentar los datos recopilados sobre las circunstancias y la forma en que ocurren las VSCD y al analizar su impacto en la vida de los individuos, hacemos que estos resultados sean accesibles para las personas que afrontan la muerte de un ser querido y, en general, para cualquier persona interesada en este tema. Además, participamos en la difusión de datos científicos en el ámbito académico.

De acuerdo con las pautas profesionales establecidas por la Sociedad Británica de Psicología (British Psychological Society, BPS), la metodología de la encuesta se ha sometido a una rigurosa revisión ética para garantizar la confidencialidad y protección de los datos puestos a disposición generosamente por nuestros participantes. El proyecto recibió la aprobación ética de la Facultad de Salud y Ciencias Sociales de la Universidad de Northampton, Reino Unido, en julio del 2018.[7]

Además, de conformidad con los estándares actuales de transparencia de la investigación, el diseño de la encuesta y la estrategia de análisis se registraron previamente en el Registro de Estudios de la Unidad Koestler de la Universidad de Edimburgo, Escocia.[8]

Cuestionario

Para lograr los objetivos del proyecto, necesitábamos un cuestionario muy detallado. Desarrollamos **194 preguntas** (incluidas preguntas de seguimiento después de respuestas afirmativas) para cubrir todos estos aspectos, la mayoría de los cuales se presentan en esta obra.

Los participantes tuvieron la opción de completar el cuestionario sin indicar su nombre. Esta es la razón por la que los testimonios presentados en este libro no son nominativos. Además, todos los nombres propios y los nombres de lugares se han anonimizado (cambiado). En cualquier caso, una vez procesados los datos por parte de nuestro equipo, los resultados de la encuesta se presentaron de forma completamente anónima, excluyendo cualquier identificación individual.

Primero, invitamos a los participantes a describir su VSCD con sus propias palabras en un cuadro de diálogo de texto libre. En el caso de que los participantes experimentaran múltiples VSCD, les pedimos que describieran solo una VSCD, eligiendo la más significativa. Luego, las preguntas se presentaron con propuestas de opción múltiple. Muchas preguntas se combinaron con otras de seguimiento con un cuadro de diálogo de texto libre.

---

7. ref: FHSRECSS00084.

8. https://koestlerunit.wordpress.com/study-registry/registered-studies/) - ref: KPU Registry 1046.

Fueron necesarias dos o tres horas para completar el cuestionario. A pesar de esta importante inversión de tiempo, muy pocos participantes abandonaron en el camino. Llegamos a la conclusión de que los receptores apreciaron poder describir su VSCD y su impacto en un espacio seguro y sin prejuicios, sabiendo que no siempre es fácil compartir estas experiencias con otros, ya que parecen ser contrarias a la concepción materialista de la realidad de las sociedades occidentales. Los receptores a menudo se enfrentan a la incredulidad o incluso el escepticismo cuando describen sus experiencias a su entorno. Es doloroso y frustrante porque valoran la VSCD y desean compartir su alegría de haber experimentado este contacto inesperado.

El cuestionario se presentó en español, francés e inglés en una plataforma segura de encuestas en línea. La encuesta se anunció en las conferencias públicas de los miembros del equipo y en las redes sociales, y la información sobre el proyecto de investigación y el enlace al cuestionario se publicaron en mi sitio web. Considerándolo todo, hicimos poco para promover la investigación. El cuestionario estuvo disponible en línea en cada uno de los tres idiomas durante un período de seis meses.

Datos recolectados

El número de cuestionarios completados superó con creces nuestras expectativas.

1.004 cuestionarios completados
Español: 148 | Francés: 440 | Inglés: 416
Más de 2 millones de palabras en respuesta al cuestionario
La más extensa encuesta multilingüe sobre las VSCD espontáneas
a nivel mundial

Resultados de la encuesta

Los resultados presentados en este libro se refieren a la totalidad de los datos recopilados, es decir, la combinación de las respuestas de los 1.004 cuestionarios completados en español, francés e inglés. El propósito de este libro es presentar la mayoría de los resultados *cuantitativos* de la encuesta. Todos los resultados expresados como porcentaje provienen de las preguntas cerradas de opción múltiple *Sí, No estaba seguro o No*. Nosotros (el equipo principal) hemos resumido los principales resultados de nuestra investigación en nuestro artículo insignia titulado «The Phenomenology and Impact of Hallucinations concerning the Deceased», publicado en *British Journal of Psychiatry Open (BJPsych Open)*.[9]

A diferencia del análisis cuantitativo, el análisis cualitativo, o temático, es un análisis más completo y rico que se realiza sobre la base de las preguntas abiertas de nuestro cuestionario, cuando los participantes describen su experiencia con sus propias palabras en cuadros de diálogo de texto libre.

Para aprovechar al máximo los datos recopilados, decidimos someterlos a análisis tanto cuantitativo como cualitativo. Este enfoque mixto para el análisis de nuestra base de datos es una elección estratégica de nuestro equipo. Mis colegas del equipo principal y los equipos asociados con nuestro proyecto de investigación ya han realizado o están realizando análisis cualitativos sobre temas específicos basados

---

9. Elsaesser, E; Roe, C.A.; Cooper, C.E; Lorimer, D. (2021). «The phenomenology and impact of hallucinations concerning the deceased». In: *BJPsychOpen*, Volume 7, Issue 5, September 2021, e148 DOI: https://doi.org/10.1192/bjo.2021.960.

en nuestros datos en universidades de Francia, Gran Bretaña y Estados Unidos. Estos análisis se han presentado o se presentarán en conferencias internacionales. Algunos artículos ya han sido publicados en revistas científicas y otros están todavía en proceso de elaboración. Todas las publicaciones resultantes de nuestro proyecto de investigación están disponibles en el sitio web del proyecto: www.adcrp.org.

Los numerosos testimonios incluidos en este libro que ilustran los datos cuantitativos provienen de los cuadros de diálogo de texto libre. Los testimonios presentados proceden de los 148 cuestionarios en español, de los 440 cuestionarios en francés y de los 416 cuestionarios en inglés.

Pueden ocurrir varios tipos de VSCD simultáneamente, por ejemplo, un receptor puede sentir la presencia del fallecido poniendo una mano en su hombro y hablándole mientras desprende una fragancia familiar. Así, algunos de los relatos citados en las páginas siguientes podrían haberse presentado simultáneamente en varias categorías de VSCD, lo que me obligó a hacer una elección arbitraria para su clasificación. En consecuencia, los relatos que figuran en un tipo de VSCD pueden contener elementos de otro tipo de VSCD presentado más adelante.

Uno de los objetivos de nuestro proyecto de investigación es analizar la posible influencia del contexto cultural en las experiencias de los individuos. En esta perspectiva, se presentarán algunos datos tanto para los 1.004 cuestionarios combinados como también por grupos de idiomas, a título de comparación. Estas indicaciones son solo el primer paso hacia un análisis en profundidad de las diferencias nacionales/lingüísticas y culturales que potencialmente han influido en las experiencias de nuestros participantes.

Datos demográficos

Reproduzco aquí algunos de los datos demográficos de nuestros participantes. Hay una clara diferencia de género en la participación, con 853 mujeres que han completado el cuestionario en comparación con solo 144 hombres (7 personas marcaron *otros*, por ejemplo, transgénero). Sin embargo, la literatura muestra que los hombres y las mujeres tienen VSCD en aproximadamente la misma proporción, pero las mujeres las comunican más.[10] Esta importante diferencia en el género de los participantes puede significar simplemente que las mujeres se sienten más cómodas al compartir experiencias personales y emocionales que los hombres.

85% de participantes femeninos, en comparación con solo 14% de participantes masculinos, y 1% de otros (por ejemplo, transgénero)

La edad de los participantes se encuentra entre 18 y 89 años, con una edad media de 51 años. Un contacto espontáneo con una persona fallecida puede ocurrir a lo largo de nuestra vida. Los niños pueden experimentar una VSCD igual que los adultos. Desafortunadamente, los padres a menudo no los toman en serio y se quedan solos para darle sentido a esta experiencia. Esta es una de las muchas razones por las que es tan importante que los conocimientos actuales sobre las VSCD estén ampliamente disponibles.

La edad mínima de 18 años para participar en nuestra encuesta fue impuesta por nosotros como parte del diseño (por razones éticas), pero eso no implica que su VSCD haya ocurrido solo en la edad adulta: los participantes podían describir experiencias que les habían ocurrido en su infancia o adolescencia.

El nivel educativo de nuestros encuestados es bastante alto:

- ‣ Universidad: 48%
- ‣ Colegio o equivalente: 18%
- ‣ Capacitación técnica: 22%
- ‣ Escuela secundaria: 12%

---

10. Castro, M; Burrows, R; Wooffitt, R. (2014). «The paranormal is (Still) normal: The sociological implications of a survey of paranormal experiences in great Britain». In: *Sociological Research Online*, 19(3), 1-15. https://doi.org/10.5153/sro.3355

La siguiente pregunta estaba relacionada con el estado profesional de nuestros participantes:

- ‣ En actividad profesional: 58%
- ‣ En jubilación/jubilación anticipada: 21%
- ‣ En busca de trabajo: 4%
- ‣ Ama/amo de casa: 4%
- ‣ En colegio o universidad: 2%
- ‣ En permiso temporal: 1%
- ‣ En formación continua: 1%
- ‣ En servicio militar/comunitario: 0%
- ‣ Otro: 9%

Nos informamos sobre su estado civil:[11]

- ‣ Casado/a: 37%
- ‣ Concubinato: 14%
- ‣ Unión civil: 0%
- ‣ Soltero/a: 17%
- ‣ Separado/a: 5%
- ‣ Divorciado/a: 15%
- ‣ Viudo/a: 13%

Estos datos demográficos indican que casi la mitad de los encuestados (48%) tenían estudios universitarios, más de la mitad (58%) tenían una actividad profesional y una minoría (21%) se encontraban en (pre)jubilación. El estado civil de los participantes no revela ninguna

---

11. Para todas las estadísticas presentadas, los porcentajes se han redondeado para facilitar la lectura y pueden sumar 99 o 101 en lugar de 100.

especificidad particular. El número de participantes viudos o viudas no es muy elevado (13%). Los datos demográficos reproducidos aquí muestran que, en varios criterios, los encuestados no se destacan de la población general. Sin embargo, observamos que las personas con un alto nivel de formación están sobrerrepresentadas entre los participantes de nuestra encuesta.

VSCD múltiples

Una gran mayoría de nuestros participantes tenía múltiples VSCD con una o varias personas fallecidas. Esto fue una sorpresa para nosotros, ya que la literatura no informa de un número tan alto de VSCD múltiples.

El 80% ha experimentado múltiples VSCD, el 10% no estaba seguro y el 11% ha experimentado solo una VSCD

Cuando se les preguntó sobre el número de contactos percibidos, la mayoría de los encuestados indicó un número entre dos y diez, pero para algunos la ocurrencia fue mucho mayor.

Poco más de un tercio ha percibido cada vez al mismo fallecido, mientras que más de la mitad ha experimentado contacto con diferentes fallecidos.

El 34% siempre percibió al mismo fallecido, el 7% no estaba seguro y el 59% percibió diferentes fallecidos

Tipos de VSCD

Se han identificado diferentes tipos de contacto con los fallecidos que se pueden percibir por cuatro de los cinco órganos sensoriales, a saber, la vista, el oído, el tacto o el olfato. A esto se suman VSCD de sentir una presencia y contactos que ocurren durante el sueño, al quedarse dormido o al despertar. Muy a menudo, varios órganos sensoriales están involucrados simultáneamente. Los receptores informan, por ejemplo, que podían escuchar a un ser querido fallecido decirles que estaba bien y que no deberían preocuparse por él, mientras olían el perfume que solía usar.

Sentir una presencia

El 34%[12] sintió la presencia del difunto

Los receptores sienten la presencia familiar de un miembro de la familia o amigo fallecido, pero no pueden verlo, ni oírlo, ni sentir un contacto físico, ni oler una fragancia característica del difunto. 342 de nuestros participantes tenían una VSCD de «sentir una presencia».

En la siguiente tabla (y en las siguientes que describen los tipos de VSCD), las secciones de *Hombres* y *Mujeres* se refieren a las respuestas a los 1.004 cuestionarios completados en español, francés e inglés. Las

---

12. Esta cifra se refiere a todos los datos recopilados, es decir, los 1.004 cuestionarios completados en los tres idiomas.

secciones *Datos en español, Datos en francés* y *Datos en inglés* reflejan los porcentajes de personas que han experimentado una VSCD de sentir una presencia por grupo lingüístico.[13]

VSCD de sentir una presencia	Hombres	Mujeres	Datos en español	Datos en francés	Datos en inglés
Sí	34%	35%	44%	40%	25%
No	66%	65%	56%	60%	75%

Por lo general, la identidad del fallecido emana claramente de esta presencia y permite una identificación inmediata.

A continuación se ilustra este tipo de contacto:

«En febrero del 2016 supe que un examigo había muerto repentinamente de un ataque cardíaco cuando solo tenía poco más de cincuenta años. Habíamos perdido el contacto hacía dos o tres años. La noticia de su muerte me llegó al día siguiente de morir. Unos días después, de camino a casa, justo cuando giraba la llave para abrir la puerta de mi apartamento, recibí la información de que John[14] estaba en mi casa. Y me sentí incómoda de inmediato. Caminé hacia la sala de estar y sentí la presencia de John sentado en una silla alrededor de la mesa del comedor. Me estaba esperando y quería verme después de su brutal partida. No podía verlo físicamente, pero sabía dónde estaba y podía sentir su presencia muy bien. Incómoda con esta sensación, le pedí que se fuera. Sentí que tenía muchas ganas de verme e insistió en quedarse, pero le dije que no me

---

13. El número total indicado anteriormente no se corresponde exactamente con las cifras por grupo lingüístico, ya que estos grupos son de diferente tamaño.

14. Como se señaló anteriormente, todos los nombres propios y los nombres de lugares mencionados en los testimonios se han cambiado para proteger la identidad de los participantes.

sentía preparada, que más tarde me gustaría verlo, tal vez, y se fue. Dejé de sentir su presencia y el ambiente volvió a ser relajado. Cuando estuve lista una o dos semanas después, le pedí que viniera en un sueño y lo hizo, pero esta es otra VSCD».

Como ilustra este relato, la presencia parece tener una cierta densidad, casi física, aunque invisible, y el receptor a menudo sabe exactamente dónde se encuentra el difunto en el espacio.

El 68% pudo localizar al fallecido, el 14% no estaba seguro y el 18% no pudo localizarlo

«Con mi suegro sentí la presencia en el lado derecho. Con mi jefe fue enfrente.»

«Sabía dónde ubicarlo en la habitación donde estaba. No podía verlo, pero sabía exactamente dónde estaba. Mientras que cuando pienso en él, no lo "siento".»

«Sabía que estaba allí. Podía sentir que estaba frente a mí.»

«Acostada en mi cama, sentí la presencia de mi hijo. En ese momento, sentí que el colchón se hundía como si alguien estuviera sentado a mi lado. Fue la sensación de una masa corporal invisible a mi lado. ¡Sabía que era él!»

«La noche que murió mi padre, yo estaba sentada en mi silla. Tenía un gran dolor y de repente sentí una presencia que posteriormente me calmó. Luego, cuando me fui a la cama, sentí esa misma presencia de pie a la derecha de mi cama, mirándome.»

«El día que falleció mi abuela, yo estaba frente a la chimenea pensando en ella, no podía llorar. Sentí una presencia frente a mí a la derecha, luego se movió detrás de mí y puso su mano en mi hombro derecho. Sentí mucho amor.»

A esta VSCD de sentir una presencia le siguió una breve percepción visual:

«Varios días después de que mi mejor amigo falleciera repentinamente, estaba sola en casa, en la cocina cocinando, cuando sentí una fuerte presencia detrás de mí. No había oído a nadie entrar en la habitación, así que me giré instintivamente para ver de quién se trataba. Durante un breve instante, vi a mi amigo, de pie en la puerta. Tan pronto como me di cuenta de lo que estaba viendo, él desapareció y también la sensación de una presencia.»

No solo la presencia, sino el propósito de la misma fue inmediatamente obvio para nuestro participante:

«El abuelo estuvo presente en el coche conmigo poco después de su funeral. Yo tenía unos veinte años. No estoy seguro de la fecha mientras escribo esto. Su presencia era fuerte. No tuve ninguna duda de que era él, aunque no lo "vi" ni lo "oí". Estaba allí para despedirse».

Este suceso sorprendió a nuestra participante en medio de su actividad, cuando no pensaba en el fallecido:

«Me dirigía a la cocina para lavar los platos. No sé en qué estaba pensando, pero de repente me paré y me quedé helada… Lo sentí, sentí su energía, su presencia. Casi podía olerlo. Empecé a sollozar… y le dije que no se fuera. Esta sensación duró varios minutos y luego se fue lentamente. Pero durante esos pocos minutos fue como si estuviera allí mismo, conmigo, amándome, haciéndomelo saber».

La presencia del difunto suele percibirse con la misma claridad que cuando nos damos cuenta de que una persona viva acaba de entrar en la habitación, antes de volvernos para mirarla:

«La persona (mi padre, fallecido en 1994) vino a mi mente; entonces dejé de hacer lo que estaba haciendo, lavar los platos, me giré como si alguien hubiera entrado en la cocina y me quedé quieta. Sentí calor y amor. Mis lágrimas comenzaron a fluir de alegría. Me sentí acunada, como si él me hubiera estrechado entre sus brazos. Tenía palabras de consuelo en mi cabeza. Tenía la sensación de que se prolongaba durante mucho tiempo. Me sentí increíblemente tranquila y serena. Luego, aun sintiéndome tan bien, volví a mis actividades recordando de golpe que ¡era mi cumpleaños!»

El siguiente testimonio demuestra que los contactos no se producen cuando se esperan, sino que ocurren de forma imprevista e imprevisible:

«Mi prometido murió de forma repentina e inesperada. Yo tenía 30 años y él 43. Naturalmente, yo estaba desconsolada y me quedé con amigos que le habían conocido bien. Hablábamos mucho de él. Conversaba con él todo el tiempo, pensaba en él, pero no tenía ningún tipo de VSCD. Algunos de mis libros y discos, etc., estaban en su casa, así que fui a recogerlos. No solo anhelaba una VSCD de él, sino que "esperaba" una. Pero no sucedía nada. Me paseé por su casa, mirando y tocando sus cosas, pero no tenía ninguna sensación de él o de su presencia, solo una tristeza abrumadora. Me fui. Un par de días después, había cenado con los amigos con los que aún vivía. No habíamos hablado de él; la conversación había sido sobre cosas totalmente diferentes. Uno de los amigos me pidió que llevara una bolsa al cubo de la basura. Este se encontraba en un estrecho camino cubierto frente a la puerta de la cocina. Hacía viento, así que cerré la puerta tras de mí y agarré la bolsa. Cuando lo hice, me detuve en absoluto *shock* y asombro… porque él, Donald, estaba allí, esperándome. No lo vi, ni lo oí, ni olí nada… pero, sin ningún tipo de duda, supe que él estaba allí.

Hablé con él. Me sentí increíblemente reconfortada, amada y aliviada. Y asombrada: cuando lo esperaba, en el lugar en el que de alguna manera era probable que estuviera, no estaba. Ahora estaba allí, frente a mí, cerca de mí. Es difícil de transmitir, pero cualquiera que haya tenido la experiencia sabrá de inmediato a qué me refiero».

La siguiente narración parece transmitir tranquilidad y sosiego:

«Por las noches, cuando estoy en mi habitación o en la de mis hijos acostándolos, puedo sentir a mi hermano mayor en la habitación, observando. Parece una presencia silenciosa que se limita a comprobar cómo está todo, sin interferir en absoluto. Solo observando».

Las VSCD de sentir una presencia son percepciones inesperadas y típicamente breves (unos segundos, unos minutos a lo sumo), que suelen tener un principio y un final claramente identificables.

El 64% sabía exactamente cuándo llegó y se fue el difunto, el 13% no estaba seguro y el 23% no lo sabía

«Había una sensación real, e inesperada, de su presencia al lado y ligeramente por encima de mí. De repente estaba allí y, unos minutos más tarde, se había ido de nuevo repentinamente.»

En la narración que sigue, la entrevistada también fue capaz de identificar de forma clara la ubicación del fallecido durante estos contactos inusualmente frecuentes y prolongados que se produjeron durante varias semanas. Este testimonio da la impresión de una interacción amistosa y pacífica, y de un entendimiento mutuo que no necesita palabras, lo cual es típico de la relación entre adolescentes que mantenían antes del fallecimiento del chico:

«Cuando tenía 16 años un amigo murió de sobredosis accidental. No nos conocíamos bien, pero teníamos sentimientos afectuosos el uno por el otro y algunos amigos cercanos en común. Unos meses después de su muerte le sentí cerca, a mi alrededor, como si estuviéramos en la misma habitación pasando el rato juntos. No le vi ni le oí hablar y no nos tocamos, pero le sentí muy claramente. Podía oler débilmente su colonia. Venía y pasaba el rato así con regularidad, de forma intermitente a lo largo del día, a veces quedándose hasta una o dos horas mientras yo estudiaba. Otras veces era breve y volvía más tarde el mismo día. Esto continuó diariamente o casi durante unas tres semanas. Las visitas terminaron repentinamente y desde entonces no lo he vuelto a sentir. En el momento en que me visitaba sentí que su propósito al venir era hacer saber a sus amigos que estaba bien. No había habido un funeral público y era difícil para mí y para otros amigos comprender su fallecimiento. También parecía tener algún tipo de pregunta que intentaba plantearme en su tímida forma indirecta (típica de él en la vida), o tal vez alguna respuesta que buscaba de mí, que no pude descifrar. Las primeras visitas me sorprendieron un poco, fueron inesperadas, y no intenté interactuar con él. A medida que me sentía más cómoda con su presencia, le saludaba mentalmente y le invitaba a sentarse, y eso parecía ayudarle a sentirse más confortable. Nunca se sentaba; permanecía a un lado o detrás de mí. Rápidamente me acostumbré a pensar en él durante sus visitas, en lo que me gustaba de él, a repasar con detalle los momentos que habíamos pasado juntos en la vida; todos ellos recuerdos entrañables. Hacia el final de las tres semanas lo sentí con más fuerza y sentí que era su forma de decir «gracias y adiós». Tengo entendido que durante estos meses había permanecido cerca de la tierra y de sus amigos en una especie de lugar provisional por decisión suya, y que ahora se preparaba para marcharse definitivamente y terminar de cruzar a su lugar permanente. No dije nada de estas visitas a nadie hasta un año después, más o menos. Hablando con una de nuestras amigas comunes, descubrí que ella también había experimentado una serie de visitas muy similares por parte de él, y que lo había interpretado de la misma manera que yo».

Esta experiencia sorprendió a nuestra encuestada, especialmente porque no había ninguna conexión emocional que diera sentido a su ocurrencia. El significado de este acontecimiento queda abierto a la especulación:

«Mientras trabajaba como enfermera en el servicio de urgencias, recibimos a una paciente de un accidente de tráfico. Era una mujer afroamericana de veintitantos años. Fue un accidente grave y no sobrevivió. Volví al puesto de enfermería para dar órdenes para otro paciente. Mientras estaba sentada en el ordenador, sentí que mi compañera de trabajo (una mujer afroamericana de veintitantos años) estaba de pie detrás de mí esperando para hacerme una pregunta. Sabía quién era (o creía saberlo) sin verla. Me giré para ver cómo podía ayudarla. Cuando me di la vuelta, vi que no había nadie en el puesto de enfermería aparte de mí. Me volví hacia el ordenador. De nuevo, sentí que estaba detrás de mí esperando para hacer una pregunta. Me giré de nuevo, pero seguía sin haber nadie. Me volví hacia el ordenador y me di cuenta de que seguía allí. Esta vez me di cuenta de que la persona que estaba detrás de mí no era mi compañera de trabajo, sino la joven que acababa de fallecer. En 18 años de enfermería y habiendo estado presente en varias muertes tanto anticipadas como no anticipadas, nunca había tenido esa experiencia y nunca la he tenido desde entonces. No creo que a los espíritus les guste merodear por los hospitales, así que no anticipé el encuentro. Esto le da más credibilidad para mí, ya que no era algo que esperaba que sucediera y además no había ninguna conexión entre nosotras dos».

Algunos receptores perciben la energía del difunto y mencionan sensaciones físicas. Una caída en la temperatura ambiente o una corriente de aire a veces acompaña estas percepciones.

«Un día, después de la muerte de mi hijo, me quedé frente al mostrador de la cocina donde nos reuníamos a menudo. Sentí que entraba en un vórtice o campo de energía. Podía entrar o salir de él. Era magnético. Les pedí a mi hija y a mi marido que entraran en este círculo de energía que percibían. Tenían miedo de hacerlo. Me encantaba la sensación de este vórtice o campo de energía. Estaba 100% segura de que era la energía de mi hijo.»

«La energía de mi padre me impregnaba todo el cuerpo. Se acabó en cuanto dejó de hacerlo. Era una energía física real.»

«Su presencia se sentía en mi cuerpo; energía vibracional.»

«Notaba todo mi cuerpo como si estuviera en una "zona" o "campo magnético".»

«Era la sensación de sentir que había algo más ocupando un espacio físico. Como el eco de un sónar.»

«La energía del difunto llena el espacio y provoca escalofríos.»

«La presencia va acompañada de sensaciones físicas en el cuerpo.»

«Una presencia intensa, una especie de energía independiente de mí, muy diferente a la que experimento cuando pienso en alguien.»

«Sentí una especie de fuerza, de energía fluyendo muy rápidamente a mi alrededor.»

De esta presencia suele emanar un sentimiento de amor y benevolencia:

«Nos sobreviene una impresión de amor. Solo sentimos amor».

En el relato que sigue, la encuestada marca muy claramente la diferencia entre un sentimiento interior identificado como tal y las emociones aparentemente transmitidas por el difunto:

«Cuando pienso en mi ser querido fallecido (es decir, casi todo el día, como era el caso cuando estaba encarnado), se trata de mis sentimientos internos con mis pensamientos. Sin embargo, mi sentimiento interior está marcado por la dolorosa experiencia de la ausencia. Cuando mi ser querido fallecido está presente, primero lo siento fuera de mí, y es su estado lo que siento; y su estado es solo amor y alegría».

Preguntamos si la impresión de la presencia del fallecido era la misma o diferente de los tiempos en que los participantes pensaban en ellos o sentían que siempre estaban «a su lado» o «en su corazón».

Para la mayoría de nuestra muestra, la experiencia fue diferente de un pensamiento.

Para el 61%, la sensación de presencia era diferente de un pensamiento, el 16% no estaba seguro y para el 23% no era diferente de un pensamiento

Los siguientes relatos ilustran cómo la presencia era diferente de un pensamiento:

«Fue más fuerte que solo sentirlo en mi corazón. Su amor me invadió desde afuera, no fue mi amor el que fue hacia él, sino el suyo el que fue hacia mí».

«Cuando pensaba en él no ocurría nada; cuando ocurrió esto yo no estaba pensando en él en absoluto».

«Era real, no un sentimiento o un deseo; era como si la persona real estuviera presente, no una imagen de la persona real».

«Sentía y pensaba en él todo el tiempo, pero sabía que eran pensamientos y sentimientos. La única vez que percibí su presencia, fue muy diferente. Una certeza que no dejaba lugar a duda. Él estaba allí».

«El pensamiento del difunto, como pensamiento consciente y diurno, era pensamiento razonado, controlado (lo que no excluye el sentimiento, la tristeza, etc.). La presencia espontánea durante la noche estaba más "presente", más… viva de alguna forma, y casi más encarnada que el pensamiento intelectual».

«Cuando pienso en él, solo "imagino" que se conecta conmigo, solo puedo "pensar" que me está enviando señales que me hacen pensar en él. Pero durante una VSCD, sé que está ahí. Es un sentimiento de saber, no de imaginar o pensar».

«Diferente, porque cuando sentí su presencia era como si otra persona estuviera conmigo en la habitación, mientras que el resto del tiempo, aunque pensaba en él, no lo sentía a mi lado».

El carácter espontáneo y no solicitado de estos contactos se desprende de forma elocuente de los testimonios que siguen:

«Fue una sensación completamente diferente. Si pienso en mi abuela es por decisión mía, pero esta experiencia no tuvo nada que ver con mi decisión personal».

«Porque siento que no soy yo la que decido comunicarme, sino él. Yo no puedo hacer nada, aunque sea mi deseo o necesidad».

Este participante no fue informado de la muerte de la persona percibida. Así, recibió información que antes le era desconocida (la muerte del familiar), lo que clasifica este contacto en la categoría de las VSCD probatorias:

«No estaba pensando en la fallecida en ese momento porque aún no sabía que había fallecido».

Estos contactos son mucho más que sentir simplemente la presencia del fallecido, que en sí mismo ya es una experiencia inesperada y memorable. Los receptores dicen haber comprendido también la *intención* del fallecido, es decir, su deseo de informarles de que siguen existiendo y que les va bien, así como su deseo de hacerles sentir el amor que les tienen y el consuelo que desean brindarles. El método de contacto, es decir, el tipo de VSCD, no es en sí muy importante porque es solo el medio de lo esencial, que es la *información transmitida*.

Esta supuesta transferencia de información a veces toma la forma de una toma de conciencia similar a una revelación, como describe una madre que perdió a su hijo de cinco meses y tres semanas por un paro cardíaco:

«Sentí la presencia de mi hijo varias veces, siempre detrás de mi hombro izquierdo. Fue fuerte, supe que era él, precisamente en este lugar, y nunca duró mucho. No sentí la necesidad de darme la vuelta para verlo o tratar de tocarlo, sabía que no habría nada, pero lo sentí. Fue como si una simple cortina nos separara: sabemos que el otro está detrás, lo sentimos, incluso sin verlo. Así es como percibo lo que llamo esta "otra dimensión": simplemente detrás de un velo, muy cerca, realmente muy cerca».[15]

Preguntamos a los encuestados si el difunto transmitía un mensaje solamente con su presencia.

---

15. Correspondencia privada, 22 de julio de 2020.

El 74% percibió una comunicación, el 15% no estaba seguro y solo el 11% no percibió una comunicación

Los mensajes percibidos son específicos de la situación de vida individual del receptor y se basan en la historia común con el fallecido. Doy la palabra a algunos de nuestros participantes:

«Me dijo: "Estoy aquí. Sé cómo te sientes. Estoy cerca de ti. Todo está bien"».

«Era para agradecer».

«Me quería y, aunque estaba muy deprimida y mi corazón estaba destrozado, estaría bien».

«Me pareció que Jenny quería transmitir que ahora estaba muy, muy bien, y que se sentía aliviada y feliz de haber dejado atrás esta vida difícil. Probablemente quería decírselo a todos los dolientes presentes, y no solo a mí».

«Que todo iba a ir bien a partir de ese momento».

«Sentí que mi madre estaba tratando de consolarme, de decirme que, aunque ya no estaba en este plano de la realidad, todavía estaba viva. Sentí su suavidad; una suavidad en su presencia».

«Una de mis hermanas tenía problemas y él envió un mensaje para ella».

«Creo que él mismo estaba asombrado de estar todavía "vivo" en el otro lado y quería avisarnos para consolar a su hijo».

Esta VSCD parece haber evitado que el participante se metiera en problemas:

«Me impidieron hacer algo que dudo que hubieran aprobado».

Y, a veces, son los fallecidos los que parecen tener problemas:

«Que no podía pasar al otro lado».

«Pedía ir a la Luz. Pedía ayuda».

Escuchar una voz

El 43% escuchó al difunto

430 participantes tenían VSCD auditivas.

VSCD auditiva	Hombres	Mujeres	Datos en español	Datos en francés	Datos en inglés
Sí	49%	43%	50%	37%	48%
No	51%	57%	50%	63%	52%

Durante esta VSCD auditiva se planteó una pregunta difícil que surgió del pasado:

«Yo era madre de dos niños pequeños de cuatro y cinco años, divorciada, con un exmarido alcohólico. Me trasplantaron un tímpano antes de que nacieran mis hijos y desde entonces no puedo moverme en la oscuridad sin ansiedad. Sin embargo, hace treinta años, un domingo por la noche, acosté a mis dos hijos y para volver a la cocina tuve que caminar por un pasillo largo y oscuro. Por lo general, siempre encendía la luz, pero esa noche salí al pasillo en la oscuridad y sentí una presencia frente a mí que me dijo: "Si hubiera cambiado, ¿nos hubiéramos quedado juntos?". Y yo respondí: "Sí". No eran palabras como podemos expresarnos como humanos, sino como una comunicación sentida en lo más profundo de mí. Inmediatamente estuve segura de que era mi exmarido. A la mañana siguiente, en mi lugar de trabajo, sonó el teléfono, e incluso antes de contestar supe que la policía me estaba llamando para decirme que mi exmarido había muerto. Efectivamente así fue. Me informaron de la muerte de mi exmarido, que había ocurrido el domingo por la tarde, es decir, de dos a tres horas antes de que yo experimentara esto que usted denomina una VSCD. Experimenté este suceso incluso antes de enterarme de su muerte».

El siguiente testimonio es representativo de lo que experimentan muchos receptores: están inmediatamente convencidos de que han tenido una experiencia real, pero la cuestionan porque la consideran un hecho totalmente imposible, un acontecimiento que no puede suceder, simplemente porque la concepción de la realidad que prevalece en nuestras sociedades no deja lugar a lo inesperado, a lo inexplicable, a lo misterioso, a lo trascendente. Esta participante solo pudo reconocer su experiencia como auténtica una vez que obtuvo información sobre las VSCD:

«Unos tres meses después de la muerte de mi hija, oí la voz de mi madre en mi cabeza. Mi madre murió en el 2007. Mi hija murió en el 2017. Había estado terriblemente triste y afligida desde la muerte de mi hija. Mi marido trabajaba por las noches, así que estaba sola en el apartamento. Había silencio; solo yo y mi tristeza. Estaba de pie en la cocina cuando de repente mi madre me habló y las palabras estaban dentro de mi cabeza, pero en su voz, que no puedo recrear, así que sé que era real. Me dijo: "No estés tan triste, niñita. Mary está aquí conmigo". (Mi madre y mi padre eran las únicas personas que me llamaban «niñita».) Me quedé en estado de *shock*, porque siempre me habían dicho que esas cosas no pasaban de verdad. Contesté dócilmente: "Vale, mamá" y luego miré a mi alrededor, pero no había nadie. No se lo dije a nadie durante un par de semanas. No estaba segura de aceptarlo, aunque sabía que era real. Finalmente, después de saber que las VSCD realmente ocurren, me di cuenta de que mi mamá estaba tratando de consolarme y que mi hija está a salvo con ella y comencé a sanar».

Este testimonio de una VSCD auditiva es particularmente interesante, ya que la participante ha percibido varias informaciones previamente desconocidas para ella. La información relativa a la herencia en particular fue confirmada poco después del contacto, lo que clasifica esta experiencia en la categoría de las VSCD probatorias:

«Una noche me desperté y vi a mi padre biológico. Me saludó, me dijo que vino a decirme que se iba y que había dejado para mí una pequeña herencia. Dijo que conoció a mis hijos y que tenía una bella familia. Se despidió con cariño y se fue. Nunca tuve contacto con él, no lo conocí en persona, supe de su existencia cuando, a los nueve años, me enteré de que el padre con el que me crie y del cual llevo el apellido no era mi padre biológico. Sin embargo, nunca busqué conocerlo, y él tampoco. Así que solo nos encontramos personalmente después de su muerte. Dos días después de la experiencia, la familia de él se puso en contacto conmigo para notificarme su fallecimiento y su voluntad de que yo recibiera una herencia que él me había dejado. Lo cual confirmó que mi experiencia fue real y exacta».

Como han demostrado los testimonios citados en las páginas anteriores, las VSCD auditivas surgen de dos formas: o los receptores escuchan una voz que parece provenir de una fuente externa, de la misma manera que escucharían a una persona viva (este fue el caso del 49% de nuestros participantes), o perciben la comunicación sin sonido externo (56% de nuestros encuestados).[16] En este segundo caso, hablan de un mensaje «depositado en su conciencia», al tiempo que precisan que el origen de la comunicación está fuera de ellos mismos y que no

---

16. Estas dos cifras superan el 100% porque algunos participantes habían descrito más de una VSCD.

fue un pensamiento. Por lo tanto, sería una comunicación telepática. Los receptores no siempre pueden decir cómo escucharon al difunto. La comunicación puede ser unilateral o bilateral. Para ambos tipos de contacto, los fallecidos son generalmente reconocidos sin dudarlo por la entonación de la voz y por una cierta forma de expresarse característica de ellos.

Este encuestado pudo identificar específicamente de qué lugar de la habitación procedía la voz:

«Me despertó la voz de mi difunta esposa; fue entre las dos y las tres de la madrugada. Me llamó por mi nombre como si intentara despertarme sin sobresaltarme. La voz venía del extremo y de la izquierda de la cama».

Un toque de humor no es incompatible con un funeral...

«B. era una amiga íntima de la familia y era considerada mi tía, aunque no teníamos ningún vínculo familiar. En su funeral, la iglesia estaba llena. Su familia estaba pronunciando los elogios y mi mente se encontraba a la deriva. La congregación se hallaba en silencio. Escuché una risa distintiva detrás de mí (B. tenía una risa muy distintiva) y las palabras «¡Ostras, Peter! ¡Mira toda esta gente!». Esto habría sido muy propio del carácter de ella. Miré inmediatamente detrás de mí, tan fuerte era la impresión. La voz venía de arriba, ligeramente a mi derecha. La voz tenía un volumen normal y habría sido claramente oída por los demás. Nadie dio muestras de haberla oído. Le pregunté a mi madre, que estaba sentada a mi lado: «¿Has oído eso?», y me contestó que no. Tuve que explicar después lo que había oído, pero la experiencia fue muy real y me costó controlar la risa durante el resto de la ceremonia.»

A continuación, más ilustraciones de VSCD auditivas:

«Sentí claramente a mi madre diciéndome que estaba con mi padre y que se sentía de maravilla. Podía oír muy bien su voz. No la vi, pero sentí su presencia».

«Mientras me metía en la cama, oí claramente a mi difunto marido detrás de mí, diciendo: "Nunca te dejaré"».

«Una mañana, justo cuando estaba a punto de despertarme de verdad, no del todo dormida pero tampoco despierta, oí la voz de mi suegro, que había visto el día anterior en un estado más deprimido que nunca. Me dijo: «No te preocupes. Ya estoy bien». Quince minutos después sonó mi teléfono. Los vecinos de mis suegros me dijeron que los bomberos y los gendarmes estaban allí por mi suegro. Muerte por suicidio. Me "habló" en el momento de su muerte».

«El 17 de julio del 2018, el hijo de mi sobrina, Nicolás, tuvo un accidente con su bicicleta y murió el 18 de julio en un hospital universitario de Suiza. Nicolás tenía nueve años. Nicolás y yo siempre estuvimos muy unidos. Después de su muerte, viví con la familia de mi sobrina durante algunas semanas. La segunda noche después de la muerte de Nicolás no pude dormir y lloré. De repente, sentí una presencia llena de bienestar, amor, serenidad. Una voz, sin ser una voz, me dijo: "Todo está bien. Todo está bien". Fue una experiencia muy consoladora. Después de tal vez medio minuto (no sé realmente) este sentimiento se fue. Quería conservarlo, porque era tan bonito y reconfortante, pero no pude. Al día siguiente estuve hablando con mi sobrina al respecto. Dije: "Era Nicolás o Dios". Y ella había experimentado lo mismo la misma noche, pero dos veces y probablemente durante más tiempo. Ella estaba segura de que era la presencia de Nicolás».

Los contactos en los que los receptores oyen al fallecido decir su nombre no son inusuales:

«Estaba tumbado en la cama, totalmente absorto en un libro, cuando oí la voz de mi padre decir en voz alta mi nombre, el nombre con el que solo él me llamaba».

«Mi padre me llamó claramente por mi nombre horas después de su fallecimiento. Sin duda era su voz, pero sonando mucho más joven».

«Mi madre falleció en marzo del 2002. Pocos días después, mi hermana menor y yo hablábamos de los planes para su funeral mientras estábamos en la cocina de mi casa (vivo en casa de mis abuelos maternos). Estaba en medio de una frase cuando oí claramente la voz de mi madre diciendo mi nombre. Dejé de hablar y mi hermana y yo nos miramos con cara de asombro. Le pregunté: "¿Has oído eso?". Ella respondió: "Sí, lo he oído". Le pregunté: "¿Qué has oído?". Ella dijo: "He oído a mamá pronunciar tu nombre". Dije: "¡Bien, eso es lo que he oído yo también!". Entré en el comedor y me dirigí a donde había oído la voz de mi madre, y le dije: "Hola, mamá. Te queremos y te echamos de menos". Volví a la cocina. Mi hermana y yo lloramos un poco. Sabíamos que era ella».

«Mi padre luchó contra el cáncer durante todo un año. Era terrible ver cómo sufría y cómo lo consumía poco a poco. Él y yo siempre fuimos muy cercanos y hacíamos todo juntos. El día de su operación supe que algo no iba a ir bien, recibí una llamada de madrugada de mi mamá llorando y ahí ya lo supe todo, había fallecido… Él falleció en el año 2013. Desde entonces mi mamá y mi hermano menor siempre escuchan su voz o a veces dicen verlo sentado en el sillón o ver pasar una sombra como la de él. Yo jamás había escuchado ni visto nada desde su muerte, pero un día de ese mismo año me encontraba en su taller, que está en la terraza. Estaba haciendo unas cosas y escuché su voz diciendo mi nombre… Por un momento pensé que era mi imaginación, pero lo sentí, sentí que no estaba sola, que alguien más estaba ahí conmigo. Salí afuera un momento, me senté en el lugar donde él y yo siempre nos sentábamos y, por un momento, parecía que estaba con vida a mi lado observando el bonito día. Me quedé callada, cerré los ojos y sentí como si una mano tocara la mía. En voz baja dije: "Te quiero, papa". Luego abrí los ojos y ya no sentí nada más. Sé que fue una especie de despedida o una forma de decirme que nos cuida a mi familia y a mí».

Estos contactos, que tuvieron lugar en una antigua propiedad familiar con historia, fueron percibidos simultáneamente por nuestra participante y su pareja. Al parecer, el destinatario de estas VSCD auditivas no era nuestra participante, sino su abuela, fallecida hacía años:

«Vivo en una antigua casa de plantación que ha pertenecido a mi familia durante varias generaciones. La heredé tras la muerte de mi abuela, que se llamaba Victoria. Cuando mi pareja y yo nos mudamos a la casa hace diez años, empecé a oír la voz de un hombre llamando: "Victoria. Victoria". Pensé que mi pareja estaba jugando conmigo, pero me prometió que no era así. El momento decisivo fue cuando mi pareja y yo estábamos sentados en el salón y oímos la voz desencarnada llamando a Victoria. Esto continuó durante unos meses y luego se detuvo. Creo que la voz era de mi difunto abuelo, al que nunca conocí».

Algunos receptores no oyen palabras, sino otros sonidos que atribuyen al difunto. Fue una canción que nuestra entrevistada escuchó:

«Mi padre falleció el 22 de noviembre del 2018. No vivo en Francia y fui a casa el 23 de noviembre. Cuando entré en casa de mi padre y cerré la puerta tras de mí, le oí tararear una canción como solía hacer cuando estaba vivo. No lo imaginé cantando, lo escuché».

Los pasos parecen ser otro medio de las VSCD auditivas:

«Algunos días después de la muerte de mi padre estaba en su casa. Me encontraba en la cocina y la casa estaba en silencio (al final de la tarde). Le oí entrar por la puerta y dar un paseo por la casa. Era su forma de andar, su movimiento por los escalones. Oí los pasos por la casa, habitación por habitación. Enseguida me di cuenta de que estaba dando un último paseo por la casa. Tras un par de minutos, salió por la puerta principal. Estaba claro que había un cambio de energía, una liberación. La experiencia fue auditiva. No me asustó porque el ritmo y el movimiento del sonido eran muy parecidos a él».

Parece que nuestra participante recibió un amistoso consejo profesional de la difunta en forma de un ruido:

«Estaba trabajando en el cuarto oscuro de una fotógrafa que había sido asesinada. Era en una universidad y yo era la persona que la había sustituido en su trabajo tras su muerte. Era mi primer proyecto para imprimir fotografías de la escena del crimen de su accidente de coche. Mientras imprimía las fotografías, oía un ruido cada vez que iba a sacar una fotografía del líquido de revelado. Después de encender las luces me di cuenta de que el traqueteo provenía de las pinzas que estaban colgadas en la pared, donde no las había visto. Utilizaba las manos para sacar las fotografías en lugar de las pinzas, ya que era nueva en el cuarto oscuro y no sabía dónde estaba todo».

La percepción de una tos característica es el tema del siguiente testimonio:

«Oí toser a mi abuelo. Había muerto el día anterior. Era una tos rasposa muy característica. Sabía que era él. Estaba sola en casa en ese momento. No había vecinos cerca y el piso de al lado estaba vacío».

Es un latido que se percibió durante esta experiencia, combinado con una sensación de energía:

«Hace pocos días, estando acostada en la cama para dormirme, sentí un fuerte calor cerca de mi espalda y oí perfectamente el latido de un corazón... Sentí una gran energía detrás de mí».

¿Cómo se puede imaginar una comunicación sin sonido externo? Les presento algunos de los comentarios de nuestros encuestados:

«Es una cosa muy extraña "oír" dentro de la cabeza, con las mismas palabras y timbre de voz del difunto. Una experiencia única, creo, porque pareciera que el difunto estaba dentro de mi cabeza, pero como individuo diferente a mí, con la posibilidad de conversar y contestar preguntas».

«Una voz sin modulación. Fue más un pensamiento que percibí».

«Se parecería más a la telepatía. Escuchamos, pero no se oye ningún sonido, solo sabemos con certeza que el difunto nos habló».

«No es realmente una voz, sino un sentimiento que supo hacerse entender. Vi la imagen y entendí».

A los que habían escuchado una voz externa, les preguntamos si era la misma o diferente a la que tenía el difunto cuando estaba vivo. Para la mayoría de los encuestados, la voz era la misma.

Para el 68% la voz era la misma, el 17% no estaba seguro y para el 15% la voz era diferente

Los siguientes relatos ilustran cómo la voz era diferente:

«Diferente porque su voz era como forzada y lejana, pausada y con esfuerzo al hablar».

«Era el mismo que cuando estaba sano antes del ictus. Tenía afasia después del ictus, por lo que esa no era la versión de él con la que interactuaba».

«Escuchaba la voz en mi cabeza, pero con una leve distorsión, como resonante».

«Más robusto, como si fuera más joven, más fuerte».

«Sonaba como si estuviera hablando bajo el agua».

«Su timbre de voz era igual, pero más lento, tranquilo y cariñoso».

«Diferente, pues oí que dijo mi nombre de una forma como si tuviera un pañuelo que le tapara la boca. No fue nítido, pero perfectamente audible».

«Su voz era más profunda, como una voz a cámara lenta en una grabadora».

«Su voz era menos clara y más suave; lo cierto es que tuve que concentrarme para escuchar su voz».

«Dos meses después del suicidio de mi hija de 16 años, escuché por la noche, medio dormido, una voz que solo decía: "Papáa-aaaaa...". Fue a la vez un arrepentimiento y una amorosa despedida. Era su voz, pero un poco más metálica».

¿Cómo se puede diferenciar una comunicación percibida sin un sonido externo de un pensamiento? Para una gran mayoría de nuestros participantes, no había duda de que la comunicación era diferente de un pensamiento y que no la generaron ellos mismos.

Para el 87% la comunicación fue diferente de un pensamiento, el 6% no estaba seguro y solo para el 7% la comunicación fue idéntica a un pensamiento

Sentir un contacto físico

El 48% sintió un contacto físico

472 de los encuestados experimentaron una VSCD táctil.

VSCD táctil	Hombres	Mujeres	Datos en español	Datos en francés	Datos en inglés
Sí	41%	49%	47%	51%	46%
No	59%	51%	53%	49%	54%

Durante este tipo de VSCD, los receptores sienten un contacto en una parte del cuerpo, por ejemplo, un toque, una presión, una caricia, una mano colocada en el hombro o un verdadero abrazo. El contacto es reconfortante y los receptores a menudo reconocen inmediatamente a su ser querido fallecido por la familiaridad de su gesto característico para él o ella. Algunos informan de que el contacto estuvo acompañado por un «flujo eléctrico» o una «onda de energía».

¿Cómo se puede imaginar tal contacto físico? A continuación, un ejemplo:

«Fue unos días después del funeral de mi marido. Estaba muy triste y de repente sentí su mano en mi hombro y pude olerle. Estaba segura de que estaba en la habitación conmigo, intentando consolarme. Tuve la sensación de que no debía darme la vuelta, pues de lo contrario él se habría ido. Sentí su fuerza y me dio poder para vivir».

El contacto físico suele ser característico del fallecido y se le asigna inmediatamente:

«Alrededor de un mes después de la repentina muerte de mi madre, me encontraba sola en la casa, en mi habitación. Estaba sentada a un lado de la cama, muy angustiada, aullando con el dolor de mi pérdida y rabiando contra el Dios en el que había puesto mi fe, porque no había venido en mi ayuda en mis horas de necesidad y oscuridad. No podía dejar de llorar y nunca me había sentido más sola. Entonces "sentí" que mi madre se sentaba a mi lado y me rodeaba con los brazos. Sé que era mi madre de la misma manera que puedes sentir a alguien que conoces bien físicamente cerca de ti, incluso podía olerla. Mientras me abrazaba, fui consciente de estar totalmente envuelta por su amor y, mientras me calmaba, sentí un intenso calor y una calma que no había sentido desde que murió. Sentí que me acariciaba el pelo y reconocí la sensación de ser consolada por mi madre. Estoy 100% segura de que ella vino a consolarme, pues reconocí su esencia y su energía. Aunque derramé muchas más lágrimas en los meses siguientes a su fallecimiento, nunca volví a experimentar la desesperación que sentí aquella mañana. La experiencia, junto con muchas otras que siguieron, me hizo reconsiderar por completo mis creencias religiosas tradicionales y explorar mi propia espiritualidad. Creo que estoy más tranquila conmigo misma como resultado de su contacto aquel día».

Para esta participante, el gesto que sintió era característico de su difunto marido, y la devolvió a la época despreocupada en la que compartían su vida cotidiana:

«Sentí que mi marido me tocaba el pie y lo presionaba sobre la cama, hundiendo el colchón y despertándome. Pensé que podían ser mis perros intentando saltar sobre la cama, pero no estaban en la habitación, sino en sus perreras, en el piso de abajo. Mi marido tenía la costumbre de hacer eso cuando caminaba hacia su lado de la cama. Siempre me agarraba los dedos de los pies o simplemente me tocaba el pie cuando se metía en la cama o durante la noche si se levantaba por cualquier motivo».

El siguiente contacto parece haber evitado un drama, tan profunda era la desesperación de esta madre:

«Exactamente cuatro semanas después del fallecimiento de mi hijo y en mi primer día de vuelta al trabajo, al llegar a casa, lloré durante horas y me sentía muy suicida. En ese momento estaba sola en mi casa. Había hablado previamente con mi hermana por teléfono diciéndole que no podía continuar. Colgué, salí a buscar el correo y volví a entrar. Mientras me inclinaba sobre la mesa sentí que una mano me recorría toda la espalda. Di un salto y me di la vuelta; no había nadie en la habitación conmigo y me puse de rodillas y le clamé a mi hijo, que había sentido que me tocaba. Y supe en ese momento que él me estaba diciendo: "No, mamá. Estoy aquí contigo. No, mamá. No te mates, estoy aquí, mamá". Volví a llamar a mi hermana por segunda vez llorando y se asustó por si algo iba mal cuando le dije que había sentido que mi hijo me tocaba. Empezó a llorar y a decir "Gracias, Dios". Había estado sentada rezando desde la primera llamada que le hice. Le pedía a Dios que le permitiera a Bill ser capaz de mostrarme una señal porque le preocupaba que me hiciera daño».

El siguiente caso describe el impacto inmediato, y aparentemente duradero, de estas poderosas experiencias en la resolución del duelo:

«Unos seis meses después de la muerte de mi mujer, tuve un día especialmente malo, sufriendo un profundo dolor. Esa noche me quedé en la cama sollozando hasta quedarme dormido. Cuando me desperté por la mañana, seguía con el ánimo por los suelos y me quedé tumbado, como adormecido, escuchando a los pájaros de fuera, y me puse de lado. Entonces sentí la energía de mi mujer acurrucarse contra mi espalda. Esto es algo que hacíamos a menudo antes de ir a dormir o al despertar. Y, de repente, la pena se disipó. Me sentí tranquilo y reconfortado, y volví a dormirme. Cuando me desperté, la pena había desaparecido por completo y estaba listo para seguir con mi vida».

La gama de VSCD táctiles descritas es amplia:

«Poco después de perder a un querido amigo y compañero del alma, hace dos años, estaba en la cama llorando una noche. De repente me di cuenta de que él estaba allí, tumbado detrás de mí, sujetando mi mano con una de las suyas y con su otro brazo rodeándome en un abrazo».

«Era el viernes 18 de noviembre del 2016. Estaba sentada en mi sofá, pero tuve que salir de casa poco después. Fue entre la una y la una y media del mediodía. En un momento, sentí un brazo apoyado en mi hombro izquierdo rodeándolo y una cara, una cabeza peluda, descansando sobre mi otro hombro, en el derecho. No estaba soñando. Físicamente sentí ese abrazo, ese pelo largo y rizado en mi cuello. A continuación la presencia desapareció».

«Descansando por mi cuenta, de repente sentí la presión de la mano de mi padre en el hombro. Al mismo tiempo, sentí la suavidad en este gesto».

«El día después o dos días después del suicidio de mi hijo, temprano por la mañana (alrededor de las 6:00), estaba en casa de mi hija. Todavía en la cama, acostada en posición fetal, percibí una presencia en mi espalda, unos brazos envolviéndome suavemente y un pulgar en mi mano. Continuó durante unos instantes. Entonces la sensación se hizo más ligera, hasta que desapareció».

«Estaba acostada en nuestra cama unos días después de la muerte de mi pareja. Intentaba dormirme con los ojos cerrados cuando sentí un abrazo envolvente, desde el pecho hasta los muslos, que llegó a levantarme ligeramente las piernas. Abrí los ojos con pánico, pero la dulzura del sentimiento me calmó rápidamente antes de desaparecer».

«Tuve contacto táctil con mi papá, que falleció repentinamente en el hospital. No pude despedirme de él y estaba muy triste. Se interpuso entre mi sueño y el despertar para acariciarme la frente como si fuera un bebé. Supe que era él de inmediato».

«Estaba dormida en mi cama y me desperté sobresaltada porque sentí a mi compañero, que había muerto el mes de mayo anterior, acostado contra mi espalda. Su brazo estaba en mi cadera y su mano en mi estómago, en la posición exacta que estaban cuando dormíamos juntos. Le dije: "¿Eres tú?", y desapareció».

«Seis meses después de la muerte de mi esposo, nació mi nieto. Yo me sentía muy enfadada una noche por vivir sola este nacimiento. Durante la noche me desperté sintiendo un fuerte abrazo. Traté de que durara el mayor tiempo posible, pues sabía que era mi esposo, y mi ira desapareció».

«Menos de un mes después de la muerte de mi hija, estaba en la cocina, preparando la comida, y la "escuché" bajar las escaleras desde su dormitorio. Entonces sentí su presencia detrás de mí y me abrazó. Fue increíble y muy dulce experimentarlo. Tan real como si estuviera "viva" cerca de mí».

El siguiente relato hace pensar en un intento fallido de establecer contacto:

«He experimentado varios contactos, la mayoría físicos. Lo más significativo fue cuando una colega perdió a su hijo, a quien conocía relativamente bien. Sentí que estaba a su lado y una vez tuve la sensación de que alguien me tiraba de la manga de la camisa y luego de que me estaba empujando en las costillas. Estoy segura de que fue él quien quiso decirme algo».

Esta experiencia ocurrió durante una circunstancia estresante:

«Llevaba cuatro horas al teléfono evitando que un amigo se suicidara. Cuando colgué, sentí que alguien me abrazaba para consolarme. Y por el olor, supe que era mi padre, que había muerto hacía unas semanas».

La siguiente experiencia adquiere significado a través del mensaje auditivo que la acompaña:

«Mi papá terminó con su vida en septiembre del 2012 y en los días que siguieron, mientras yo estaba en casa y caminaba por el pasillo, sentí una presencia empujándome hacia delante, dándome un impulso real. Muy extraño. Llegué al baño, mientras yo estaba aturdida y triste, y me llegó una frase: "¡Tienes que seguir adelante y disfrutar de la vida!"».

El dolor del duelo se alivió de inmediato, aunque quizá no definitivamente, con este contacto:

«La noche de la muerte de mi madre, después de dos meses de hospitalización, me sumergí en una espiral infernal de tristeza, de angustia, de la nada; que se detuvo instantáneamente. Escuché o, más bien sentí, una especie de susurro reconfortante y luego una calidez consoladora acompañada de la sensación de que alguien estaba pegado contra mi espalda y me abrazaba. Me quedé dormida todavía abrazada, reconfortada».

Esta VSCD fue el preludio de otras manifestaciones que se producirían durante un largo período de tiempo:

«Mi abuela murió en el hospital durante la noche del 12 al 13 de diciembre del 2013. Fui a reconocer a mi abuela el viernes 13 por la mañana. Entré en una habitación de azulejos, donde ella estaba en una camilla cubierta con una sábana blanca. Me senté a su lado llorando y hablándole, preguntándole por qué se había ido tan de repente. Me quedé un buen rato a su lado, hasta que tuve que irme y, para despedirme, le di unas palmaditas en la mejilla. Regresé a mi coche y, cuando lo puse en marcha, sentí que una suavidad me envolvía. Fue tan hermoso... Me sentí protegido, reconfortado, y de repente noté una suave caricia en la mejilla. Comprendí que mi abuela me daba las gracias y me consolaba. Recuerdo ese dulce paréntesis en el caos. Unos días después, mi abuela apareció en su habitación y varias veces durante más de un año».

La siguiente experiencia describe una VSCD compartida, es decir, un contacto que fue percibido simultáneamente por dos personas reunidas en el mismo lugar:

«48 horas después de la muerte de mi hija, estaba en mi habitación con una amiga al final de la noche. Estábamos hablando de otra cosa. De repente, mi hija vino a abrazarnos a las dos al mismo tiempo. Puso su mano en la espalda de cada una. Nos sobresaltamos y exclamamos: "¡María!"».

Para comprender mejor las VSCD táctiles, les preguntamos a los participantes en qué parte de su cuerpo habían sentido el contacto y cómo se había producido:

«Estaba en la habitación de mi padre, mirando sus cosas en su mesilla de noche, y sentí una caricia en la mejilla».

«Tocando suavemente mi espalda».

«En la cara y en el abdomen. Cuando estaba en la cama, unas semanas después de que mamá se fuera, recibí dos suaves bofetadas en la cara, pues no podía dejar de llorar. Sentí un gran calor en el abdomen, como si me rodearan unos brazos».

«Sentí cómo su mano tocaba la mía, como diciéndome que estaba ahí, a mi lado».

«Me agarró el antebrazo izquierdo para que le prestara atención y la escuchara».

«Una caricia en el pelo y en la cara».

«Alrededor de mi muñeca, en mitad de la noche. Sabía que era él porque tenía un interior de la mano muy característico después de sufrir quemaduras de tercer grado. Mi muñeca vibró levemente».

«Sentí el abrazo. Estaba a mi lado y pasó sus brazos y me rodeó».

«En el hombro izquierdo sentí su mano y me habló».

Para una pequeña mayoría de nuestra muestra, el contacto les resultaba familiar, ya que era característico del fallecido.

Para el 55% el contacto era familiar, el 11% no estaba seguro y para el 34% el contacto no era familiar

¿Cómo experimentaron los encuestados este contacto en términos de sensaciones?

«Totalmente real, como el contacto con otra persona viva».

«Era tan intenso que casi parecía físico».

«Como un contacto físico, solo que diferente».

«Como una experiencia sensorial desconocida».

«He sentido que este contacto me ha aportado mucha energía».

«En todo mi cuerpo con fuertes vibraciones que me mantenían despierto».

«Una poderosa energía que nunca había conocido fluyó por todo mi cuerpo».

«Lo sentí profundamente en todo mi ser. Una tremenda energía recorrió mi columna».

«Un escalofrío y un gran frío después».

«Sensación de tacto en el hombro y un fuerte escalofrío recorriendo mi cuerpo».

«Muy intenso en términos de vibraciones».

Preguntamos si los participantes habían intentado tocar al difunto. No muchos habían tomado esta iniciativa.

El 26% intentó tocar al difunto, el 2% no estaba seguro y el 72% no lo intentó

De aquellos que habían tratado de tocar al difunto, poco menos de la mitad podía sujetarlo y sentir una resistencia o materia.

El 43% pudo sujetar al difunto y sintió resistencia o materia, el 15% incierto y el 42% no pudo sujetarlo

El siguiente relato describe la resistencia que nuestro participante sintió al tocar la aparición. Como suele ocurrir, pasaron muchos años antes de que estuviera dispuesto a compartir esta bella experiencia con otros:

«En 1999, mi esposa murió de cáncer de ovarios a la edad de 56 años. Unos días después del funeral, habiéndose ido los niños, yo estaba en el dormitorio. Era temprano por la tarde y, de pie, estaba doblando una de sus chaquetas. Era azul marino y todavía estaba impregnada de su olor, que sabía que desaparecería en unos días, y me sentía muy triste. Mi mente estaba totalmente vacía. De repente, mi esposa estaba allí, de pie frente a mí, vestida de manera habitual. En un gesto espontáneo que no puedo explicarme, la abracé, con verdadero contacto físico. Pude sentirla abrazándome también. Al darme cuenta de lo que estaba haciendo, la tomé (con un toque real) por los hombros, la alejé de mí y le dije, mirándola a los ojos: "¡Pero estás muerta!", y ella respondió: "Sí, estoy muerta". Este intercambio fue mental, de pensamiento a pensamiento, y en cuanto todo desapareció, me encontré con la chaqueta en las manos. Es la única manifestación que tuve. Estaba triste, pero no desesperado.

Fueron necesarios quince años para hablar de ello, primero con nuestros dos hijos. Ella había venido a despedirse de mí, demostrándome así la continuación de su existencia en otra forma. De lo cual estoy convencido, ahora que poseo una serenidad infalible y no tengo miedo a lo que llamamos "muerte". Me gustaría señalar que soy un profesional de la salud en ejercicio, al servicio de mis semejantes, que solo me detendré cuando "Él" me llame y que, hasta el día de hoy, a los 77 años, estoy en buena salud física y mental».

Nuestros encuestados describieron cómo sentían la resistencia o materia del fallecido percibido:

«Era totalmente física, con las mismas propiedades de una persona viva y también su ropa».

«Sutil, como intentar pasar la mano en una mezcla de vapor persistente o una materia muy volátil».

«Pone sus manos sobre las mías y percibo un gran peso, como si fuera algo vivo».

«Cuando experimento su contacto, lo verifico en su contacto con las manos. Percibo la piel áspera y rugosa como cuando estaba vivo; mantiene la misma textura».

«Fue como besar el agua. Podía sentirla, pero estaba floja...».

«No era materia de cuerpo físico, era como dos imanes unidos, energía... Eso sentí en el abrazo y el sentimiento de amor me conectó más».

Uno de nuestros encuestados, sin embargo, tuvo la impresión de que este contacto físico no debía tener lugar:

«El difunto se evaporó cuando quise acercarme a él, como para hacerme entender que no me estaba permitido tocarlo».

¿Sintieron los participantes que el contacto estaba transmitiendo un mensaje? Una mayoría significativa respondió positivamente.

Para el 80%, el contacto físico transmitió un mensaje, el 10% no estaba seguro y solo el 10% no percibió ningún mensaje

Estos son algunos ejemplos de mensajes transmitidos a través del contacto físico. Con frecuencia, sirven para comunicar que el difunto percibido está vivo y bien.

«Estoy cerca de ti. Estoy vivo».

«Sí, soy realmente yo. ¿Ves? Es como siempre cuando nos abrazamos».

«Me hacía saber que estaba allí y que no me lo imaginaba».

«Sentí que decía: "Estoy aquí y lo sabes. Te quiero. No te aflijas porque estoy vivo, solo que no en mi cuerpo"».

«El mensaje era que quería que supiera que seguía estando muy cerca, aunque no pudiera verla».

Muchos mensajes son esencialmente expresiones de amor y apoyo:

«Me dijo: "Así es como eres amada, sin límite, sin condición"».

«Quería ser tranquilizador, cariñoso y transmitirme calma, aunque me estresara, sobre todo al principio, o simplemente porque lo deseaba, para decirme que estaba ahí conmigo».

Otros mensajes expresan una petición de apoyo para los allegados del fallecido:

«Que cuidemos a mi padre».

«Despedida definitiva para mí y para mi familia con el encargo de que cuidemos a su viuda».

Y a veces se percibe información sobre el fallecimiento:

«Repitió que no deseaba morir».

Ver al difunto

El 46% vio al difunto

460 de nuestros participantes tenían una VSCD visual.

VSCD visual	Hombres	Mujeres	Datos en español	Datos en francés	Datos en inglés
Sí	51%	46%	61%	42%	47%
No	49%	54%	39%	58%	53%

Las VSCD visuales tienen lugar en una variedad de formas. Estas apariciones pueden ocurrir en interiores, por ejemplo, de noche en el dormitorio o fuera, incluso en un automóvil, en un avión, etc. A veces, los receptores informan de que percibieron una aparición que no reconocieron. Posteriormente, consultando una foto, la identificaron como un antepasado o un pariente lejano fallecido. Sin embargo, ciertas apariciones son efectivamente desconocidas para los receptores.

Ocasionalmente, las apariciones van acompañadas de una caída de la temperatura ambiente, a veces combinada con corrientes de aire.

En primer lugar, presento una descripción de una VSCD visual especialmente llamativa:

«La [VSCD] más significativa tuvo lugar el 12 de junio del 2012. Me desperté sobre las seis de la mañana. Vi a alguien caminando por el porche de mi casa a través de la ventana de mi habitación. Me pregunté quién estaría ahí tan temprano. Me vestí y fui a la puerta principal. Abrí la puerta y vi a una mujer de espaldas a mí, a mi izquierda, llorando. Le pregunté si estaba bien. Se dio la vuelta y era mi abuela por parte de mi padre. Me sorprendió verla. Habló y me pidió perdón y se disculpó por no haberme hablado más después de la muerte de mi padre. Le dije que estaba bien y que la perdonaba. Caminó hacia mí y nos abrazamos. Sentí que su frágil cuerpo me abrazaba y yo le devolví el abrazo. Sentí su ropa, su olor, y me dio las gracias mientras nos abrazábamos. Sentí un intenso sentimiento de amor. Empecé a llorar. Entonces comenzó a convertirse en una luz blanca y brillante. Tuve que cerrar los ojos porque era muy luminosa. Pude ver cómo la luz se desvanecía a través de mis párpados. La sensación de ella empezó a desaparecer lentamente. Abrí los ojos y ya no estaba. Yo me quedé de pie, con los brazos todavía extendidos, como si estuviera abrazando a alguien. Estaba en *shock*. Volví a casa y me acosté en la cama. Mi esposa se despertó y le conté lo que había pasado. […] Mi abuela llevaba muerta unos siete años y estaba muy conmocionado por la experiencia».

De este testimonio se desprende perfectamente que pueden verse involucrados varios órganos sensoriales durante una misma VSCD. Nuestro participante vio a su abuela fallecida, conversó con ella, percibió su olor, se abrazaron y sintió «su frágil cuerpo». También es evidente que, más allá de la simple percepción de su abuela, la esencia de este contacto fue la **información** percibida (ella le pidió perdón) y las **emociones** percibidas y sentidas («sentí un intenso sentimiento de amor»). El carácter totalmente inesperado y no solicitado de las VSCD también destaca en este relato.

La siguiente experiencia se produjo cuando el participante estaba concentrado en una actividad concreta y probablemente no estaba pensando en su hija fallecida. La vio ocupada en una tarea cotidiana, como la había visto a menudo durante su vida:

«Estaba recogiendo cosas para preparar un viaje por carretera, cargando mi furgoneta, saliendo por la puerta trasera hacia el cobertizo, cargando cosas, así que estaba ocupado y concentrado en lo que estaba haciendo. Entré por la puerta trasera de mi casa con una caja en las manos, di la vuelta a la esquina y vi a mi hija en la cocina como si cocinara algo en el fogón. Llevaba un atuendo largo, negro y vaporoso, distinto a todo lo que había llevado en su vida. Tenía 22 años cuando falleció el verano anterior».

El siguiente contacto ha liberado a nuestro participante del sentimiento de culpa, que es tan destructivo:

«Mi abuelo se me apareció tras su inesperado fallecimiento. Había ingresado en el hospital para una simple operación y yo había decidido que lo visitaría cuando ya estuviera en casa, ya que no me gustan los hospitales. Murió el día que debía volver a casa a causa de una embolia. Me sentí culpable durante semanas por no haber ido al hospital. Estuve en casa durante el día, me levanté para ir a la cocina y vi una aparición completa de él en el pasillo. Me miró y sonrió y luego se desvaneció. Lo tomé como su forma de decir que está bien y que no me sienta culpable».

Las VSCD pueden ocurrir en momentos importantes de la vida de los receptores, cuando la ausencia del ser querido es particularmente dolorosa. El siguiente testimonio es una buena ilustración de ello:

«Mi hermana fallecida se materializó para mí solo una vez, en la boda de su hija. Era mi hermana más cercana emocionalmente. Su hija es como una hija para mí. Durante la parte de los votos de la boda, mi hermana apareció enfrente, de cara a la pareja, durante solo uno o dos segundos. La vi muy claramente. Incluso puedo describir lo que llevaba puesto. Cuando me di cuenta de lo que estaba pasando, desapareció. Me sentí muy emocionada. Solo se lo conté a unos pocos miembros de la familia. Nadie más mencionó haberla visto. Esto fue unos cuatro años después de su muerte».

La siguiente VSCD visual ha iniciado una búsqueda personal de significado espiritual:

«Mi hijo Enrique falleció en un accidente el 28 de diciembre del 2012. Era un chico muy especial, muy querido. De más está decir que nos quedamos devastados, perdidos en el tiempo y el espacio. Ya aclaré en la encuesta que yo no era una persona religiosa; ni creía ni dejaba de creer. Unos días antes de que pasara sentía continuamente una presencia detrás de mí, incluso el gato de la familia me perseguía, lloraba, estaba raro, pero yo no le di importancia a nada de esto. Después del fallecimiento de Enrique mi casa era un caos, lleno de gente acompañándonos por miedo a que nos pasara algo. Mi marido, mi hija y yo no trabajábamos, hasta que un mes despúes mi marido y mi hija se incorporaron a sus trabajos. Yo estaba todo el día tirada en la cama.

»El primer día que me quedé sola, me desperté a eso de las ocho de la mañana y vi a Enrique de pie en la puerta del dormitorio mirándome, con una camiseta y un gorro que usaba siempre y que, obviamente, estaban en su armario. Me incorporé y me froté los ojos para ver si estaba alucinando, soñando, y cuando traté de acercarme, se empezó a diluir la silueta, que estaba como entre nieblas, como si fuera de humo o algo así. Creo que se veía de la cintura para arriba. Cuando desapareció, me di la vuelta y seguí durmiendo como si nada; todavía no entiendo mi actitud.

»Lo que sé es que, desde ese dí, no dejé de leer, investigar y buscar todo lo referente a la vida después de la muerte, y eso me hizo salir adelante y me sigue manteniendo en pie. Y lo más llamativo es que las señales siguieron y que todo su entorno, hasta sus amigos, cambiaron su forma de pensar y muchos siguen un camino espiritual. Creo que Enrique quiso mostrarnos el camino…».

La siguiente experiencia trajo dulces recuerdos de la infancia a nuestro participante:

«Mi hermano murió por suicidio el 3 de julio del 2011. Tenía 32 años y luchó durante quince años contra la depresión. Era mi hermano menor, nos llevábamos cinco años de diferencia. Siempre sentí que era frágil y la necesidad de protegerlo, pero también supe que moriría joven, hasta el punto de que de niña miraba su línea de la vida en la mano para tranquilizarme. El mes siguiente a su muerte, estaba sola en casa mirando la televisión en el salón. Veía un programa que me apasionaba y no pensaba en mi hermano en ese momento. Fui rápidamente a mi habitación para recoger algo. Tenía prisa porque no quería perderme la continuación del programa de televisión. Cuando entré en mi habitación, vi a mi hermano tumbado en la cama. Estaba tumbado de cuerpo entero en su posición favorita, con los brazos cruzados detrás de la cabeza y las piernas cruzadas, con un aspecto relajado y sereno, como cuando era niño. Era tan real, o más bien tan irreal, que me asusté y giré la cabeza. Me pregunté por un instante si estaba alucinando. Cuando volví a mirar a la cama, ya no estaba. Siete años después, estoy segura de que no fue una alucinación. Esta imagen me trae un recuerdo de él cuando tenía cinco años, tumbado en la misma posición y silbando alegremente».

Un adiós diferido es el tema del siguiente testimonio:

«Yo tenía 13 años y hacía cada tarde el mismo recorrido. Como "buena acción del día" saludaba a un vecino muy mayor que estaba en silla de ruedas. Durante un tiempo dejé de verlo. Era invierno. Una tarde primaveral me hizo muy feliz verlo y saludarlo. Lo saludé y me respondió. Al llegar a casa se lo conté a mi mamá. Me preguntó, extrañada, a quién me refería. Le dije que al anciano de la silla de ruedas, la manta a cuadros sobre las piernas y la boina. Mi mamá me dijo: "Ese hombre murió en invierno"».

Es obvio que el objetivo de este contacto no era consolar a nuestro participante, sino responder a una pregunta concreta que parecía preocupar al fallecido:

«El [contacto] más dramático tuvo lugar la tarde en que un amigo se cayó y estaba en el hospital cuando apareció frente a mi mesa donde yo trabajaba. Levanté la vista y vi a Colin. Hablé primero y dije: "¿Colin?". Él respondió: "¿Sabes lo que me ha pasado?". Le expliqué que se había caído y se había hecho daño en la cabeza y que estaba en el hospital. Entonces le dije: "Colin, si estás aquí hablando conmigo, debes de haber muerto". Me respondió: "Solo quería saber qué me ha pasado", y desapareció».

Durante esta VSCD, la sorpresa dio paso rápidamente a la alegría:

«Mi marido, que había muerto una semana antes, se me apareció muy claramente por la mañana cuando me desperté. Abrí los ojos y lo vi sentado en el borde de la cama a mi lado, con un aspecto radiante. Sorprendida, pero no asustada, le dije un poco estúpidamente: "¿Pero entonces no estás muerto?"… y desapareció al instante. Me quedé atónita, pero con un sentimiento de gran felicidad. Ya han pasado dos años y el recuerdo de su imagen "real" (3D) permanece intacto».

La VSCD descrita en el siguiente relato se produjo 18 años después de la muerte del difunto percibido. Esto es bastante inusual. Aproximadamente la mitad de las experiencias se producen en el plazo de un año tras la muerte, con una alta concentración en las primeras 24 horas y hasta siete días después del fallecimiento. Otros contactos se producen con una frecuencia decreciente de dos a cinco años después de la muerte. Los contactos que se producen más tarde, a veces incluso décadas después de la muerte, son más raros y suelen servir para advertir a los receptores de un peligro inminente. Estas experiencias se denominan «VSCD de protección»:

«VSCD 18 años después de la muerte de mi padre: son las seis de la mañana, es sábado y tengo que levantarme temprano para ir a un curso de formación de fin de semana. Cuando me levanto de la cama, instintivamente miro hacia delante y veo a mi padre. Sé que no es fruto de mi imaginación, ni está relacionado con emociones particulares (18 años desde su muerte). También siento su presencia con mucha fuerza además de esta visión. Está vestido con una prenda que no me gustaba cuando estaba vivo, y me sonríe con una sonrisa que no le conocí durante su vida. Un resplandor alegre y pacífico al mismo tiempo. Esta visión es como la visión de un holograma por así decirlo, es decir, en 3D y no como una imagen o una foto. También es transparente. Siguiendo esta visión, tengo miedo. Me levanto de la cama y le digo a mi padre que se vaya. Su presencia estará allí, pero su visión frente a la ventana desaparecerá. Lo viví como una manera de decirme que estaba allí, pero también y sobre todo como un último adiós y una partida para él a otros niveles de conciencia, donde es más difícil tener contacto con una persona fallecida (incluso a través de un médium). Ese es el sentimiento que tuve de esa vivencia».

Esta VSCD ocurrió durante el despertar, en ese estado entre el sueño y la vigilia que parece particularmente propicio para la aparición de las VSCD:

«Poco después de que mi pareja falleciera, un día me quedé dormido en el sofá. Al abrir los ojos, ella estaba sentada a mi lado. Me miraba sonriendo, tal vez durante un segundo, pero yo estaba seguro de que llevaba más tiempo allí, que me vigilaba. Su presencia era casi física».

El siguiente relato, escrito con un toque de humor, ilustra la naturalidad con la que nuestra entrevistada recibió su percepción, que es totalmente inconsistente con su sistema de creencias:

«Mi abuela apareció en mi coche (yo estaba sola) mientras conducía. La sentí y la "vi". Sabía que no era un cuerpo material y que no podía tocarla porque era transparente, sin embargo (soy una persona con los pies en la tierra), me quité el bolso (pasé mi mano por "su cuerpo" disculpándome, por si acaso...) para que pudiera sentarse cómodamente. Mientras conducía eché vistazos, mi abuela miraba la carretera... Llevaba un vestido y un abrigo negros, sus gafas y un bolso descansando sobre su regazo. En el semáforo en rojo pude mirarla largamente. Ella también volvió la cabeza para mirarme, sin sonreír. No tenía miedo, a pesar de la situación... Es raro pero pensé que era normal que ella estuviera ahí conmigo... Me preguntaba por el "¿por qué estás aquí?" y no por el "¿cómo estás ahí?". Y, sin embargo, soy científica de formación y además atea... El semáforo se puso verde, volví a arrancar y mi abuela se fue cien metros más allá. Me dije "¡Maldita sea! No he hablado con ella". Pensé que había venido a decirme algo grave, o a buscar a alguien cercano, pero todo transcurrió con normalidad después de este suceso».

Los fallecidos pueden ser percibidos integralmente o solo parcialmente (cabeza y busto), con una graduación de nitidez. La mayoría de nuestros encuestados percibieron al difunto integralmente.

- En su integridad: 60%
- Solo la parte superior del cuerpo: 25%
- Solo la parte inferior del cuerpo: 1%
- Inciertos: 2%
- Otro: 12%

Nuestros encuestados aclararon sus percepciones:

«Primero cuerpo a lo lejos y luego cara».

«Su imagen casi completa… hasta las rodillas. De las rodillas a los pies la imagen se esfumaba».

«Lo vi de la cabeza a la mitad de la pierna… Y cuando se fue, lo vi por detrás en toda su estatura».

«Busto con una especie de niebla en lugar de las piernas».

«En su totalidad, pero sin ver su cara».

«Solo su cabeza rodeada de humo».

«En casa de unos amigos, estábamos arriba cuando escuchamos un sonido de movimiento en el piso inferior. Preocupados, bajamos y descubrimos que nada se había movido. Al volver a subir vi a una persona en el pasillo, con pantalón de terciopelo marrón y botas, sin embargo, no había busto, solo las piernas… Entonces comprendí…».

Las descripciones de las apariciones van desde la visión de una silueta vaporosa y semitransparente que revela los objetos detrás de ella hasta la percepción de un cuerpo perfectamente sólido, pasando por todas las etapas intermedias. A veces hay una evolución dinámica en la percepción: primero se percibe una forma nebulosa que se solidifica gradualmente pasando a través de la etapa de silueta para finalmente tomar la forma de una persona sólida que parece estar viva.

¿Cuál fue la consistencia del difunto percibido por nuestros participantes?

- ‣ Sólido como un ser vivo: 62%
- ‣ Semitransparente: 13%
- ‣ Silueta nublada: 11%
- ‣ Inciertos: 15%

Este resultado es interesante. Para el 62%, el fallecido tenía la apariencia de un ser vivo, lo que es un número sorprendentemente alto.

Los testimonios que siguen describen las diferentes etapas de materialización del difunto percibido. Presento una serie de extractos de
testimonios, ya que nuestros participantes tenían percepciones muy
variadas, empezando por los casos en los que se percibía al difunto
como bastante sólido:

«Normal, lo vi como si estuviera vivo».

«Era sólido, pero aéreo, como si fuera muy ligero, y también
parecía un poco más pequeño y delgado».

«No creo que pareciera sólido, pero estaba muy cerca de eso porque cuando levanté la vista, tenía el mismo aspecto de siempre».

«Parecía humana pero no tan sólida como un ser vivo».

«Lo vi completo con mucha precisión. No era transparente,
pero no desprendía sensación de solidez».

«Era nítido, pero en una imagen proyectada».

«Vi la silueta de un hombre, vestido con ropa de color claro».

«Como una nube con una forma humana amorfa, de colores
gris, verde y amarillo».

«Era una sombra de un cuerpo humano perfecto».

«Más claro en su parte superior. La parte inferior de su cuerpo
parecía esfumarse...».

«Semitransparente, nebuloso, como un holograma o un líquido que intenta materializarse».

«Busto con una especie de niebla en lugar de las piernas. Vi
una figura, pero su cabeza estaba vuelta, como si no debiera
identificarla».

«Figura espectral, sin consistencia».

Esta breve descripción de la consistencia de la difunta percibida es interesante, ya que la participante diferencia entre su sensación interna (lo que percibió en su mente) y su percepción visual (lo que vio con sus ojos), que no son idénticas:

«En mi mente era clara, pero solo una sombra a mis ojos».

Este es otro buen ejemplo de los diferentes grados de materialización descritos por los receptores. Sea cual sea la consistencia de la imagen percibida, suelen identificar al instante el objeto de su percepción:

«Fue la noche anterior al funeral de mi hermana en el año 2000. Entré en mi cuarto de baño y miré mi reflejo en el espejo que daba a la puerta. Justo detrás de mí vi claramente una columna de lo que solo puedo describir como papel de seda aplastado, en gris oscuro, gris medio y blanco. Ahora que lo pienso, fue algo relacionado con la refracción de la luz en esta energía lo que le dio los matices o colores percibidos. No me asusté en absoluto, pero cuando me giré para verlo bien, se quedó frente a mí en la habitación durante varios segundos. El tiempo suficiente para ver que era tan alto que parecía desaparecer a través del techo. Supe al instante que se trataba de mi hermana o de su energía y que tenía una sensación de tristeza (había dejado un hijo de 15 años y una hija de 16). A partir de ese momento supe que todas las demás instancias, voces, sueños y visiones que había tenido a lo largo de mi vida eran reales y que la vida no termina aquí, sino que continúa. Aunque me entristeció perder a mi hermana, este acontecimiento cambió mi vida y me dio una paz inconmensurable».

El siguiente testimonio es interesante por varias razones. Primero, la participante percibió a dos fallecidos simultáneamente, lo cual es bastante raro. Además, *sabía* que el desconocido fallecido que acompañaba a su padre difunto era el padre de su compañero, sin haberlo conocido en vida. En efecto, de numerosos testimonios se desprende que la identificación del fallecido es inmediata, sin duda posible, como si esta identificación fuera más del orden del *conocimiento* que de la percepción.

«La visión de mi padre era semitransparente. Lo acompañaba el difunto padre de mi nuevo compañero en ese momento. Su papá había muerto treinta años antes. Yo no lo conocía. Sin embargo, supe que era él y pude verificarlo en una foto después».

El testimonio que sigue es destacable porque la percepción visual de la difunta se precedió de sensaciones físicas específicas y bastante inusuales:

«Experiencia espontánea-directa. 9-7-2009 a las 21:00 aproximadamente. Me encontraba en casa de mi amiga y vecina Emilia, crecimos juntas desde los tres años de edad. Ese 9 de julio a las 18:00 su mamá, Laura, había fallecido después de haber estado postrada durante meses a causa de una fractura de cadera. En vida de Laura, tuvimos una relación muy cercana; así como Emilia pasaba mucho tiempo en mi casa, yo también en la suya. Pero desde el año 2007 hasta la fecha de su fallecimiento, tuvimos una relación aún más cercana. Laura era misionera de la Virgen de Schoenstatt, y debido a mi actividad más comprometida con la espiritualidad, nuestra fe hizo que compartiéramos momentos de oración. Ese 9 de julio, en casa de Emilia, la acompañábamos una de sus primas y yo. Eran aproximadamente las 21:00 cuando decidí volver a casa. En el instante en que me puse de pie, mis piernas se entumecieron, una especie de corriente magnética no me permitió moverme e hizo que volviera a sentarme. Comencé a sentir calor, mi rostro se enrojeció y tuve que quitarme el suéter que llevaba. Emilia y su prima me miraron un instante y continuaron conversando. De pronto mi mirada se dirigió hacia una esquina del comedor donde estábamos, y vi una especie de bruma en la que la figura de Laura con rostro sonriente se presentó. La imagen en color, a pesar de ser algo brumosa, mostraba a Laura con su vestimenta habitual. En ese momento Emilia y su prima empezaron a llorar y llegó a mi mente en una mezcla de voz y pensamiento lo que Laura decía: «Estoy bien… No lloréis… Estoy bien… Gracias por todo… Estoy bien». Tras los pocos segundos que duró este mensaje, primero la imagen de Laura fue desapareciendo y luego la bruma. El calor en mí descendió y mis piernas se relajaron. Después de lo sucedido noté que Emilia y su prima me observaban, como si el tiempo se hubiera detenido. Me preguntaron si me encontraba bien y les conté lo sucedido».

Este relato describe una aparición semitransparente pero claramente reconocible:

«Después de ir al cementerio con mi madre para recogerme en la tumba de mi abuelo, fui a ver la tumba de una chica joven de mi edad que había muerto recientemente. Después, regresé a casa con normalidad, siempre acompañada de mi madre. Por la noche, alrededor de las diez de la noche, me acosté como todas las noches, pero cuando me di la vuelta en la cama para dormirme, vi a la chica difunta, toda blanca, acostada a mi lado. Ella era casi transparente, pero sus rasgos faciales eran claros y precisos. Ella era como un reflejo, una especie de velo».

Una mujer de nuestros encuestados se sentía como si estuviera atravesando la aparición de su difunto esposo:

«Ocho días después del ahogamiento de mi esposo, se me apareció en nuestra habitación (especifico que no estaba durmiendo). Me tendió los brazos, sentí una fuerza e hice lo mismo. Entonces me sentí como «propulsada» hacia él y crucé su cuerpo como se representa a los fantasmas cruzando las paredes. Sentí en ese momento una bondad extrema, no hay palabra en el diccionario para expresar aquella bondad. Fue fabuloso y también sentí amor incondicional. Recuerdo tener la sensación de volver a caer en la cama. Entonces me di cuenta de que había venido a despedirse de mí. Fue la experiencia más asombrosa de toda mi vida».

Esta encuestada relata una experiencia similar:

«Lo sentí pasar a través de mí, dentro de mí y alrededor de mí. Tuve que apoyarme en una pared y me hizo saber que era él. Era amor, consuelo y paz mientras dejaba este mundo y pasaba a través de mí en su camino. Fue su despedida y me envolvió en su amor y dejó esto en mi interior como lo último que hizo por mí».

Otras dos mujeres de nuestros participantes expresaron un sentimiento similar en pocas palabras:

«Mi compañero atravesó mi cuerpo».

«Fue como que me atravesó; lo sentí en todo el cuerpo a la vez».

¿Los participantes mantuvieron los ojos cerrados durante la VSCD visual? ¿Estaban en un estado de relajación o ensoñación que podría haber facilitado la aparición de imágenes mentales?

Resulta que la mayoría tenía los ojos abiertos cuando vieron la aparición.

El 60% tenía los ojos abiertos, el 9% no estaba seguro y el 31% tenía los ojos cerrados

Preguntamos a los encuestados cuál era la posición de la aparición en relación a ellos:

- ► En el centro de mi visión (frente a mí): 74%
- ► En la periferia de mi visión (a mi lado): 22%
- ► Inciertos: 4%

El siguiente relato describe una aparición percibida en la periferia de la visión:

«Perdí a mi mamá cuando tenía 21 años. Fue un verdadero dolor para mí. Nunca acepté esta partida repentina, a pesar de que le había dado permiso para irse y no sufrir más (cuidados intensivos). Luego perdí a una niña al nacer, la gemela de mi niña menor y también fue un suceso muy desgarrador, tenía una discapacidad mental. Una tarde, mientras lavaba los platos, estaba sola con mi hija menor, de unos meses, que dormía arriba. No hubo ningún ruido en particular. Estaba relajada, ocupada lavando unos platos y allí, no sé, por el rabillo del ojo, vi una forma, sentí que me observaban y me di la vuelta. Era mi mamá sosteniendo a mi pequeña en sus brazos, como diciéndome que todo estaba bien, que la estaba cuidando, que no debía preocuparme por eso. Duró un segundo... Seguí lavando los platos, un poco confundida».

Nuestro entrevistado describió la naturaleza de esta visión periférica que tuvo de su abuela fallecida:

«Solo la vi de reojo, demasiado esquiva para definirlo con precisión, como si se tratase de una distorsión en el campo visual, similar a cuando se observan las capas de aire caliente ascendiendo y se aprecia distorsionada la imagen en esa zona, pero nunca la vi directamente, nunca».

¿A qué distancia percibió al difunto? Para la mayoría, la aparición estaba cerca de ellos.

- Al alcance de mi mano: 62%
- A unos metros: 33%
- En la distancia: 3%
- Inciertos: 3%

¿Fue la aparición en movimiento o estática?

- Totalmente inmóvil: 19%
- Bastante estático: 29%
- Moviéndose en el entorno: 30%
- Bastante animado (gesticulando): 16%
- Inciertos: 6%

Apariciones en movimiento están representadas en estos informes:

«Simplemente caminó de un lado al otro, hasta quedarse detrás de un portón donde ya no podía percibirlo».

«Simplemente se fue a través de una puerta».

«Desapareció cuando atravesó la pared…».

«Hace seis años, al despertar de una siesta (no sé qué me despertó), miré la puerta de mi dormitorio mientras mi difunto padre entraba en la habitación. Estaba a quince metros de mí. Vi su cuerpo entero, no solo una parte. Estaba de pie y se movía. Lo vi entrar en la habitación y mirar adentro. Tenía exactamente la misma actitud que cuando estaba vivo. Se llevó las manos a la espalda y en sus ojos se notaba que estaba descubriendo el lugar (nunca había estado allí en vida). Él no se mostraba indeciso, simplemente estaba allí. Llevaba ropa que le pertenecía. La acción, la visión, fue lenta como una imagen fija y por lo que sé fue muy breve (tres segundos como máximo). Justo el momento de darme cuenta de que era él y luego nada. No emitió ningún sonido, no había ningún olor particular».

Los relatos siguientes describen con más detalle cómo se movían las apariciones:

«Poco después de enviudar, probablemente uno o dos meses después de su transición en el 2002, me senté en casa una noche pensando en ella cuando se materializó frente a mí en forma de su figura desde la cabeza hasta las espinillas (la parte de los pies no era visible). La forma parecía estar hecha de cristal lleno de humo y se desplazó por el salón hasta la habitación trasera, donde solíamos pasar tiempo juntos. Se movía como si llevara patines y se «deslizaba» entre los muebles para entrar en la habitación de atrás. Recientemente había reorganizado la disposición de los muebles y parecía que estaba utilizando el camino de su antigua disposición, cuando ella estaba aquí. Apareció dos veces en pocos minutos y luego desapareció. La llamé por su nombre, pero no se dio la vuelta ni se detuvo, sino que siguió avanzando hacia la habitación trasera».

«De niña (tendría unos diez años) vi a un difunto caminar como flotando y atravesar una pared. Su aspecto era normal aunque no pude percibir en detalle su rostro. Lo que me asombró fue su manera de desplazarse y que desapareciera atravesando esa pared. Fue un tanto perturbador, aunque sentí que no intentó asustarme».

Según los receptores, las apariciones a veces están rodeadas de luz. Preguntamos a nuestros encuestados si los fallecidos parecían más brillantes que su entorno, en otras palabras, si una luz los rodeaba o provenía de ellos. Este fue el caso de poco más de un tercio de nuestra recopilación de datos.

Para el 35%, la aparición estaba rodeada de luz, el 11% no estaba seguro y para el 54% la aparición no estaba rodeada de luz

A continuación se muestran algunos ejemplos de apariciones luminosas:

«Se veía bastante sólido, pero estaba muy pálido y sobre todo iridiscente. Había una ligera luminiscencia alrededor de su figura».

«El difunto estaba rodeado de una luz muy blanca».

«Una silueta oscura porque la luz venía de detrás de él».

«Como una persona viva, pero con un aura de luz a su alrededor».

«Era una forma luminosa».

«Su rostro, brazos y manos estaban muy claros, pero sus hombros, torso y pelvis estaban borrosos por la luz blanca».

«Parecía sólido, rodeado de luz».

«Vi a mi esposo difunto a los pies de mi cama. Era una forma luminosa, solo la parte superior del cuerpo rodeada de luz, y sentí mucha alegría».

Este contacto, reforzado por la experiencia de dos conocidos, tuvo lugar bajo anestesia general durante una operación, cuando (según toda lógica) el encuestado no debería haber podido percibir nada:

«Recibí una visita de mi difunta esposa, en julio del 2013, diez meses después de su fallecimiento en octubre del 2012, mientras me encontraba inconsciente bajo anestesia en la mesa de operaciones para una extirpación de la vesícula biliar. Cuando falleció tenía 71 años de edad. En su visita parecía más joven, serena, compuesta, hermosa, feliz, sonriente, llena de amor y compasión. Estaba bañada en una luz dorada y blanca. La visión era magnífica en su claridad. Me aseguró con una sonrisa cariñosa que estaba "bien" y que "las cosas eran maravillosas en este lado" y que "yo también estaría bien y no tenía que preocuparme". La experiencia fue atemporal, bellamente intensa, profunda, dichosa, llena de amor. No tengo ni idea de cuánto duró. Un segundo, un minuto, cinco minutos, resulta irrelevante. Cuando me desperté, o recuperé la conciencia, me sentí increíblemente relajado y recordé por completo la experiencia. Sentí que había experimentado el Cielo. Este estado de intensa relajación me acompañó durante varios días, durante los cuales supuse que la maravillosa experiencia podría estar inducida por los fármacos (la anestesia). En los meses siguientes, la magnificencia y la intensidad de la experiencia se mantuvieron, pero investigué todo lo posible con médicos, hipnoterapeutas y similares para tratar de determinar si la anestesia podía haber causado la experiencia.

No pude encontrar esta explicación. Más o menos al mismo tiempo que mi experiencia, mi dentista (que había tratado a mi mujer poco antes de su fallecimiento) y una amiga muy cercana a mi mujer me comunicaron de forma independiente, ambos en un estado algo "agitado" (a falta de una palabra mejor), que habían sido "visitados" por mi difunta esposa, pidiéndoles que "cuidaran de Matt" (es decir, de mí) y que ella les había dicho que estaba bien. Esto ocurrió más o menos al mismo tiempo que la "visita" que tuve de mi difunta esposa. Esta información llegó independientemente y fue comunicada por mi dentista y la amiga de mi esposa; no era una respuesta a ninguna pregunta que yo hubiera hecho. Ahora, unos cinco años después, me siento bendecido por haber tenido esa experiencia tan real. Solo tengo que recordarla para entrar en un estado inmediato de relajación y paz. Ha sido un cambio en mi vida y no tengo ninguna duda de que he experimentado una comunicación después de la muerte de mi amada esposa y he vislumbrado al otro lado lo que solo puedo describir como el Cielo».

La percepción de esta bola de luz se produjo en un momento significativo de la vida de nuestra entrevistada:

«Era mayo del 2015, aproximadamente un mes antes de mi segundo matrimonio. Mi madre había muerto dos años antes. Estaba llorando y le hablé en voz alta para decirle lo mucho que la echaba de menos. Entonces vi una bola de luz brillante alrededor de mi habitación, y pude capturar fotos con mi teléfono móvil. Hice pruebas después para ver si era algún tipo de anomalía ambiental, pero cuando intenté hacer fotos después de que la bola de luz desapareciera ya no se volvió a ver. No ha vuelto a ocurrir desde entonces. Siento firmemente que fue mi madre».

Este testimonio también describe una luz, pero que se ha convertido en un rostro reconocible a medida que se desarrollaba la experiencia:

«Estaba despierto, tumbado en la cama, pensando en las actividades que me esperaban ese día. De repente, con los ojos cerrados, noté un punto de luz amarilla hacia la parte superior derecha de mi campo de visión. Pensé: «¿Qué es eso? ¿Me pasa algo en los ojos?». Mientras observaba con calma y curiosidad, el diminuto punto de luz parecía venir hacia mí, haciéndose lentamente más grande a medida que se acercaba. Mientras aumentaba su tamaño, me di cuenta de que había algo dentro de la bola de luz amarilla, cada vez más grande. No podía distinguir lo que era, pero me di cuenta de que parecía una cara, una cabeza, pero era demasiado pequeña para verla con claridad. Siguió acercándose a mí y haciéndose más grande, hasta que pude distinguir la cara que había dentro. «¡Mamá!», dije en voz alta al reconocer el rostro de mi difunta madre. Y en ese segundo de reconocimiento, desapareció repentinamente».

Preguntas adicionales nos permitieron profundizar en el conocimiento de las VSCD visuales.

¿Parecía el difunto tener la misma edad que cuando murió?

- ‣ Misma edad: 52%
- ‣ Más joven: 32%
- ‣ Mayor: 1%
- ‣ Inciertos: 16%

A veces los difuntos son percibidos en la flor de la vida y en excelente estado de salud, independientemente de su edad el día de su muerte y de la enfermedad que pudiera haber marcado su rostro.

Tal vez pueden elegir mostrarse como estaban en un momento feliz y sin preocupaciones de su vida, lejos de la vejez y la enfermedad que podrían surgir más adelante. Tendrían esta libertad si se postulara que entran en la conciencia de los vivos creando una imagen a su elección.

A menudo, vimos a nuestros seres queridos la última vez en la hora de su muerte, o más tarde durante su entierro. Es realmente una imagen triste para guardar en nuestro corazón. Las VSCD visuales permiten sustituir este último recuerdo penoso por una nueva imagen, bella y consoladora.

Los datos que hemos recopilado respaldan esta hipótesis. Algo más de la mitad de los encuestados dijo que el familiar o amigo fallecido tenía un aspecto diferente al del momento de la muerte.

- Apariencia diferente: 55%
- Misma apariencia: 18%
- Inciertos: 7%
- Otro: 20%

Nuestros participantes compartieron sus percepciones, empezando por los casos en los que los fallecidos se percibían más jóvenes de lo que eran en el momento de su fallecimiento:

«Aunque murió a los 82 años, en la visión la vi como la había conocido a los treinta, radiante de salud».

«Era la hora de almorzar y estaba en la cocina hablando con mi hija. De repente, vi a través de la ventana del jardín a mi marido, que había muerto hacía siete meses de cáncer. Parecía más joven que cuando murió, lo que no se correspondía con un recuerdo, ya que lo conocía desde que él tenía cincuenta años. En esta apariencia, era como si quisiera mostrar la mejor parte de él. Estaba muy delgado y todavía tenía pelo (que había perdido debido a su enfermedad). Fue muy rápido y no vi realmente su cara, lo único que noté es que estaba bastante estático. Me quedé muy sorprendida y mi corazón empezó a latir muy rápido».

«Tres semanas después de que falleciera mi marido, me desperté una mañana temprano y lo encontré sentado en la cama con un aspecto treinta años más joven que cuando falleció. Se le veía sólido, sonriente y feliz. Antes de que falleciera, habíamos acordado que quien falleciera primero haría saber al otro que había una vida después de la muerte».

«Mi padre parecía más joven (con unos cincuenta años), con el pelo negro azabache, mientras que cuando murió lo tenía completamente blanco. También tenía una buena constitución. Tenía un rostro muy hermoso, como si estuviera liberado de todo sufrimiento…».

«Vi a mi difunto marido exactamente una semana después de su fallecimiento. Estaba de pie en la puerta de nuestro dormitorio con una sudadera azul oscuro y unos pantalones de chándal del mismo color. Tenía el pelo negro como cuando era más joven. No dijo nada y desapareció en un minuto».

«La noche en que murió mi abuelo, yo estaba tumbada en mi cama dispuesta a dormir cuando apareció por encima de mí, en paralelo a mi cuerpo. Estaba envuelto en una mortaja o en una luz blanca inmaculada. Lo que más me sorprendió posteriormente fue su rostro; parecía tener unos cuarenta años. Era muy guapo y me miraba profundamente a los ojos. Podía oír en mi mente que no debía estar triste porque él era muy feliz. Me sentí como si estuviera en el Cielo».

En estas materializaciones se han eliminado las heridas y los impedimentos físicos:

«Su rostro era el mismo que tenía justo antes de ser asesinado (recibió un disparo en la cabeza)».

«Le conocí siendo cojo tras un accidente, y después de su muerte lo vi caminar con normalidad».

¿Cómo logran los receptores identificar la aparición? Uno podría imaginar que los fallecidos se materializan de manera que sus allegados puedan reconocerlos más fácilmente, por ejemplo, vistiendo su ropa favorita y comportándose de la forma habitual. De hecho, este fue el caso para una gran mayoría de participantes:

Para el 76%, el fallecido les resultó familiar de inmediato, el 7% no estaba seguro y para el 17% no inmediatamente familiar

El siguiente testimonio ilustra perfectamente este aspecto de las VSCD visuales:

«Unos meses después de la muerte de mi esposo, cuando salí de la joyería donde trabajaba, lo reconocí al final de la calle. Caminó hacia mí, con su paso tranquilo, y reconocí su silueta, alta y delgada (1,93 m). Para entonces ya estaba segura de que era él, pues habíamos estado 35 años casados. Luego, cuando miré más cuidadosamente, me di cuenta de que llevaba su abrigo como solía hacer para mantener las manos libres. Doblaba su abrigo por la mitad y se lo colocaba sobre el hombro izquierdo… ¡Nunca había visto a nadie con ese hábito! Así que este detalle me preocupó profundamente… Me quedé estupefacta. Sin prisas, entró en una tienda de moda femenina. En ese momento, quería dejarlo claro y corrí la corta distancia entre nosotros y entré en la tienda. Había dos clientes en la tienda, y dos vendedoras que me aseguraron ¡que nunca habían visto entrar a ese hombre alto con el abrigo! El abrigo es un detalle importante en este testimonio. Era un hábito un poco extraño que había adquirido en invierno en Francia, en Annecy, cuando vivíamos allí, pero nos mudamos de Francia a Florida. Mi esposo falleció ocho años después de nuestra llegada a Estados Unidos. En nuestro pequeño pueblo de Florida el abrigo, por supuesto, no era necesario. ¡El clima es agradable todo el año!».

Doy la palabra a los encuestados para que hagan más descripciones:

«Tenía el mismo aspecto que la última vez que la vi. Llevaba su gabardina favorita de London Fog».

«Tenía el mismo aspecto que en vida. Llevaba la camisa que tenía puesta la noche que murió. Me alegré tanto de verlo que casi se me cayó la taza de té. Fue totalmente inesperado y se produjo un mes después de su fallecimiento».

«Parecía vivo y llevaba un traje gris claro que le había comprado años antes de que muriera».

«Vi a mi suegra un año después de su fallecimiento; la vi con su vestido favorito y olí su perfume muy intensamente, incluso después de su desaparición».

Aparición y desaparición de las VSCD visuales

La *llegada* de las apariciones puede producirse de diversas formas:

1. El receptor se despierta o es despertado por la noche por la aparición, que se encuentra ante él; por ejemplo, a los pies de la cama.
2. La aparición ya está presente cuando el receptor, que está despierto, de pronto toma consciencia de ella.

3. La aparición está en movimiento y entra en el campo visual del receptor (por ejemplo, una puerta se abre y la aparición entra y se desplaza por la habitación).

4. La aparición se materializa ante los ojos del receptor, de repente o de forma gradual. A veces, se percibe como una niebla que súbitamente adquiere forma y se vuelve reconocible.

La *desaparición* de la aparición es más abrupta que su llegada. Los testimonios utilizan verbos como «evaporarse», «desaparecer de repente», «disolverse», «desmaterializarse», «borrarse» o «volatilizarse». Basta con parpadear o desviar la mirada una fracción de segundo para que la aparición desaparezca. En los casos de visión de difuntos desconocidos, los receptores los tomaban por personas de carne y hueso hasta que su desaparición fulgurante les hacía comprender que en realidad se trababa de una aparición.

Les hemos preguntado a los encuestados cómo se les apareció el difunto. Para una mayoría, los fallecidos ya estaban presentes cuando los vieron, y para una minoría, los fallecidos se materializaron ante sus ojos.

Para el 60% la aparición ya estaba presente cuando la vieron, para el 29% se materializó ante sus ojos y el 12% no estaba seguro

Después de unos segundos o minutos, las apariencias se desvanecen. Preguntamos cómo desapareció la aparición.

‣ La aparición se desvaneció gradualmente: 14%
‣ La aparición se disolvió instantáneamente: 28%
‣ La aparición ya no estaba allí cuando parpadeé: 18%
‣ Inciertos: 11%
‣ Otro: 29%

Los siguientes informes se refieren a la forma en que el percibido fallecido había desaparecido:

«Unas doce horas después de la muerte de nuestro hijo vi su cara (solo el cuello y la cara) aparecer de lado en un dormitorio. Me habló y me dijo: "No te enfades". Era realmente él el que estaba en la habitación conmigo y luego se desvaneció lentamente».

«Se convirtió en una luz blanca brillante mientras empezaba a desvanecerse».

«Mi abuelo se desvaneció gradualmente y se convirtió en humo blanco».

«Una noche, cinco meses después de la muerte de mi padre (el día antes de mi cumpleaños), estaba despierta pero con los ojos cerrados, sentí una presencia y los abrí. Mi padre, como una imagen de holograma, estaba de pie cerca de mi esposo mirándonos. Se veía muy tranquilo. Sorprendida de verlo, de repente me levanté para hablar con él. Esto tuvo el efecto de hacer que «desapareciera», pero de manera gradual».

Las descripciones de la desaparición del percibido difunto son múltiples:

«La vi antes de salir corriendo de la habitación, así que no sé cuándo desapareció».

«En ese momento, no sabía quién era… Atravesó el comedor y desapareció en una pared».

«Aparté la mirada cuando lo vi y cuando miré en su dirección de nuevo, se había ido».

«No lo vi desaparecer porque me di la vuelta. Sabía que había venido a anunciarme una muerte en mi familia».

«Ya no estaba allí cuando miré en la dirección en la que estaba originalmente. Yo también me asusté y le pedí que no apareciera».

«Cuando salí de la habitación, el difunto todavía estaba allí».

«Literalmente, se movió de forma extraña hacia arriba, no a través de la puerta o del armario que estaba justo detrás, sino hacia arriba y sobre el delgado espacio entre el techo y el armario. Realmente muy diferente a todo lo que he visto antes o después».

El siguiente testimonio describe la desaparición instantánea de una aparición. Como puede ocurrir con las percepciones de difuntos desconocidos, nuestro entrevistado se sintió molesto por este improbable encuentro:

«Corría un soleado marzo del 2010, y fue entonces cuando con un entrañable amigo que llamaré Mario B. decidimos encontrarnos; el escenario resultó ser un bar escondido entre dos calles. Todo transcurría como lo hacía usualmente, cuando de pronto me dirigí al lavabo, ajeno por completo a lo que estaba a punto de suceder… Mientras me lavaba las manos, a mi derecha había una cabina sin puerta donde un hombre de pie miraba fijamente en dirección a sus pies. Hasta aquí no advertí nada anormal, pero lo extraño era que ese hombre permanecía completamente inmóvil, con total indiferencia ante mi presencia. Pero de forma inesperada, fui testigo de un suceso sorprendente, ya que de pronto esta persona se desvaneció, desapareciendo completamente de mi vista de manera fugaz… Cabe destacar que experimenté una sensación de extrañeza y desconcierto en todo mi ser, sin entender lo que había ocurrido. De forma instintiva, dirigí mi brazo extendido hacia el lugar en cuestión, pero obviamente mi mano no encontró nada más que el vacío dentro de la cabina. Frente a esto, me reservé de hablar sobre esta inquietante experiencia, la cual tendría su momento de ser analizada con profundidad, pero más adelante».

Este participante ofrece una explicación sobre la repentina desaparición de la aparición:

«Recuerdo hace poco tiempo atrás haber visto dos o tres veces a una persona que avanzaba desde detrás de mí hacia delante. Y desaparecía al llegar a mí. Como si yo fuera un muro de límite de esa presencia. Esta persona o presencia era desconocida para mí».

Al igual que con las VSCD táctiles, algunos participantes informaron de que pudieron sujetar al difunto y sintieron resistencia o materia durante la VSCD visual:

«La sentí físicamente. Tenía sustancia».

«Pasé mi dedo índice derecho por su mejilla derecha. Era cálido y sólido».

«Nos abrazamos. Fue real. Podía sentir su calor y sus brazos rodeándome con fuerza».

«Sentí su mano, tal como era cuando estaba vivo: su suavidad, su calor, la ternura de su piel y… el amor que desprendía».

«Inmediatamente después de su muerte, la primera vez que me abrazó, no quería creer que estaba muerto. Estaba en *shock*, tanto por la aparición como por el contacto físico. Traté de liberarme de su agarre pero no pude, me estaba abrazando fuerte».

Para algunos, el intento de sujetar al fallecido resultó difícil:

«Sentí que me tocaba, pero era como una energía que no podía retener».

«Era como intentar agarrar cera; no era una sensación humana, pero aun así era distinguible como algo casi sólido».

«Podía tocarlo, pero era blando. Como que si lo agarraba demasiado fuerte, mi mano lo atravesaría, aunque nos dábamos la mano».

Resulta interesante que algunos participantes informaron de que no podían o no se les permitía tocar a la persona fallecida:

«Quería tocarlo, pero no pude, era como si hubiera una barrera invisible, un velo que me impedía tocarlo».

«Se apartó de un salto dejando muy claro que no había que tocarlo. Ya que nuestras vibraciones no eran compatibles todavía».

«Quise tocar a papá y lo alcancé, pero él se apartó de mí y me dijo "no" de forma cariñosa».

Y a veces las emociones fuertes impiden a los receptores tomar iniciativas:

«Sentí la materia de su cuerpo detrás de mí y el tacto y el calor de sus manos, pero no intenté tocarlo, estaba demasiado emocionada».

¿Los receptores sintieron que los fallecidos les transmitían un mensaje? Este fue en gran medida el caso. Nuevamente, podemos ver que el mensaje (la información transmitida) es el elemento esencial de las VSCD, sea cual sea el tipo de contacto.

Para el 80%, la aparición transmitió un mensaje, el 9% no estaba seguro y el 12% no percibió ningún mensaje

¿Cómo se transmitió el mensaje?

- ▸ Por palabras audibles: 26%
- ▸ Por telepatía: 37%
- ▸ Por expresión facial: 16%
- ▸ Inciertos: 7%
- ▸ Otro: 13%

Las experiencias de nuestros encuestados son polifacéticas, como ilustran estos testimonios:

«Su rostro era de preocupación».

«Su presencia era el mensaje».

«No es como escuchar con los oídos físicos, más bien como lo que se podría llamar "escuchar con los oídos del alma"… También podría decir que es como un mensaje telepático, no se oye pero es tan claro como oírlo en voz alta…».

«Una conversación normal como si estuviera vivo».

«Es tanto telepáticamente como a través de la expresión de su rostro. Cuando lo vi, tenía una sonrisa maravillosa. Me tomó un tiempo darme cuenta de que estaba recibiendo palabras aunque sus labios no se movían».

«Hay estas dos palabras, "Te amo", que lo resumen todo, y la expresión de intenso amor en su rostro».

«Él me estaba hablando, podía escuchar cada palabra con claridad, pero las palabras fueron dichas sin que él abriera la boca».

«Dos horas después de enterarme de que mi hijo de 21 años había muerto en un accidente de trabajo, lo vi en un rincón de mi habitación diciendo: "Te quiero, mamá. Mamá, te quiero". Insistía y tenía un poco de miedo porque no paraba de repetir «Te quiero, mamá» inclinándose ligeramente hacia delante como para hacerse oír porque yo estaba en *shock* y esta visión no me llamó la atención, pensando que era mi imaginación».

Una participante logró describir con precisión cómo percibió el mensaje:

«Palabras, pero que parecía filtrar mi cerebro, porque tenía que traducir una "impresión" en palabras a medida que avanzaba. Pero sí, era claro y preciso, aunque es difícil describirlo».

Oler una fragancia

El 28% olía una fragancia característica del difunto

276 de nuestros participantes tuvieron una VSCD olfativa, es decir, contactos durante los cuales aparecen fragancias asociadas a un familiar o amigo fallecido.

VSCD olfativa	Hombres	Mujeres	Datos en español	Datos en francés	Datos en inglés
Sí	23%	29%	29%	30%	26%
No	77%	71%	71%	70%	74%

Los siguientes testimonios describen VSCD olfativas:

«Después de recibir una llamada telefónica del médico correspondiente del hospital en el que murió mi madre, me apresuré a ir al hospital, que está a unos 40 km de donde vivo. Cuando llegué al pueblo en el que murió, el semáforo se puso en rojo y me vi obligada a parar y esperar un rato. Allí sentí el espíritu de mi madre. La olí. Podía oler su presencia. Era su olor único y en ese momento supe que estaba en el coche visitándome. No era solo pensar que estaba allí, era saber que estaba conmigo en el coche. Así que empecé a llorar de alegría por poder tenerla de nuevo cerca de mí y espontáneamente grité: "¡Mamá, estás aquí! Estás aquí, mamá, ¿verdad?". Fue una experiencia inolvidable que me llevó a investigar intensamente sobre la vida después de la muerte y la comunicación después de la muerte».

«Mi hijo murió muy repentinamente mientras estábamos de vacaciones, de edema pulmonar. Era fumador. Ni mi marido ni yo fumamos. Como el trabajo de mi marido implicaba tener clientes en su coche, era una zona estrictamente de no fumadores, que normalmente olía a ambientador. El día antes del funeral de mi hijo, fuimos a la tienda local […] para comprar vino, cervezas, etc., para el velatorio. Cargamos nuestras compras en la parte trasera del coche y nos dirigimos a casa. Al acercarnos a nuestra casa, percibí un fuerte olor a humo de tabaco en el coche. Mi marido es extremadamente pragmático, así que no mencioné nada, por si pensaba que me lo estaba imaginando. Pero cuando aparcamos frente a nuestra casa, mi marido permaneció en su asiento mirando fijamente hacia delante. Al cabo de unos diez segundos, el coche se vio envuelto en el olor y mi marido me preguntó si podía olerlo. Tenía que llevar a mi otro hijo y a mi hija a la funeraria para despedirse ese mismo día, pero utilizó mi coche, ya que aquello le había perturbado mucho».

«Mi hija falleció en el 2015 y la experimenté a través del sentido del olfato y del tacto. A partir de la noche siguiente a su fallecimiento, todas las noches, durante al menos 14 días, olía una fuerte fragancia de flores cuando me acostaba por la noche. Era tan intensa que siempre le preguntaba a mi marido si podía olerla, pero él nunca la olía. Durante ese mismo período de tiempo, podía sentir su presencia en nuestra casa y en el coche. Tenía la sensación de que me tocaban el pelo alrededor de la coronilla (lo suficiente como para hacerme girar y mirar detrás de mí). Curiosamente, su perro parecía estar mirándola justo detrás de mí o en lo alto de las escaleras».

El siguiente relato es otro ejemplo que ilustra perfectamente que los medios de expresión de las VSCD (en este caso el olor a alcohol percibido) son solo el soporte de las emociones sentidas, o incluso supuestamente transmitidas por el fallecido. En otras palabras, el mensaje es inherente al propio contacto. Sin embargo, no sabemos si el difunto comunicó su propio estado de ánimo (una sensación de bienestar, ternura y paz) o si el contacto desencadenó estas emociones en la entrevistada:

«En casa, cuando tengo algún momento de tristeza, me siento con la foto de mi amigo frente a mí y hablo intensamente con él. Luego me recompongo y sigo con mis ocupaciones habituales, sin pensar en él. Un día, unos treinta minutos después de hacer esto, pasé junto a una silla del balcón exterior, donde solía sentarse, y noté ¡un olor muy, muy fuerte a alcohol! Mi amigo era alcohólico. Realmente eché un buen vistazo a mi alrededor, pero no había nadie allí. El olor solo duró unos segundos, pero después de eso me dejé llevar por una sensación de bienestar, ternura y paz. Fue realmente impresionante; nunca lo podré olvidar. Me sentí muy bien».

Estas VSCD olfativas se produjeron durante un período de tiempo inusualmente largo, con una intensificación en un período difícil para la participante:

«Mi abuela tenía un olor muy específico que solía perdurar en su casa. Hubo al menos cuatro ocasiones durante los primeros meses después de su muerte en las que su olor aparecía en una zona de nuestra casa. Duraba unos veinte segundos, aunque a veces más. A continuación, se produjo periódicamente durante los años siguientes, antes de que se hiciera más frecuente seis años después, cuando mi marido y yo nos estábamos divorciando».

Las fragancias olidas son representativas del universo de la persona durante su vida. Pueden relacionarse con las actividades que eran suyas o con sus preferencias. Así, los receptores pueden percibir un olor que los transporta de inmediato a la cocina de la fallecida cuando ella estaba horneando su famosa tarta de manzana, o bien pueden percibir el olor de la habitación del hospital donde el abuelo había pasado las últimas semanas de su vida.

Las fragancias que se mencionan a menudo son las de un perfume, una loción para después del afeitado o un olor corporal característico, pero la gama de olores citadas es amplia. Pueden ser flores, pero también comida, bebida, tabaco, etc. Las fragancias aparecen de repente, sin motivo aparente y fuera de contexto, en interiores o al aire libre, sin que se pueda detectar ninguna fuente. Transcurridos unos segundos o unos minutos como máximo, los olores se disuelven.

A continuación, algunos ejemplos de fragancias olidas:

«El olor de la casa de mis padres mezclado con una pizca de su perfume».

«El olor de la pipa de mi padre».

«Mi padre era carpintero; olía a serrín».

«Los primeros días después de la muerte de mi padre, aparecía a instantes un perfume característico de su ropa en cualquier momento del día y en cualquier lugar donde yo estuviese».

«Mi padre era apicultor. Cuando murió, heredamos la propiedad familiar en torno a la cual había importantes problemas inmobiliarios. Arreglé estos problemas para poder poner la casa a la venta. La noche siguiente a la confirmación de la venta, me despertó un olor que me picó la nariz. Cuando estuve completamente despierta, reubiqué ese olor. Era el que podía oler en la habitación donde mi padre hacía su miel, un aroma a cera de abejas que adoro. Y en casa, no tengo velas ni cera para muebles ni nada que tenga ese olor».

A veces las fragancias son indefinibles porque simplemente corresponden al olor único de la persona, a ningún otro comparable:

«Era simplemente el olor natural de mi madre».

«Una suave fragancia muy característica de ella. No tenía la costumbre de usar perfume. Había un dulce aroma que emanaba de ella y que yo olía cada vez que me abrazaba y que también impregnaba su ropa».

«Unos días después de la muerte de mi hijo, sentí la presencia de su olor, como si alguien me rodeara».

Y, en ocasiones, las fragancias están vinculadas a un lugar significativo:

«Era el olor de la habitación del hospital donde falleció».

El testimonio que sigue describe muy bien un conjunto de percepciones recibidas a través de diferentes órganos sensoriales, que conducen a una experiencia coherente y tranquila:

«Estando en casa de mi abuela, unas semanas después de la muerte de mi abuelo, me senté solo en el salón. Mi abuela estaba en la cocina preparando un sándwich. Estaba leyendo el periódico cuando noté un fuerte olor a tabaco de liar. Mi abuelo solía fumar estos cigarrillos. Asimilé el hecho de que podía oler el humo y no registré que no debería poder hacerlo (mi abuela no fumaba). Entonces escuché un silbido. Mi abuelo siempre silbaba cuando estaba ocupado haciendo algo. De nuevo, no me di cuenta de que no debería poder oír silbidos. La puerta del salón, que estaba completamente cerrada (para mantener el calor), se abrió por completo. Levanté la vista, esperando que entrara mi abuela, pero no era ella. En su lugar, entró mi abuelo. No lo vi físicamente, pero lo sentí allí, esa sensación que tienes cuando alguien entra en una habitación detrás de ti; no lo ves pero sabes que está ahí. Cruzó el salón hasta su silla y el olor a cigarrillo se hizo más fuerte. Luego desapareció, al igual que el olor y de cualquier sensación de que había alguien allí».

El siguiente testimonio describe un cambio en los sentimientos de la encuestada durante el contacto, pasando de un estado de tristeza a un sentimiento de felicidad:

«Meses después de la muerte de mi abuela, no podía superar su pérdida. A menudo olía su fragancia como una suave brisa en mi cara. Al principio tenía ganas de llorar, pero luego la fragancia iba acompañada de un sentimiento de felicidad».

Este participante ha percibido dos contactos, con un año de diferencia:

«Tres días después de la muerte de mi padre, estaba en mi habitación a 250 millas de distancia y percibía su intenso olor. Mi padre era fumador y también un poco bebedor. Yo no soy ninguna de las dos cosas. No creo que estuviera pensando en él en ese momento. Estaba ocupada ordenando, recogiendo la ropa, etc. Entonces pude olerlo, pero solo en una zona del dormitorio. Comprobaba todo alrededor para ver si el olor estaba en todas partes, pero no era así. Duró unos treinta o cuarenta segundos. Luego se fue. No había ventanas abiertas ni nadie en casa que fumara. Además tenía un olor muy específico, que era como el de mi padre. Aproximadamente un año después, estaba en el instituto donde trabajo. Iba caminando por el pasillo, las clases estaban en marcha, así que el pasillo estaba tranquilo. Una vez más no pensaba en nada más que en la tarea que estaba haciendo. Doblé la esquina y allí estaba mi padre. Apareció ligeramente translúcido, pero con el mismo aspecto. Solo me sonrió. Parpadeé y ya no estaba. No me asustó ni me molestó, sino que me pareció una confirmación de que estaba bien».

Las VSCD olfatorias descritas en el siguiente relato se han producido durante un período de tiempo inusualmente largo, con una frecuencia significativa. ¿Quizá tenía que reconocer la viuda el olor a café como un mensaje de su difunto marido para que cesaran?

«A mi papá le encantaba el café, pero durante su vida no pudo beberlo porque tenía una enfermedad del hígado. Tras su muerte, durante nueve meses, una o dos veces por semana, por la mañana temprano (5:00-6:00) hubo un olor a café recién hecho en casa que duraba más de una hora... Pensé que mi mamá, que dormía abajo, también lo notaba y sabía que era "Papá, que vino a hacer su café"... Después de nueve meses, fui a despertarla por la mañana y le dije: "¿Lo has olido? ¡Papá vino a hacer su café de nuevo anoche!". Mi mamá se sorprendió y dijo: "Sí, noté el olor, pero no supe identificarlo... ¡Ahora que me dices que es café... eso es! ¡Sí, es papá!". Una vez que mamá lo entendió, no volvió a suceder».

El siguiente caso es sorprendentemente similar al testimonio anterior: una vez más, los olores se repitieron con gran frecuencia y durante mucho tiempo, y solo cesaron el día en que se cumplió el supuesto deseo de la fallecida:

«Mi mamá falleció mientras yo estaba embarazada de mi primer y único hijo. Fue muy difícil sobrellevarlo ya que estábamos muy unidas. Tiempo después de que naciera mi hijo, comencé a sentir olor a cigarrillo, sobre todo por las noches. Era tan fuerte que me despertaba, pero mi esposo no lo notaba. Yo sabía que era mi mamá porque ella fumaba mucho. Esto fue así durante un par de meses quizá, hasta que fuimos a su casa (donde ya me habían dicho que veían su espíritu). Después del día en que visitamos su casa, dejó de despertarme el olor a cigarrillo, y la persona que veía su espíritu en la casa me llamó dos o tres días después para decirme que ella ya se había "ido". ¿Quizá solo quería que le lleváramos a su nieto? Fue impactante!».

En el siguiente relato, nuestra entrevistada fue la única que percibió el contacto olfativo, aunque estaba en compañía de otras personas:

«Mamá falleció el 8 de noviembre. En diciembre, con mi hermana, pedimos una placa personificada para colocarla en su tumba. Fue mi hermana quien recogió la placa y la sacamos de su caja en casa de mi padre. Los tres estábamos muy conmovidos. En el momento en que desenvolví la placa, el olor de mamá me detuvo en seco. Sabía que ella estaba allí con nosotros tres. Ni papá ni mi hermana olieron el olor de mamá, ese olor a perfume que tenía cuando murió en mis brazos».

Este suceso fue interpretado como un apoyo en una situación angustiosa para la encuestada:

«Volvía en coche a casa después de una reunión. No me gusta conducir de noche, me asusta. De repente, tuve la sensación de una presencia en el coche, en el asiento del pasajero, y noté un olor a cigarrillos (tengo mi coche desde hace once años y nadie ha fumado nunca en él). Poco después tuve la sensación de que alguien me abrazaba. A todo eso le siguió un impulso de energía para conducir de noche con la convicción de que mamá estaba conmigo en el coche».

La mayoría de los participantes consideraron que el difunto les transmitía un mensaje a través de esta fragancia.

El 60% percibió un mensaje, el 21% no estaba seguro y el 20% no percibió un mensaje

Pidamos a los encuestados que expliquen sus impresiones:

«Sentí que nuestro hijo nos aseguraba que seguía por aquí y nos ayudaba a superar el calvario de su funeral».

«Simplemente una forma de hacernos saber que estaba de visita».

«Que todo había terminado y estaba en paz y feliz».

«Sentí como si ella intentara ponerse en contacto para hacerme saber que estaba bien y que seguía cerca, además de intentar reconfortarme».

«En aquel momento estaba muy triste por la muerte de mi marido y estuve llorando por él durante mucho tiempo. Cuando noté su olor, dejé de llorar inmediatamente y me tranquilicé. Ese era su mensaje».

«Que él estaba en casa todavía».

«Me hizo saber que había sobrevivido a la muerte de su cuerpo físico. Me dio una prueba personal».

VSCD durante el sueño

El 62% tuvo una VSCD durante el sueño

618 participantes tuvieron una VSCD mientras estaban durmiendo, a punto de quedarse dormidos o a punto de despertarse.

VSCD durante el sueño	Hombres	Mujeres	Datos en español	Datos en francés	Datos en inglés
Sí	52%	64%	72%	58%	63%
No	48%	36%	28%	42%	37%

Hay tres tipos de VSCD durante el sueño:

1. Los contactos que ocurren mientras los receptores duermen, pero que distinguen claramente de un sueño ordinario.
2. Los contactos que ocurren al quedarse dormido, durante lo que los científicos llaman un estado hipnagógico;[17] o al despertar, en un estado hipnopómpico.[18]
3. Los contactos que despiertan a los receptores. Una vez despiertos, su experiencia entra en una de las otras categorías: VSCD de sentir una presencia, táctil, visual, auditiva u olfativa. Más de la mitad de nuestros encuestados (52%) fueron despertados por la VSCD.

El siguiente testimonio destaca claramente la calidad perfectamente realista de las VSCD durante el sueño:

---

17. El estado hipnagógico es un estado particular de conciencia intermedio entre el de la vigilia y el del sueño que tiene lugar durante la primera fase del sueño, al quedarse dormido.

18. El estado hipnopómpico es un estado particular de conciencia que se produce en el momento del despertar. Aunque a menudo se confunden, los estados hipnagógico e hipnopómpico no son idénticos.

«Aproximadamente unos cinco/seis meses después del fallecimiento de mi abuela viví una experiencia durante un sueño. Entraba en casa de mis padres, donde vivía mi abuela tiempo antes de que se mudasen y allí me encontré a mi abuela, sonriendo, en el sofá de la salita. Era muy extraño, pues yo sabía y era consciente en ese momento de que había fallecido, pero ella estaba allí, tan real como si me encuentro con cualquier persona frente a frente. Se levantó, me abrazó y sentí el calor y el tacto de su piel, sus ojos mirándome, mientras me decía que sabía que la quería, que no me preocupase (por desgracia no me pude despedir de ella como hubiese querido). Tras ello me desperté, pero era una sensación extraña, pues muy raras veces tengo noción de lo soñado, prácticamente nunca lo recuerdo, pero aquello fue tan real como cualquier acto cotidiano de mi vida. No sé cómo explicarlo. Hasta el día de hoy dudo de que fuera solo un sueño ya que nunca he tenido una experiencia onírica de tal nivel de realismo. Sea como fuere, tuve una sensación de tranquilidad y paz como pocas veces he sentido, tanto durante como después de esta experiencia, ya que al menos pude despedirme de ella como es debido».

A pesar de un cierto grado de duda sobre la realidad de su encuentro con su marido fallecido, esta participante se sintió consolada por esta experiencia. Aunque los receptores insisten con frecuencia en que este acontecimiento no fue un sueño, los contactos que se producen durante el sueño son a veces menos definibles que los que se producen en el estado de vigilia:

«Después de perder a mi marido, experimenté su presencia dentro de un sueño. Esperaba algún tipo de señal de él. No recuerdo con exactitud el tiempo transcurrido desde su fallecimiento, pero el sueño era claro y hablábamos juntos en la cocina de nuestra casa, donde todo tenía el mismo aspecto que en la realidad. Lo que más me llamó la atención fue que después de abrazarnos, simplemente me dijo que había algo más (es decir, después de la muerte) y que en realidad no debía estar conmigo. Le acompañaba alguien a quien yo no podía ver y mi marido no podía divulgar su identidad. En ese momento concreto de mi duelo, estaba desesperada por tener algún tipo de confirmación de que mi marido existía en otro lugar y, aunque una parte de mí seguía preguntándose si se trataba simplemente de un sueño, me reconfortó y me dio la esperanza de que no fuera solo el final para él».

En el siguiente testimonio, nuestra participante nos habla del cambio completamente inesperado y muy bienvenido en su vida iniciado por su VSCD durante el sueño. No se trata (solo) de la superación del duelo, sino de una transformación que ha dado lugar a posibilidades antes insospechadas por nuestra participante:

«Mi suegro falleció en mayo del 2010. Unos seis meses después, una mañana me desperté de un "sueño" y le dije a mi marido que había tenido un sueño muy vívido sobre su padre. Estaba caminando por un sendero en el bosque y mi suegro caminaba detrás de mí. Me sentía ligeramente incómoda por no saber a dónde nos dirigíamos, pero me reconfortaba la proximidad de mi suegro. Finalmente vi una casa en un árbol con una escalera de cuerda delante de nosotros y me puse nerviosa por tener que subir la escalera. Me sentía un poco más tranquila al tener a mi suegro detrás y no quería demostrar que estaba nerviosa. Cuando llegamos a la escalera, sin esfuerzo parecí subir volando los peldaños de la escalera. Cuando entramos en la casa del árbol, me senté frente a mi suegro y me fijé en su buen aspecto. Llevaba pantalones cortos y una camisa de cuello abotonado con las mangas remangadas. Nos sentamos en silencio y nos miramos. Parecía tener unos sesenta años, pero estaba sano y bien. Entonces me desperté. Fue algo muy emotivo para mí. Le conté a mi marido el sueño y bajé a desayunar. Mientras estaba frente al fregadero de la cocina, me di cuenta de repente de que la fecha era el 6 de noviembre, el cumpleaños de mi suegro. Volví a subir y le dije a mi marido lo sorprendente que era haber tenido ese "sueño" el día del cumpleaños de su padre, cuando ni siquiera habíamos hablado de ello. De nuevo, me sentí muy emocionada. Volví a bajar las escaleras cuando de repente entendí el mensaje de mi suegro para mí: «Lo que crees que no puedes hacer, en realidad lo puedes hacer». Se lo conté a mi marido y me emocioné mucho cuando se lo dije. Fue todo muy intenso. Alrededor de un año después, de repente, me sentí impulsada a hacer algo artístico. Decir que nunca había sido creativa en mi vida es quedarse corto. Como dijo mi marido: «¡Nunca has hecho ni siquiera un garabato!». Bueno, pues empecé a dibujar y de alguna manera fui capaz de hacerlo. Luego empecé a pintar y de alguna manera también fui capaz de hacerlo. Mi suegro era un pintor maravilloso. Curiosamente, mi obra se parece mucho a la suya. A veces, mi marido ve uno de mis cuadros y me dice que, si no lo supiera, juraría que lo había pintado su padre. Así que el mensaje de mi suegro era cierto. Al igual que subir la escalera en mi sueño, lo que creía que no podía hacer, en realidad lo podía hacer».

Este contacto en forma de último adiós pudo calmar el pesar de nuestro participante por no haber estado presente cuando murió su madre:

«Mi madre murió de una enfermedad neuronal motora en abril de 1998. Ese verano me quedé dormido por la noche y entonces la vi en una especie de sueño lúcido. Era tan real y parecía tan joven..., llena de vida. Le dije que estaba muy guapa y muy joven. Ella me dijo que todo estaba bien y eso fue todo.

Entonces fui feliz y no volví a tener otra VSCD. Solo quería "una última vez", ya que no había estado allí para su muerte física. Incluso ahora me llena de alegría».

Durante este contacto, el entrevistado afirma haber aprendido algo sobre las condiciones de existencia en la «otra dimensión»:

«Unas dos semanas después de la muerte de mi padre, se me apareció en un sueño vívido. Su apariencia no se parecía a mis fotos favoritas de él, sino a como era a finales de la década de 1950, que creo que era para él la plenitud de su vida. Iba vestido con un traje y llevaba su sombrero Stetson favorito, no el que llevan los vaqueros, sino el de los banqueros de Wall Street. Se acercó a mí y me dijo: "Hijo, a estar muerto cuesta acostumbrarse, pero te gustará". Este vívido sueño me reconfortó, aunque antes del sueño no tenía ninguna duda de que mi padre estaba en un buen lugar. En los años transcurridos desde aquella experiencia, he pensado a menudo en sus palabras: «Hay que acostumbrarse a estar muerto…».

Esta experiencia reconfortante también sucedió durante el sueño:

«Estaba dormida, y mi padre fallecido me despertó con un beso en la mejilla. Lo vi sentado en mi cama y me dijo que estaba bien, que me extrañaba tanto como yo a él, que era su momento de irse y que fuera feliz. En ese momento desperté, con la seguridad de que no había sido un sueño. Todavía siento su beso en mi mejilla».

Esta VSCD durante el sueño ha iniciado un acercamiento inesperado:

«Soñé con mi madre fallecida y sentí como si me animara a contactar con mi padre biológico, que se fue antes de que yo naciera. Contacté con él y, cuando llegué a casa después de hablar con él, de repente olí flores en mi casa, y sentí como si ella estuviera conmigo».

La particularidad del siguiente testimonio es el hecho de que dos personas experimentaron una VSCD durante el sueño la misma noche con el mismo fallecido; la noche siguiente a una acción que marcó una nueva etapa en su duelo:

«El hijo de mi marido (ND) falleció en el año 2002 de un infarto a los 22 años. Él era su único hijo varón, pues nosotros no tenemos hijo, aunque estamos juntos desde hace 24 años. Habíamos ordenado la habitación de arriba de casa, donde había una bolsa llena de ropa de ND y la llevamos junto con otras cosas a la parte de abajo de la casa, para hacer espacio en esa habitación. Esa noche, estando dormida, recuerdo sentir como si ND estuviera en la otra habitación y se acercara a saludarme. Lo sentí tan real que, incluso dormida, me incliné para darle un beso. En ese momento me desperté y vi que mi marido estaba llorando. Eran las 3:00 y le pregunté qué le pasaba y me dijo que estaba soñando con su hijo fallecido…. Ni él ni yo habíamos soñado antes con ND, y nunca más volvimos a hacerlo. Es como si se hubiera venido a despedir… Tenía puesto un jersey gris, justo como el que había ordenado en la bolsa con su ropa».

El siguiente testimonio entra en la categoría de las VSCD probatorias, ya que la encuestada pudo comprobar fácilmente, con alivio, la veracidad de la información percibida durante esta VSCD experimentada durante el sueño:

«La VSCD más significativa ocurrió durante el sueño. Había perdido un objeto (un anillo) que era muy importante para mí. De hecho, mi sobrina y sus amigas lo perdieron accidentalmente y mi abuela, en un sueño, me dijo el lugar exacto donde estaba...».

Este contacto, bastante desconcertante, se produjo en un estado cercano al sueño. La encuestada no pudo identificar al difunto percibido:

«Estaba en un estado de relajación, a punto de dormirme, y vi entrar la sombra de un hombre alto y flaco; rodeó mi cama y se sentó al lado (sentí hasta el peso de su cuerpo bajar el colchón). Creí que era un ladrón y mientras pensaba qué hacer lo vi preocupado, triste, con la cabeza agachada y como negando con la cabeza. Finalmente decidí enfrentarme a él, pero al incorporarme ya no estaba».

Esta experiencia reconfortante tuvo lugar durante el sueño:

«Mi hijo falleció trágicamente en un accidente de tráfico. Tenía 22 años y estábamos muy unidos. Tres días después de fallecer se me apareció en sueños. Lo vi tal y como era él habitualmente, tanto en su vestimenta como en su actitud y rostro. Lo vi sereno, feliz, sonriendo y me dijo: "Quédate tranquila, mamá, yo estoy bien". Yo estaba sufriendo mucho».

Este contacto fue muy beneficioso para el proceso de duelo de la persona encuestada:

«Estaba medio dormida pero sabía que no estaba soñando. La sensación es diferente. Mi mamá estaba sentada en mi cama y me miraba con ojos tiernos. Tenía los mismos rasgos de su rostro, sin la vejez y sin la enfermedad. Ella siempre había sido una mujer hermosa, pero ahora estaba radiante. Iba vestida con un vestido largo blanco. Me tomó en sus brazos; un gesto que le gustaba hacer durante su vida, pero del que yo rehuía en aquella época. Ahora me dejé llevar por su abrazo, realmente la sentí. No estábamos hablando, pero supe que ella no me culpaba por no haber estado cuando murió, y por decirle las últimas palabras en un tono apresurado y molesto. Me calmó totalmente y de forma duradera».

Un duelo finalmente pudo ser completado 17 años después del fallecimiento gracias a una VSCD durante el sueño:

«Mi mamá murió en 1972: ella tenía 42 años y yo 17. Mi mundo se vino abajo. Durante los siguientes 17 años, soñé con ella todas las noches (sueños y, a menudo, pesadillas de verla morir). En 1989, es decir, 17 años después de su muerte, se me apareció, todavía mientras dormía, pero no era como mis sueños habituales. Estaba sentada en el suelo, con las rodillas dobladas debajo de ella, toda vestida de blanco, con su rostro bañado por la luz. Con una sonrisa maravillosa, me dijo varias veces "Mira qué bonito es esto, mira esta luz. Ahora estoy feliz, tienes que dejarme". Esta experiencia no tuvo absolutamente nada que ver con mis sueños habituales y me transformó por completo. Todos mis sueños y pesadillas han desaparecido desde entonces y la forma en que abordo mi luto también ha cambiado».

Les preguntamos a los participantes si estaban profundamente dormidos o si estaban a punto de quedarse dormidos o de despertarse cuando ocurrió la VSCD.

- ▸ Profundamente dormido/a: 61 %
- ▸ A punto de quedarme dormido/a: 10 %
- ▸ A punto de despertar: 18 %
- ▸ Inciertos: 11 %

La siguiente pregunta proporcionó una aclaración: Si estaba dormido/a, ¿la VSCD lo despertó u ocurrió mientras estaba durmiendo?

- ‣ La VSCD me despertó: 52%
- ‣ La VSCD sucedió mientras estaba dormido/a: 37%
- ‣ Inciertos: 12%

Aunque el 62% de nuestros encuestados experimentaron una VSCD durante el sueño, al quedarse dormidos o al despertarse (y las VSCD durante el sueño ocupan el primer lugar en nuestra clasificación por tipo de VSCD),[19] es importante tener en cuenta que, de ellos, el 52% *fueron despertados por el contacto* y su experiencia cayó entonces en una de las otras categorías de VSCD.

Los receptores a veces explican que estaban soñando cuando el fallecido surgió en su sueño, como lo ilustran las siguientes descripciones:

«Mientras dormía, la persona fallecida, mi madre, interrumpió mi sueño para hacerme saber que estaba aún en contacto conmigo, y me explicó que yo podría comunicarme con ella siempre que quisiera. Le hablé de mi dolor por el duelo, y ella me refirió que ya sabía que me dolía, y que había que pasarlo, pero que aún había comunicación entre ambas. Le dije llorando que no podía ya tocarla o sentir su perfume, y ella respondió: «Esto es así», como diciendo «Hay que conformarse». Me acarició la cabeza que yo había puesto sobre su regazo mientras lloraba, e intercambiamos algunas palabras más. Ese fue mi primer contacto, y hoy día me comunico fácilmente con ella y otros seres queridos fallecidos, incluso con

---

19. Ver tabla página 141.

alguna otra persona no tan cercana que se ha comunicado conmigo».

«Porque claramente no fue un sueño, pues sentí que el sueño se interrumpió cuando apareció mi madre. Me di cuenta de que ya estaba despierta, pero con los ojos cerrados».

«Estaba soñando y el sueño que tenía había sido interrumpido repentinamente como si estuviera pasando a "otro lugar"; entonces vi a la persona fallecida».

Los contactos durante el sueño son calificados por los receptores como completamente diferentes de un sueño ordinario. Por lo tanto, tendrían las mismas características que las VSCD en el estado de vigilia. Estos contactos son claros, coherentes, memorables y se perciben como reales; además no tienen el carácter complejo, simbólico y fragmentado de los sueños, que se olvidan rápidamente al despertar. Aunque los receptores son a menudo incapaces de decir si estaban o no despiertos durante la experiencia, informan sistemáticamente de que la VSCD era mucho más real que un sueño ordinario.

Algunos participantes aclararon en qué se diferenciaba esta experiencia de un sueño:

«Es muy difícil explicar la sensación del sueño. Es como experimentar un acontecimiento real con una energía muy diferente a la de un "sueño normal" o algo producido por el subconsciente. Parece estar completamente a cargo de lo que sucede».

«Da la impresión de que quieren mostrarnos algo pero que, al mismo tiempo, es importante que no sepamos realmente; de lo contrario el misterio ya no será… Así que nos sumergimos en una seminconsciencia entre el sueño y la realidad. ¡Eso es lo que lo hace tan desconcertante!».

«Al mismo tiempo fue como un sueño, pero mucho más real y con tal intensidad que puedo hablar de ello ahora (doce años después) con casi tanto detalle como sensaciones».

«Cuando me despierto, entiendo que no soñé porque recuerdo todos los detalles de nuestro intercambio. Sin duda veo la diferencia entre un recuerdo real como nuestro intercambio y el recuerdo vago de un sueño, que se evapora con el tiempo».

«Tenía sentimientos muy fuertes y lo vi como realmente era. Vino a tranquilizarme. Le dije: "Pero no tuve tiempo de despedirme de ti" y entonces me abrazó. Estábamos en mi habitación, en mi casa, y me desperté con esa sensación de estar tranquila, ligera y feliz, ya que había estado deprimida durante varias semanas. Vi claramente la diferencia entre este contacto durante el sueño y un simple sueño, porque experimenté cada emoción de una manera real. Había venido a despedirse de mí cuando yo no esperaba nada».

Las personas que han tenido tanto sueños con personas significativas fallecidas como VSCD durante el sueño hacen una clara distinción entre los dos tipos de experiencia:

«Las veces que he sido "visitado" son totalmente diferentes a un sueño. Es mucho, mucho más vívido y recuerdo cada detalle, incluso ahora, años después».

«Las VSCD son claras, vívidas y detalladas. Los sueños no tienen sentido y son difíciles de recordar después de un tiempo. Las VSCD nunca se olvidan. Ni siquiera los detalles».

«Era una presencia física inconfundible, nada que ver con ningún sueño que haya tenido».

«He soñado con mi madre muchas veces desde los seis meses que hace que falleció. Pero cuando la vi, fue diferente al sueño, porque ella estaba allí, aquí y ahora, en el dormitorio».

«No fue un sueño, porque yo ya había soñado con mi padre después de su muerte, y lo que sucedió fue diferente, todo fue muy real».

«Completamente diferente. Podría haber estado vivo».

«Fue muy real. Puedo distinguir muy bien la diferencia entre un sueño y la realidad».

En esta sección, hemos revisado los diferentes tipos de VSCD, a saber, las VSCD de sentir una presencia, las VSCD auditivas, táctiles, visuales, olfativas y las VSCD durante el sueño. El gran número de preguntas formuladas a nuestros encuestados nos ha permitido profundizar en el conocimiento de la naturaleza de estos tipos de VSCD. Se pueden destacar varias enseñanzas. Los datos muestran que los contactos tienen el mismo impacto en los receptores, independientemente del tipo de la percepción sensorial. De los testimonios recogidos se desprende que percibir la presencia del difunto tiene un impacto tan fuerte en los receptores como ver una aparición. El tipo de contacto no es muy importante, ya que solo es el medio para la esencia de estas experiencias, es decir, las emociones sentidas y percibidas por los receptores, así como la información obtenida.

Las VSCD se producen en una gran variedad de formas y situaciones y cada experiencia es única porque está destinada a una persona en particular. La gran mayoría de los receptores se sienten agradecidos y encantados de haber vivido este contacto, que no esperaban en absoluto y que consideran una expresión de amor y solicitud por parte de su ser querido fallecido.

VSCD en el momento del fallecimiento

El 21% tuvo una VSCD en el momento del fallecimiento

206 de nuestros participantes experimentaron una VSCD en el momento del fallecimiento. Estas experiencias tienen lugar al instante o poco después del fallecimiento. En casos raros, pueden ocurrir poco antes de la muerte, especialmente cuando la persona percibida había caído en coma y no recuperó el conocimiento antes de morir.

Los receptores afirman haber sido informados de la muerte de un familiar o amigo **por el propio fallecido**. Estas experiencias **preceden** al anuncio del fallecimiento (por parte del hospital, de la familia, etc.). Los receptores pueden, por ejemplo, ver o escuchar a su ser querido anunciando su muerte con serenidad («He venido a despedirme de ti; me voy ahora»). Cabe señalar que parecen utilizar con frecuencia el verbo «irse», como si estuvieran a punto de emprender un viaje. A veces la aparición no transmite un mensaje, pero los receptores saben de inmediato que se trata de un último adiós.

Debido a su naturaleza probatoria, estas VSCD son particularmente interesantes para la investigación porque los receptores recibieron información durante el contacto que antes desconocían: la información de la muerte del familiar o amigo. El hecho de que los receptores aún no estén de luto en el momento del contacto, argumenta en contra de la hipótesis de que las VSCD no son más que un fenómeno autogenerado por individuos profundamente afectados por la pérdida de un ser querido.

¿Cómo se imagina una VSCD en el momento del fallecimiento? A continuación siguen algunas ilustraciones:

«Cerca de la medianoche, estaba sentada en el sofá. Sentí una presencia. Vi el reflejo en el televisor de una forma humana caminando por el pasillo detrás de mí. Supe que era mi bisabuela. Estaba hiperventilando cuando mi teléfono sonó. Era un mensaje de mi madre diciendo que mi bisabuela acababa de fallecer, a mil millas de distancia. Me acosté con la puerta entreabierta. Cuando estaba tumbada en la cama, aún despierta, la puerta se abrió del todo. Sentí un cálido apretón en mi mano. No había nadie y supe que era ella despidiéndose».

«La previsión era que mi madre viviera solo unos pocos días más. Estaba en la cama alrededor de la medianoche y de repente sentí su presencia junto a mi cama. Pronunció mi nombre y me dio unas palmaditas en el hombro. Sentí que mamá había fallecido. A los diez minutos mi hermano me llamó por teléfono para decirme que había muerto unos minutos antes de su llamada».

«Tenía 23 años. En ese momento vivía en Lyon y mi abuela vivía 80 km al norte. Estábamos muy unidas por una gran amistad y complicidad. Últimamente la había visto mucho menos porque mi trabajo me tenía muy ocupada. Rara vez volvía a casa los fines de semana para verla a ella y a mis padres, que vivían en la misma ciudad. Mi abuela estaba muy enferma y sabíamos que la enfermedad se la llevaría pronto. Mi mamá me pidió que fuera ese fin de semana y todos fuimos al hospital, incluidas muchas tías mías. El domingo por la noche en el hospital, estábamos todos alrededor de su cama despidiéndonos. Fui la última en irme. Trataba de consolarla y decirle que no tuviera miedo, que iba a encontrar a todas las personas que amaba. Sabía que era la última vez que la veía y, curiosamente, ¡no estaba triste!

»La noche del martes me desperté atraída por una fuerte presencia. Estaba sentada en mi cama, que daba a un *loft* abierto. ¡Y ahí, justo enfrente de mí, solo a un par de metros, percibí su presencia! Era una especie de neblina blanca luminosa y me invadió un sentimiento increíble, de felicidad, de paz, de amor. Le sonreí. Sé que en ese momento pasó al otro lado y que había venido a despedirse. Me volví a dormir tranquilamente y al día siguiente me fui a trabajar. El teléfono sonó en mi lugar de trabajo a media mañana. Era mi madre y ¡me anunciaba la muerte de mi abuela!».

Una vela fue el vector de esta experiencia en el momento de la muerte:

«Sabíamos que el abuelo se estaba muriendo. Tenía un cáncer terminal y estaba sedado. La noche anterior me informaron de que había empeorado y empezaron a administrarle morfina. Yo estaba en otro país, a cuatro horas de avión, y estaba angustiada por no poder ir. El vuelo más temprano era el del día siguiente. Esa noche encendí una vela por él y me acosté. No dormí bien y me desperté hacia las cinco y media. La vela seguía encendida, pues no había brisa en la habitación. Me reprendí a mí misma por dejar una vela encendida sin vigilar. Todavía estaba enfadada, deseando estar en casa con mi familia. Recuerdo que estaba sentada mirando la vela y pensando que era demasiado pronto para llamar a casa. También pensaba que debería apagarla. Estaba a un metro y medio de esta cuando la llama parpadeó durante unos segundos, se quedó quieta y luego se apagó… Sentí olor a medicamentos y a desinfectante de hospital e inmediatamente supe que mi abuelo estaba allí conmigo despidiéndose. Sentí una presión sobre mis hombros y mi espalda, como un abrazo. Él estaba en paz y yo también. Ya no me sentía mal. Poco después llamé a casa para que me dieran la noticia. Había muerto un momento antes de que se apagara la vela».

El testimonio de este contacto, que se produjo en circunstancias trágicas, impone respeto por la presencia de ánimo de la madre:

«No sabía lo que le pasaba, tenía pánico, pues no paraba de decir "Me han matado, mamá. Me han matado, mamá". Le dije que se calmara y respirara, y que fuera hacia la luz. Que yo estaba aquí y que él tenía que ir hacia la luz… No fui la única persona en la habitación que le escuchó».

Nuestra recopilación de datos incluye muy pocos casos de VSCD ocurridas cuando la persona percibida estaba en coma pero aún no había sido declarada fallecida. Es importante destacar que estas personas no recuperaron la conciencia antes de fallecer. El siguiente testimonio describe tal VSCD:

«Se trata de mi abuela paterna, con quien tuve una relación muy cercana. Cuando se produjo mi "sueño", mi abuela estaba enferma. Eran alrededor de las cinco de la mañana cuando mi abuela se me apareció en este sueño, pero es un sueño de naturaleza especial, muy real. Estaba radiante entre otras personas alrededor de una mesa y me dijo con una sonrisa: "¡No puedes imaginar lo feliz que soy!". Me desperté y fui a casa de su hermana, donde se hospedaba, y para mi sorpresa, mi abuela había entrado en coma profundo desde hacía unas horas. Nadie nos informó. Mi abuela murió sin recuperar el conocimiento».

Las VSCD en el momento del fallecimiento amortiguan considerablemente el *shock* causado por la muerte de un ser querido. El hecho de haber sido informado de la muerte **por el propio familiar** consuela al receptor, ya que esta experiencia parece implicar una continuidad de alguna forma de existencia. Cuando le llega el anuncio oficial del fallecimiento, por parte del hospital, la familia o la policía en caso de accidente, el receptor ya está informado. La conmoción habrá sido suavizada por la VSCD, pero la tristeza de la pérdida, por supuesto, no se evitará.

Cuando el fallecimiento era impredecible y por lo tanto inesperado, por ejemplo, durante una muerte accidental o un paro cardíaco, los protagonistas no habían tenido la oportunidad de despedirse, ni, según el caso, de resolver problemas de relación pendientes. Preguntamos si nuestros participantes tuvieron la oportunidad de una última despedida con su ser querido y, de ser así, de resolver los conflictos no resueltos.

**El 38% tuvo la oportunidad de una despedida final, el 6%
no estaba seguro y el 56% no tuvo esta oportunidad**

Preguntamos si nuestros encuestados reconocieron sin dudarlo la identidad del fallecido. Al igual que con otros tipos de VSCD, este fue el caso de una gran mayoría:

**El 85% reconoció inmediatamente al fallecido, el 3% no
estaba seguro y el 12% no lo reconoció de inmediato**

Los testimonios que siguen se refieren a contactos en el momento del fallecimiento:

«Mi tío murió de cáncer alrededor de las 5:30. A esa hora de la noche, salía del baño y me encontré cara a cara con él. Me sonrió de manera angelical. Trastornada, decidí esperar hasta las 7:00 para llamar a mi primo y hacerle saber que mi tío había muerto. A las 6:58, mi primo me telefoneó para anunciar su muerte».

«Mi tía murió en mitad de la noche, alrededor de las 2:30; en ese momento me despertó una caricia en la mejilla, como un soplo de aire. La ventana estaba cerrada, así que no había corrientes de aire en la habitación. Diez minutos después, el hospital me llamó para informarme de su muerte».

Una corriente de aire, incluso una verdadera ráfaga de viento, a veces parecen ser los vectores de las VSCD, como fue el caso de esta experiencia que tuvo lugar en el momento exacto del fallecimiento:

«Tuve una experiencia muy intensa mientras mi suegra agonizaba por cáncer… Yo estaba en una finca en las montañas, en una habitación cerrada por el frío que hace allí. A las 0:34 (miré el reloj en ese momento) entró un viento y me envolvió el rostro, con el cuarto a oscuras, en la cama... El viento hizo un remolino delicado y noté que salía por la puerta interior porque esta chocó como cuando la golpea el viento... Me quedé asombrado por esa brisa que no pudo haber entrado por ningún lado... A los quince minutos llamó mi exmujer para decirme que su mamá había muerto a las 0:34 de la noche.»

Este relato es interesante, ya que el fallecido parece haber pasado por una de sus hijas para dar un último beso a su suegra en el momento mismo de su fallecimiento, al tiempo que le pedía que cuidara bien de su familia:

«Mi yerno me habló justo después de fallecer a causa de una leucemia. Yo estaba en la habitación contigua a su sala en el hospital cuidando a sus dos niñas de ocho y diez años. Me senté junto a la más pequeña. De repente esta se sentó recta, se inclinó hacia mí y me besó suavemente en la mejilla; entonces oí a mi yerno decir: «Lisa (me llamo Elizabeth), cuida de ellas». Mi hija (su mujer) entró llorando en la habitación en la que estábamos. Acababa de fallecer. Cuando le pregunté a mi nieta si recordaba haberme besado, me dijo que no».

De manera excepcional, presento aquí un testimonio de segunda mano que es digno de mención, porque la enfermedad de Alzheimer aparentemente no ha disminuido la capacidad de esta persona mayor para percibir la VSCD:

«El día que falleció mi abuelo, sin nosotros saberlo aún, estábamos en el salón con mi abuela, quien padecía alzhéimer. Ella nos dijo que mi abuelo había pasado por la sala y luego había ido hacia el patio. Ella salió detrás de él y nos pidió que la siguiéramos, porque ya se iba. Nosotros pensamos que era porque tal vez lo extrañaba cuando, en cuestión de minutos, llegó un tío nuestro llorando diciéndonos que nuestro abuelo había fallecido. Efectivamente, su alma pasó por su casa en el momento de morir, quizá como una forma de despedida».

Este relato hace pensar en un intento de reconciliación de último minuto:

«Yo estaba peleado con mi tío y ya no tenía ningún contacto con él. Un día, a primera hora de la tarde, tuve la extraña sensación de recibir lo que me parecía un pensamiento que yo no había generado. Con ese pensamiento, mi tío se dirigió a mí y me dijo: "Es demasiado estúpido". Descarté la idea y continué con mis asuntos. Al día siguiente, me enteré de su muerte por un infarto y, teniendo en cuenta la hora en que había ocurrido, entendí que aquel extraño contacto se había producido en el momento de su muerte».

Los dos testimonios que siguen también ocurrieron en la misma hora de la muerte:

«Me desperté de repente, sin motivo, de un buen sueño y vi a mi abuelo de pie al lado de mi cama. Parecía algo más joven, y más sano e irradiaba puro amor. Me sonrió y me dijo: «Me voy, mi palomita» (su nombre cariñoso para mí). Le devolví la sonrisa y miré el despertador: eran las 6:00. No se me ocurrió preguntarle a mi abuelo a dónde iba o por qué estaba en mi habitación a las seis de la mañana. Simplemente me sumí en un sueño tranquilo. Más tarde me despertó el timbre del teléfono; era mi mi abuela, que me dijo sollozando que papá había muerto. Su certificado de defunción decía que la hora de la muerte eran las 6:00».

«Estaba en Boston y me despertó a las 5:30 de la mañana mi sonriente marido. Me dijo que se había ido y que me quería.

No era un sueño. Más tarde supe que había muerto el 1 de diciembre a las 5:30 de la mañana».

El siguiente testimonio describe un contacto experimentado en la infancia en el instante de una muerte accidental:

«Tenía unos diez años cuando me fui a la cama una noche. Aún no dormía cuando sentí una mano palmearme la parte superior del hombro. Me di la vuelta pero no había nadie. Unos minutos después, sonó el teléfono anunciando la muerte de mi abuela paterna por un accidente. Siempre lo recordaré porque la sensación era extraña, como si alguien quisiera decirme "Aquí estoy". Nunca tuve una explicación para esto».

No siempre es fácil determinar si la VSCD coincidió con la hora de la muerte, ya sea porque el receptor no había mirado la hora durante o poco después del contacto, o porque la hora oficial de la muerte no estaba disponible.

No obstante, más de la mitad de nuestros participantes pudieron confirmar la coincidencia entre el momento de la VSCD y el del fallecimiento.

Preguntamos si el momento (hora/minuto) en que experimentaron la VSCD se confirmó posteriormente como el momento de la muerte de la persona.

Para el 60% concordancia entre el momento de la VSCD y el del fallecimiento, el 17% no estaba seguro y para el 23% concordancia no confirmada

El siguiente testimonio describe una VSCD durante el sueño. Cabe destacar que nuestra participante sintió una necesidad imperiosa de dormir la siesta, lo que presuntamente permitió que se produjera este contacto durante el sueño en el momento (o cerca del momento) de la muerte:

«Estaba en el balcón de mi casa conversando con mi esposo y me entró un sueño irresistible. Tanto fue así, que le dije que me tenía que retirar para acostarme. Me tumbé en la cama con toda la ropa y me quedé profundamente dormida. Entonces miré por la habitación y en la puerta vi a mi abuela, la cual estaba hospitalizada muy enferma. Me dijo que ella tenía que irse ya, que era su hora. Que no me preocupara por ella, que todo iría bien. También me recordó su amor por mí y que siempre me amaría. Hablamos sobre varios temas más y de repente me desperté. Mi hermana estaba en la puerta de mi cuarto y me dijo: "¿Te has enterado? Nuestra abuela ha fallecido"».

El siguiente testimonio también describe un contacto durante el sueño la noche del fallecimiento:

«Mi amiga de la infancia, que sufría una enfermedad rara, vino a visitarme la noche que se fue. No lo supe en el momento en que la vi caminar de nuevo, sonriente, feliz y relajada, mientras en realidad sufría y estaba paralizada. Me dijo que estaba bien, que no tenía que preocuparme porque estaba en paz y feliz. Teníamos veinte años y ella tenía su cara de niña, y yo estaba feliz por ella. Mi madre vino a despertarme, eran alrededor de las 8:00, y me dijo que Carla se había ido durante la noche. Comprendí entonces que había venido a hacerme una señal para decirme que no estuviera triste porque ella estaba feliz.

»Años después, tuve la oportunidad de compartir este momento con su hermano menor, quien parecía muy triste por no poder hablar con sus padres sobre el fallecimiento de su hermana. Me abrazó, emocionado pero reconfortado. Pensé mucho en Carla, quien probablemente también se emocionó al compartir este momento cuando ella se fue tranquila y vino a contármelo».

Esta experiencia, que precedió al anuncio de la muerte del abuelo de la participante, le facilitó sin duda la asunción de este acto irreversible:

«Unas horas antes de que me dijeran que mi abuelo había muerto, sentí una mano pesada y afectuosa sobre mi hombro. Resulta que en ese momento se quitó la vida».

Este participante no identificó al fallecido que aparentemente inició este contacto la noche de su fallecimiento:

«Durante un sueño, sentí la presencia de una persona (sin llegar a reconocerla) y justo después me desperté. Me sentía muy triste y angustiado, y tardé bastante en volver a dormirme, sin saber por qué me sentía tan mal. A la mañana siguiente me comunicaron que mi abuelo había muerto por la noche».

Esta participante, cuyo hijo se encontraba en el extranjero, había sido informada de su defunción mucho antes de que le llegara el anuncio oficial de su muerte:

«Cuando mi hijo murió en el extranjero, era alrededor de la medianoche, estaba medio dormida y me vi sobre él, cara a cara, y lo besé en la frente… Por la mañana me levanté y al poner los pies en el suelo para levantarme de la cama, sentí un gran vacío, la nada, un desequilibrio. Me habían quitado algo y sabía que se trataba de mi hijo… Dos días después me informaron de que estaba muerto. Había fallecido la misma noche que le di el beso en la frente».

En algunos casos, la muerte no era predecible porque la persona no estaba enferma y, por ejemplo, había muerto en un accidente o había sucumbido a un infarto. Por lo tanto, la **expectativa de** la muerte inminente de un ser querido muy enfermo o anciano solo podría actuar como desencadenante de la VSCD en ciertos casos.

Los datos recopilados apoyan esta tesis. Para muchos de nuestros encuestados, la muerte era predecible, así que tal vez lo esperaban, pero para un número significativo la muerte no era predecible.

Para el 48% la muerte fue predecible, el 8% no estaba seguro y para el 44% la muerte no fue predecible

Los casos de suicidio en particular a menudo no son predecibles y, sin embargo, algunos receptores perciben la tragedia que se está desarrollando, como ilustra el siguiente caso:

«Mi amigo George, con quien yo tenía una relación muy estrecha, murió el 5 de noviembre del 2016. Esa noche yo estaba con unos amigos. Alrededor de las 23:00 me quedé dormida en medio de una conversación. No me di cuenta de que estaba a punto de dormirme y tuve una especie de visión a mi amigo estrangulado. Cuando me desperté, sentí un gran nudo en el estómago. Traté de comunicarme con él, pero fue imposible contactarlo. Encontraron su cuerpo colgado dos días después por suicidio».

Una gran mayoría de nuestros encuestados estaba físicamente lejos del lugar donde la persona estaba muriendo.

El 75% estaba físicamente lejos, el 1% no estaba seguro y el 25% no estaba físicamente lejos

La definición clásica de las VSCD en el momento del fallecimiento indica como criterio que el contacto se ha producido dentro de un rango de 24 horas después, o incluso alrededor, de la muerte. Hemos tenido una larga conversación dentro de nuestro equipo sobre el lapso de tiempo tomado en consideración para que el contacto se califique como VSCD en el momento del fallecimiento. Nos pareció que este criterio de 24 horas no era enteramente relevante porque el elemento crucial era el hecho de que el receptor **no tenía noticia del fallecimiento** en el momento de la VSCD.

Imaginemos el caso de una persona que hubiera acompañado a un familiar durante sus últimos momentos. Ella habría estado junto a su cama cuando tomó su último aliento. Una hora más tarde, habría experimentado una VSCD con este familiar. Según la definición clásica, sería una VSCD en el momento del fallecimiento, ya que habría ocurrido dentro de las 24 horas posteriores a la muerte. Sin embargo, esta persona obviamente habría sido informada de la muerte ya que habría estado presente cuando ocurrió. Desde el punto de vista de la temporalidad, sería efectivamente una VSCD en el momento del fallecimiento, pues se habría producido dentro del período de tiempo predefinido, pero carecería de un criterio esencial: **el hecho de que el receptor esté informado de la muerte por el propio familiar.**

Si, por otro lado, el receptor no hubiera tenido conocimiento del fallecimiento y hubiera sido informado por el propio fallecido (incluso después del plazo de 24 horas), este contacto se calificaría como VSCD en el momento del fallecimiento según nuestra definición revisada.

En la descripción que sigue, la persona percibió información que antes no tenía, lo que clasifica esta VSCD dentro de la categoría de las experiencias probatorias:

«Una noche, sentí una presencia en los primeros cuatro escalones de mi escalera; una persona alta y masculina. Me estaba mirando y se quedó al menos quince minutos. La noche siguiente, se nos informó de la desaparición anormal del primo de mi marido, con quien se sentía muy cercano. No establecí la relación al instante, y la noche siguiente soñé con él. Me mostró un lugar en nuestra ciudad. Por la mañana, todo el mundo salió a buscarlo y, efectivamente, se había suicidado en el lugar con el que había soñado».

A veces, las VSCD simplemente sirven como un último agradecimiento:

«La VSCD más llamativa se refiere a una paciente con cáncer avanzado. Una persona muy espiritual. Yo era la jefa de departamento y la acompañamos durante tres meses, en los que establecimos una relación estrecha con una fuerte alianza terapéutica. La saludé antes de irme de vacaciones a Egipto, convencida de que ya no volvería a verla con vida. Disfruté de un maravilloso crucero de doce días por el Nilo. El décimo día, recuerdo perfectamente estar apoyada en la barandilla del puente del barco mientras veía el paisaje, los niños que saltaban y jugaban en el río, los pueblos por los que pasábamos. Estaba relajada y muy tranquila. De repente sentí un calor en el plexo solar que se difundió hacia el corazón y que me arrancó una amplia sonrisa… Inmediatamente supe que se trataba de la paciente, que venía a saludarme porque había fallecido. Le hablé en voz alta, agradeciéndole que viniera a despedirse, y le dije que podía irse en paz hacia la luz. Me invadió una alegría intensa y sentí la comunión de nuestros corazones. Luego bajé al camarote para comprobar qué día y hora era, porque nunca llevo reloj. Era miércoles por la tarde. Al regresar a Francia, me confirmaron el día y la hora de la muerte de esta paciente… Había una hora de diferencia con respecto a la hora anotada; ¡era la hora de la diferencia horaria!».

Algunos participantes dicen que sintieron en sus cuerpos los dolores y los estados de malestar que habría sentido su familiar o amigo durante el proceso de la muerte. Estas sensaciones cesan en el momento preciso de la muerte y muchas veces dan paso a un sentimiento de gran paz y serenidad.

Presento a continuación dos descripciones que se parecen entre
sí en lo que a los síntomas físicos que sintieron las participantes se
refiere:

«Se trata de mi madre, que vivía a 20 km de mi casa. Un día,
hacia el final de la noche, me encontré en el cuerpo de mi madre. Yo era ella, tenía varios dolores en el cuerpo y sentí algo
de angustia. Luego me desperté alrededor de las 5:30. A las 9:00
supe que se la habían llevado a urgencias a causa de una insu-
ficiencia respiratoria. 48 horas después, me desperté con un
dolor de cabeza inusual (nunca sufro dolores de cabeza),y alrededor de las 10:30, vi un gran círculo negro bailar frente a mi
ojo izquierdo. Una hora después, sentí un poco de náuseas
(náuseas que no eran como las de la indigestión o el embarazo)
que me oprimían el estómago. Todo ello se detuvo alrededor
del mediodía. A las 14:30 supe que mi madre había muerto a
las 12:15».

«Mi papá estaba en el hospital. Sabíamos que las medicinas
que estaba tomando habían sido retiradas porque ya no había esperanzas. A las 19:00 llamé al hospital y una enfermera
me confirmó que estaba estable y que no debía preocuparme
por las horas siguientes. A las 21:20 le dije a mi marido que
sentía unas náuseas extrañas. Tomé té de hierbas. A las 21:40
le dije que el té de hierbas debía de ser milagroso porque ya
no sentía náuseas y estaba aliviada, relajada, a pesar de las
circunstancias. A las 21:50 el hospital me llamó para avisar-
me de que papá se había ido diez minutos antes. Lo tomé
como un regalo suyo. Durante su vida, nuestra relación había sido muy conflictiva a pesar de todo el amor que nos
teníamos. Mucho tiempo después de su partida, a menudo
tuve la sensación de que estaba a mi lado, que me estaba
apoyando».

El caso que sigue es digno de mención porque nuestra participante no había tenido ningún contacto con su antiguo novio desde hacía mucho tiempo:

«Era temprano por la mañana. Me tomé una taza de café y luego me puse a revisar algunos papeles en mi escritorio, en casa. Me sentí rara durante unos segundos y luego se me pasó. De repente, sentí que podía estar teniendo un ataque al corazón porque sentía una gran presión en el pecho y no sabía qué hacer, pues estaba sola. Después de varios segundos, una voz en mi cabeza dijo: "Marvin se está muriendo", y unos segundos después, la presión cedió. Me sentí aliviada, pero luego la misma voz dijo: "Marvin está muerto". Marvin era un antiguo novio con el que no había tenido ningún contacto desde hacía casi cuarenta años. No sabía nada de su vida».

La participante aportó información adicional al describir la voz percibida: «No había oído su voz desde hacía veinte años, en una breve llamada telefónica. Sin embargo, la voz que escuché sonaba como la de él».

El siguiente testimonio describe un estado temporal de confusión de nuestra participante coincidiendo con el momento de la muerte de su abuela. ¿Qué sucedió durante este extraño suceso, tan inquietante para nuestra entrevistada? ¿Pudo su abuela haber encontrado una manera de compartir con ella cómo se sentía durante el proceso de la muerte; un momento de confusión seguido de un estado de dicha? ¿Y la tristeza por aquellos que se quedan y lloran a su ser querido fallecido? Esta es una hipótesis:

«Era febrero de 1998. Estaba en un restaurante con mi esposo y algunos amigos cuando me preguntaron: "¿Has elegido tu plato?". Yo respondí: "Tengo que irme en abril". Y a partir de ese momento, hice comentarios totalmente inconsistentes. Mis pensamientos eran claros en mi cabeza, ¡pero las palabras que salieron de mi boca no tenían ni pies ni cabeza! ¡Cuanto más quería explicarme, más tonterías decía! Mi esposo y mis amigos estaban llorando de risa y yo no podía entender lo que estaba pasando. ¡Y luego todo eso se detuvo tan de repente como había empezado! Entonces pude explicar que no entendía nada de lo que me acababa de pasar. Me intrigó mucho y pensé en ello durante toda la noche... ¡Qué historia! A la mañana siguiente, me informaron por teléfono de que mi abuela había fallecido la noche anterior, exactamente cuando comencé a hacer los extraños comentarios. El vínculo entre los dos sucesos fue obvio para mí. ¡Es muy curiosa la fuerza de este sentimiento! Y lo que fue más contradictorio en ese momento fue que estaba muy triste y al mismo tiempo muy feliz por ella».

El siguiente testimonio no describe una sensación física, sino una angustia emocional que la participante sintió cuando su madre luchó contra la muerte. Este momento de pánico fue más que compensado por la VSCD que experimentó poco después de la muerte:

«Mamá falleció de un ataque al corazón. Alrededor de las 3:30, me desperté en un estado de pánico, con un malestar que no podía explicar. Sentí que algo malo estaba pasando... No podía volver a dormirme. A las 5:15, mi hermana me llamó para decirme que mamá había muerto a las 4:30. Mamá se había despertado alrededor de las 3:30, se sentía mal. Papá estaba con ella. Él le dijo que iba al pasillo para llamar al SAMU,[20] pero ella tomó su mano y se negó a quedarse sola. Al ver que no mejoraba, papá decidió llamar. Al regresar solo cinco minutos después de la llamada telefónica al SAMU, mamá ya se había

---

20. SAMU = Service d'Aide Médicale Urgente; en español, Servicio de Ayuda Médica Urgente.

ido. Había muerto una hora después de despertarse. Fue muy duro, era la primera vez que experimentaba la pérdida de un ser querido. ¡Estaba llena de ira! ¡Estaba enfadada con el mundo entero por llevarse a mi mamá, que solo tenía setenta años! Fui a verla y le hablé largamente. Le dije que ni siquiera habíamos tenido la oportunidad de hablar por teléfono ese fin de semana, que todavía teníamos tanto de qué hablar… En ese momento, tenía un proyecto de libro que no le había contado. A la mañana siguiente me desperté de mi sueño y sentí que ella estaba ahí. Me abrazaba con fuerza. Era casi de día y miré para ver si había alguien en mi habitación, pero no vi a nadie. Solo sentí su presencia y me susurró al oído: "Estoy bien, cariño, no te preocupes. Estoy aquí y te ayudaré con tu libro". Luego sentí una caricia de infinita ternura en la mejilla. Las lágrimas corrían por mis mejillas y, de una forma extraña, ¡sentía una paz interior increíble! Desde esta muerte, me he vuelto mucho más espiritual. Ella abrió un camino para mí. Un año después se publicó mi libro, el día del aniversario de su muerte. Ella ha estado mucho conmigo, a menudo he sentido que venía en mis sueños. ¡Esta experiencia fue impactante!».

Terminaré esta sección con una descripción de un suceso que ocurrió en la infancia de la encuestada. Los niños parecen disfrutar de una sensibilidad particular para percibir este tipo de fenómenos:

«Tenía ocho años y fuimos con mi tía a hacer las compras para las fiestas navideñas, ya que pasábamos esa fecha en casa de mi abuela, en Mendoza. Cuando salimos de la tienda, un gorrión cayó muerto a mis pies. Le dije a mi tía que mi abuela había fallecido… Cuando llegamos a casa, mi madre abrió la puerta llorando con el telegrama en la mano».

Las VSCD en el momento del fallecimiento son especialmente interesantes, incluso para la investigación, por su carácter probatorio.

Según los receptores, y tal como atestiguan los testimonios citados anteriormente, han sido informados de la muerte de su familiar o amigo por el propio fallecido. Esta circunstancia de ocurrencia del contacto excluye una percepción basada en el deseo de recibir una señal del ser querido fallecido. Por lo tanto, las necesidades psicológicas no pueden ser el desencadenante de la VSCD en este contexto.

El hecho de haber sido informados de la muerte por los propios fallecidos mitiga el *shock* del anuncio del fallecimiento y proporciona a los receptores la convicción subjetiva de que sus seres queridos todavía se les pueden manifestar, lo que implica la supervivencia de una parte de estas personas. La tristeza de la pérdida, sin embargo, no se les ahorra a los receptores. Los testimonios citados muestran, sin embargo, que el proceso de duelo puede comenzar en mejores condiciones que si no se hubiera producido esta última despedida.

Gráfico comparativo por tipo de VSCD

El siguiente gráfico muestra el número de ocurrencias por tipo de VSCD de nuestra recopilación de datos.[21] La gran cantidad de datos recogidos (1.004 cuestionarios completados) permite una clasificación bastante significativa.

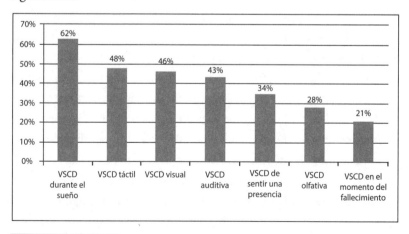

---

21. Este gráfico refleja todos los datos recogidos, es decir, los resultados de los 1.004 cuestionarios completados en los tres idiomas del proyecto (español, francés e inglés).

De acuerdo con nuestras expectativas, las VSCD durante el sueño ocupan el primer lugar en nuestra clasificación. Sin embargo, un poco más de la mitad (52%) de nuestros encuestados se despertaron por el contacto y el resto de la experiencia cayó en una de las otras categorías de las VSCD. Las VSCD visuales, que son muy impactantes, tienen una clasificación más alta de lo esperado porque la literatura no señala un número tan alto de sucesos.

Visiones en el lecho de muerte y experiencias de morir compartidas

En nuestra colección de datos de 1.004 casos, contamos con cuatro casos que parecen ser bastante excepcionales, a saber, dos casos de visiones en el lecho de muerte compartidas y dos casos de experiencias de morir compartidas. Voy a presentar estos dos fenómenos con más detalle.

Visiones en el lecho de muerte

Las personas al final de la vida pueden tener una «visión en el lecho de muerte» poco antes (o incluso días o semanas antes) de morir. Estas visiones, también llamadas «sueños y visiones al final de la vida» («End-of-life Dreams and Visions» o «ELDV»), son mucho más que la tradicional representación de una aparición a los pies de la cama. Forman parte del concepto más amplio de «Experiencias al final de la vida» («End-of-life Experiences» o «ELE») y se refieren efectivamente a la experiencia de percibir a un ser significativo fallecido que tienen los moribundos mientras duermen o están despiertos, pero también a otros fenómenos que ocurren en el momento de la muerte. Peter Fenwick, neuropsiquiatra y neurofisiólogo del Instituto de Psiquiatría y del Departamento de Neuropsiquiatría del Kings College de Londres, también conocido por sus investigaciones en el terreno de las Experiencias Cercanas a la Muerte (ECM), realizó varios estudios sobre este fenómeno: «Las experiencias al final de la vida incluían fenómenos en el lecho de muerte como visiones, coincidencias y el deseo de reconciliarse con miembros de la familia. Estas experiencias parecían reconfortar tanto a los moribundos como a los afligidos familiares. Los entrevistados describieron otros fenómenos como relojes que se detenían de forma sincronizada en el momento de la muerte, formas que salieron del cuerpo, luz que rodeaba el cuerpo y un comportamiento extraño de los animales presentes[22]».

Dos enfermeras estadounidenses de cuidados paliativos, Maggie Callanan y Patricia Kelley, han elaborado un concepto que sitúa las visiones en el lecho de muerte en el contexto más amplio de la «conciencia aumentada al acercarse la muerte» (en inglés, «Near(ing) Death Awareness» o «NDA»), de la que son un componente esencial. Este fenómeno se refiere a las personas que mueren lentamente (por enfermedad o vejez), en contraposición a las que mueren de repente en un accidente o durante un paro cardíaco. Numerosos testimonios y estudios de casos sugieren que hasta el 50-60% de las personas experimentan alguna forma de conciencia aumentada al acercarse la muerte antes de morir.[23] Este concepto, que describe un estado de conciencia específico inherente a la proximidad de la muerte, se presenta en el libro de Callanan y Kelley *Final Gifts*.[24] La necesidad de reconciliación y las condiciones para morir en paz son también componentes de este estado de conciencia aumentada asociado a la proximidad de la muerte. Otro elemento del fenómeno de la conciencia aumentada al acercarse la muerte, la toma de conciencia de la proximidad de la muerte, permite que las personas al final de su vida sepan instintivamente que

22. Fenwick, P.; Lovelace, H; Brayne, S. (2010). «Comfort for the dying: five year retrospective and one year prospective studies of end of life experiences». In: *Geriatrics*, Volume 51, Issue 2, September-October 2010, p. 173-179.

23. Mazzarino-Willett A. «Deathbed Phenomena: Its role in peaceful death and terminal restlessness». In: *Am J Hospice Palliat Care*, 2010; 27(2):127-133.

24. Callanan, M.; Kelley, P. (2012). *Final Gifts: Understanding the special awareness, needs, and communications of the dying*. London: Simon & Schuster Paperbacks.

su muerte está cerca, aunque su estado de salud no prediga un desenlace fatal inminente. Esta certeza se apodera de ellas en las últimas 72 horas de su vida. Los moribundos se expresan a menudo en un lenguaje simbólico, como si no quisieran molestar a sus allegados hablando sin tapujos de su inminente muerte. Dicen, por ejemplo, que tienen que «hacer la maleta, buscar el pasaporte y reservar un billete de avión» para un viaje que están a punto de hacer.

La psiquiatra suizo-estadounidense Elisabeth Kübler-Ross, pionera en los estudios sobre la muerte y la agonía, y en las experiencias cercanas a la muerte, ha identificado tres lenguajes que los moribundos utilizan para comunicar su conocimiento de su muerte inminente: su idioma corriente, el lenguaje no verbal y el lenguaje verbal simbólico, tanto en adultos[25] como en niños.[26]

Al igual que en el caso de las VSCD, es importante que la familia y los amigos, y en este caso también los profesionales de la salud, estén informados del fenómeno de la conciencia aumentada al acercarse la muerte para que los moribundos reciban la atención adecuada: «El lenguaje que utilizan los pacientes para comunicar la "conciencia aumentada al acercarse la muerte" puede ser simbólico y, si los cuidadores no son conscientes de que este fenómeno puede producirse, los pacientes pueden ser ignorados, tratados con condescendencia o medicados para el delirio[27]».

Un fenómeno investigado a lo largo del tiempo

Las visiones en el lecho de muerte han sido señaladas desde hace siglos y, a diferencia de las VSCD, han sido objeto de investigación

25. Kübler-Ross, E. (1974). «The languages of the dying patients». In: *Humanitas*, 10(1), 5-8.

26. Kübler-Ross, E. (1974). «The languages of Dying». In: *Journal of Clinical Child Psychology*, Vol 3, 1974, Issue 2: «Death and Children», p. 22-24.

27. Marks, A; Marchand, L. (2015). « Near Death Awareness». In: *Fast Facts and Concepts* #118, Palliative Care Network of Wisconsin.

científica a lo largo del tiempo. A principios del siglo xx, tanto los investigadores como el público estaban muy interesados en los llamados «fenómenos psíquicos». El primer estudio sistemático de las visiones en el lecho de muerte lo realizó sir William Barrett, profesor de física experimental en el Real Colegio de Ciencias de Irlanda. En 1926, publicó un libro que marcó un shito, *Death-bed Visions.*[28] A partir de sus investigaciones, llegó a la conclusión de que las visiones en el lecho de muerte no eran simplemente un subproducto de un cerebro moribundo, sino que se producían cuando la persona estaba lúcida y racional. Además, presentó varios casos en los que el personal médico o los familiares presentes en la habitación habían podido compartir las visiones de los pacientes.[29] Sir William Barrett fue el impulsor de la creación de la Sociedad para la Investigación Psíquica (Society for Psychical Research, SPR) en 1882, que sigue siendo una institución muy respetada en la actualidad. En 1884, fundó la Sociedad Americana para la Investigación Psíquica (American Society for Psychical Research, ASPR).

Años después, Erlendur Haraldsson, profesor emérito de Psicología en la Facultad de Ciencias Sociales de la Universidad de Islandia, y Karlis Osis, parapsicólogo de origen letón, estudiaron las visiones en el lecho de muerte durante varias décadas. En 1971, publicaron el libro de referencia *At the Hour of Death*,[30] en el que muestran sus investigaciones sobre las visiones en el lecho de muerte en Estados Unidos y la India. Llegaron a la conclusión de que las visiones en el lecho de muerte son más coherentes con la hipótesis de una «experiencia de transición» que con la «hipótesis de la extinción».

Más recientemente, en el 2006, se publicaron los resultados de un proyecto piloto sobre las «experiencias al final de la vida» dirigido por el profesor Peter Fenwick y sus colegas, en colaboración con un equipo de

---

28. Barrett, W. (1926). *Death-Bed Visions.* Methuen & Company Limited.

29. Barrett, W. (reimpresión 2011). *Death-Bed Visions: How the Dead Talk to the Dying.* Guildford: White Crow Books, p. 37-38.

30. Osis, K; Haraldsson, E. (1977). *At The Hour of Death.* AvonBooks.

cuidados paliativos del Camden Primary Care Trust. Los resultados indican que la muerte es un proceso transitorio que puede ser anunciado por diversos fenómenos, entre ellos las visiones que reconfortan a los moribundos y los preparan espiritualmente para la muerte. Los investigadores a cargo del proyecto piloto descubrieron que los pacientes informaban regularmente de visiones en el lecho de muerte como parte intrínseca del proceso de muerte en el que estaban inmersos, y que en general estaban más serenos cuando estaban en compañía de sus «visitantes secretos». Otro hallazgo del proyecto piloto fue que las visiones en el lecho de muerte no son causadas por patologías o fármacos y que los moribundos prefieren hablar de ellas con las enfermeras antes que con los médicos. Además, los investigadores asumen que las personas que se encuentran al final de su vida no hablan necesariamente de sus visiones, por miedo a no ser creídas o a ser ridiculizadas, a preocupar a sus allegados o por falta de reconocimiento público del fenómeno.[31]

En un artículo publicado en el 2010, Fenwick y Brayne afirman que «Nuestra investigación sobre las experiencias al final de la vida sugiere que las visiones en el lecho de muerte y las coincidencias en el lecho de muerte no son infrecuentes, y que el proceso de morir parece implicar una necesidad instintiva de conexión espiritual y de significado, que requiere la comprensión compasiva y el respeto de quienes los cuidan al final de la vida».[32] La naturaleza de las experiencias al final de la vida, y en particular de las visiones en el lecho de muerte, y su impacto beneficioso en los moribundos se describen en el excelente libro de Peter y Elizabeth Fenwick titulado *El arte de morir*.[33]

---

31. Brayne, S.; Farnham, C; Fenwick, P. (2006). «An understanding of the occurrence of deathbed phenomena and its effect on palliative care clinicians». In: *American Journal of Hospice and Palliative Care*, Jan-Feb 23(1), p. 17-24

32. Fenwick, P.; Brayne, S. (2010). «End-of-life Experiences: Reaching Out for Compassion, Communication and Connection-Meaning of Deathbed Visions and Coincidences», In: *American Journal of Hospice and Palliative Medicine* (PubMed https://doi.org/10.1177/1049909110374301).

33. Fenwick, P.; Fenwick, E. (2015). *El arte de morir*. Ediciones Atalanta.

¿Cómo se desarrollan las visiones en el lecho de muerte y cuál es su impacto en los moribundos?

Según los datos recogidos por los investigadores, las personas que se hallan en el umbral de la muerte perciben a personas significativas fallecidas y se comunican telepáticamente con ellas. Al igual que las VSCD, estas visiones suelen protagonizarlas parejas, miembros de la familia o amigos fallecidos con los que los moribundos habían tenido fuertes vínculos emocionales durante su vida. Las apariciones se describen a veces como rodeadas de un halo de luz. En ocasiones, el objeto de las apariciones representa una entidad religiosa o mística, conformada según la afiliación religiosa o las creencias espirituales del moribundo. Más raramente, se informa sobre visiones de ambientes paradisíacos, descritos como paisajes terrenales sublimados.

Estas visiones, que suelen ser breves, tienden a ser recurrentes y a acompañar a las personas durante las horas o días previos a la muerte.

Un caso relatado por Peter y Elizabeth Fenwick ejemplifica este punto:

«Alrededor de las tres de la madrugada de la noche anterior a su muerte, entraron en su habitación tres personas a las que no pude ver. Se animó e incluso movió el brazo que no había podido mover durante más de un año. Le pregunté quién estaba en la habitación y me contestó: «Thomas (un buen amigo que había fallecido), Elizabeth (una tía a la que estaba muy unido) y Phyllis (mi madre, que también había fallecido)». Estas personas se quedaron con él durante tres horas y se rio y fue muy feliz. Hacia las seis de la mañana se despidió de ellos (y les lanzó besos) y sus ojos los siguieron hasta la puerta. Le pregunté si iba a dormir entonces y me dijo que sí. Inmediatamente se le iluminó la cara y volvió a verlos entrar en la habitación. Se quedaron una hora más y luego se fueron. Falleció a las 14:15».[34]

Al igual que quienes experimentan las VSCD, los moribundos no cuestionan la realidad de estas apariciones. A pesar de su diversidad, de su sistema personal de creencias, de su biografía única, les dan un significado sorprendentemente homogéneo. Según los moribundos, el papel de las apariciones es acogerlos en el umbral de la muerte y guiarlos hacia el mundo invisible. Acogen estas apariciones con naturalidad y alegría y las describen a quienes les rodean, conscientes de que solo ellos pueden percibirlas. No se sorprenden ni se asustan de que un allegado fallecido se les aparezca y les hable, y explican la intención de la aparición con toda sencillez: «¡Juan está aquí. Ha venido a ayudarme a cruzar al otro mundo!».

Las visiones en el lecho de muerte tienen una dimensión espiritual que va mucho más allá de la mera percepción fugaz de un ser querido fallecido. Generan un consuelo y una certeza esenciales que barren en unos segundos las aprensiones que pueden haber estado presentes a lo largo de toda una vida. Durante estas visiones parece producirse una transferencia de conocimiento que libera al moribundo inmediata y completamente del miedo a morir. La ansiedad y la agitación, a menudo presentes en el proceso de morir, desaparecen. La serenidad, incluso una alegría anticipada, se apodera del moribundo que habría sido impensable unos minutos antes. El impacto de la visión es muy poderoso, inmediato y liberador. Se trata de una profunda transformación psíquica. Tras la visión en el lecho de muerte las personas están listas para morir, y partir en un viaje misterioso, tal vez.

El siguiente caso ilustra esta repentina toma de conciencia:

«De repente, se giró hacia la ventana y pareció mirar fijamente hacia arriba… A continuación se volvió hacia mí y me dijo:

---

34. Fenwick, P.; Fenwick, E. (2008). *The Art of Dying: A Journey to Elsewhere.* London: Continuum, p. 225.

"Por favor, Pauline, no tengas nunca miedo a morir. He visto una bella luz y me dirigía hacia ella... Era tan pacífica que me costó volver". Al día siguiente, cuando llegó la hora de irme a casa, le dije: "Adiós, mamá, hasta mañana". Ella me miró fijamente y me dijo: "No estoy preocupada por el día de mañana y tú no debes estarlo tampoco, prométemelo". Murió a la mañana siguiente... pero yo sabía que ese día había visto algo que la reconfortaba y le daba paz cuando sabía que solo le quedaban unas horas de vida[35]».

Al igual que en el caso de las VSCD, las creencias preexistentes no parecen tener ningún impacto en la probabilidad de tener estas experiencias. Imaginemos un individuo, agnóstico o ateo, que ha rechazado durante toda su vida cualquier idea de supervivencia de la conciencia, convencido de que al final del camino solo habrá disolución y la nada. En el momento de su muerte, su padre fallecido se le aparece y le habla. No duda ni un segundo de la realidad de esta aparición y conversa con él con naturalidad, mientras describe la aparición a los que le rodean. Esta sería una reacción típica. La siguiente experiencia lo ilustra muy bien:

«Estaba cuidando a mi amiga, que opinaba firmemente que no había vida después de la muerte. En sus últimas horas se tranquilizó mucho y periódicamente salía de su inconsciencia, diciendo con claridad y alegría frases como "Pronto lo sabré", "Vamos, adelante, ya estoy lista para ir" y "Es tan hermoso...". Después de pronunciar estas frases, volvía a caer en la inconsciencia. Era evidente que estaba contenta, feliz y en paz. Fue una experiencia maravillosa para su pareja y para mí».[36]

---

35. Fenwick, P.; Fenwick, E. (2008). *The Art of Dying: A Journey to Elsewhere*. London: Continuum, p. 6.

36. *Op. cit.*, p. 27.

En algunos casos parece que los cuidadores y familiares del paciente moribundo también pueden percibir la visión en el lecho de muerte. En una encuesta reciente, la Shared Crossing Research Initiative (SCRI), de Santa Bárbara, California, EE.UU., afirmaba: «Las pruebas anecdóticas sugieren que algunos seres queridos y cuidadores de pacientes moribundos experimentan un tipo de fenómeno al final de la vida conocido como experiencia de muerte compartida (Shared Death Experience, SDE), por el cual uno siente que ha participado en la transición de una persona moribunda a una existencia *post mortem*. Las pruebas anecdóticas también sugieren que las experiencias de muerte compartidas pueden tener una serie de profundos efectos psicoespirituales y emocionales. [...] El análisis reveló cuatro modalidades distintas, aunque no excluyentes, de una experiencia de muerte compartida: percibir una muerte a distancia, ser testigo de fenómenos inusuales, tener la sensación de acompañar al moribundo y tener la sensación de asistirlo[37]».

Volvamos ahora a los relatos recogidos en el marco de nuestra encuesta. El testimonio que sigue es uno de los dos casos antes mencionados de visiones compartidas en el lecho de muerte, experimentada tanto por nuestra participante como, presumiblemente, por su madre moribunda. También ilustra perfectamente que, en un período de tiempo objetivamente corto, se pueden sentir emociones muy opuestas. Nuestra participante describe una «evolución dinámica» de sus sentimientos, desde una profunda desesperación hasta una sensación de paz y aceptación:

«Estaba en una clínica junto a la cama de mi madre, en estado muy grave. La estaba cuidando por la noche cuando vi un rayo de luz en la puerta. Creí que era una enfermera, pero la luz se movió, se detuvo a los pies de la cama, y dentro de aquel

---

37. Shared Crossing Research Initiative (SCRI) (2021). «Shared Death Experiences: A Little-Known Type of End-of-Life Phenomena Reported by Caregivers and Loved Ones». *American Journal of Hospice and Palliative Medecine,* April 5, 2021. Doi. org/10.1177/10499091211000045

resplandor blanco vi muy claramente a mi hijo, Jean-Pierre, que había muerto asesinado hacía siete años. No pude ver sus piernas, pero se veía bastante distinto hasta la parte superior de los muslos, y la luz blanca hacía que se viera un poco borroso. Me ignoró; estaba concentrado en su abuela. Él le tendió los brazos con ternura. Supe en ese momento que había venido a buscarla y yo sentí que me derrumbaba, como cuando se derriba un edificio. Entonces, él dio la vuelta a la cama, se puso detrás de mí, mi cuello y mi cabeza estaban tocando su cuerpo, y podía sentirlo. Me puso una mano en el hombro izquierdo y la otra en la base de mi cuello y me llenó de paz, como si me la estuviera virtiendo con un embudo. Apreté mis manos y clavé las uñas en mis palmas para asegurarme de que no estaba soñando. Cuando me sentí llena de paz, Jean-Pierre desapareció. Me levanté de un salto y fui al baño a mirarme en el espejo; estaba realmente despierta y lo que acababa de experimentar me conmocionó y me calmó. Me senté; mi madre respiraba suavemente, pero sabía que nos dejaba».

Obviamente, no sabemos si la madre moribunda de nuestra participante percibió a su nieto, pero este testimonio sugiere que Jean-Pierre habría «venido a buscar a su abuela para ayudarla a dar el paso hacia el mundo espiritual» y, al mismo tiempo, habría consolado a su madre.

Otra de nuestras participantes también tuvo una VSCD que, al parecer, ocurrió simultáneamente con una visión en el lecho de muerte experimentada por su madre moribunda. Este testimonio pone de manifiesto de forma elocuente el elemento esencial de las visiones en el lecho de muerte, del mismo modo que es el elemento esencial de las VSCD, es decir, las *emociones* inherentes a este tipo de experiencias. Las percepciones, que en este caso son visuales, no son más que el medio para la esencia misma de estas experiencias: una sensación de amor ilimitado e incondicional, de pura alegría, de profundo consuelo y de confianza para lo que está por venir:

«Esta VSCD ocurrió en julio del 2007, cuando murió mi madre, de 77 años. Llevaba algún tiempo con un malestar general, tanto físico como mental, y había sido ingresada en el hospital [...] tras una caída. Solo estuvo en el hospital unos días y, al principio, parecía que se estaba recuperando, ya que su estado de ánimo había mejorado, pero creo que todo formaba parte de la preparación para la muerte, ya que sus últimas conversaciones eran muy parecidas a despedidas cálidas y alegres. Entonces sufrió un rápido deterioro al comenzar a fallar sus órganos y la conectaron a un respirador. Un día después, mi hermano y yo acordamos desconectar su máquina y nos sentamos a su lado en el hospital durante varias horas, esperando a que se fuera. Para situar la escena: estábamos en una sala de unas seis camas, tres a cada lado. Mamá estaba en la cama del medio, en el lado derecho de la sala, y las otras camas estaban vacías. Mi hermano se sentó en una silla a los pies de su cama, a la izquierda, y yo me senté en una silla a los pies de su cama, a la derecha. Había una cortina que bajaba por el lado derecho y daba la vuelta por detrás de mí, pero no por el lado de mi hermano, ya que había una ventana grande y luminosa en ese lado. La sala también estaba bien iluminada. En algún momento de la tarde, mi hermano decidió repentinamente que mi madre necesitaba más analgésicos, aunque estaba inconsciente. En cuanto salió de la habitación, me di cuenta de que varias presencias entraban en el espacio que me rodeaba. Sucedió en cuestión de segundos. Parecieron materializarse por detrás de mí y luego se reunieron en grupo a mi lado, a mi derecha. Parecían estar observando a mi madre. Pude ver o intuir las vagas siluetas de unas seis o siete personas de distintas alturas, siendo sus cabezas y hombros lo más claro. No observé nada por debajo de las rodillas, así que supongo que, en efecto, estaban ahí colgados, pero a la altura adecuada del suelo. Eran una especie de sombras, sin sustancia real, pero en 3D y con la cortina como telón de fondo. No había más rasgos distintivos que sus clásicas formas humanas. Mientras estas presencias se reunían, ocurrió lo más increíble: una poderosa presencia se acercó a mí y de repente me sentí envuelta en la más maravillosa sensación de amor, paz y consuelo, ¡que nunca olvidaré! Fue un abrazo virtual de tanta alegría, positividad, esperanza, calidez, bienestar...; algo que va más allá de las palabras. Empecé a sollozar porque me invadió un sentimiento de euforia en ese momento, y luego de tristeza al darme cuenta de que debía haber llegado el momento de que mi madre partiera. A medida que la hermosa presencia y los demás se acercaban a mi madre, tuve la ligera sensación de que su espíritu/conciencia abandonaba su cuerpo mientras yacía boca arriba, y un momento después todos desaparecieron. Todos se mezclaron y se desmaterializaron, desapareciendo enfrente y a la derecha de mí hacia arriba. Estaba sola, la habitación se percibía vacía y sentía una extraña mezcla de alegría y tristeza. Y me llamó la atención cómo había cambiado todo su aspecto. Me quedó claro entonces la diferencia entre un cuerpo vivo y un cuerpo muerto. No recuerdo que hubiera sonidos, olores o contacto físico durante esta VSCD. Solo se conectó conmigo esta presencia, y la atención de los demás estaba en mi madre. No estoy segura de cuánto tiempo duró, pero no fueron más de unos pocos minutos y permanecí en mi silla todo el tiempo. En cuanto se marcharon, mi hermano regresó. Le conté lo que había sucedido y se quedó muy sorprendido, triste, por supuesto, y bastante decepcionado por no haber podido compartir aquella extraordinaria experiencia. Durante todo el extraño e inesperado acontecimiento, no me sentí ni una sola vez asustada o amenazada, solo alerta. La euforia que sentí es lo más significativo para mí, y si eso fue lo que experimentó mi madre cuando murió, y si esos eran rostros familiares (quizá sus padres, hermanas, hijo, mi padre), que habían venido a reunirse con ella y darle la bienvenida, entonces me alegro mucho por ella. He oído que a menudo las personas que han tenido una experiencia cercana a la muerte dicen haber visto a seres queridos fallecidos y experimentan euforia. Me siento privilegiada al pensar que puedo haber sido testigo de esto desde una perspectiva diferente».

Experiencias cercanas a la muerte (ECM)

Tenemos dos casos en nuestra colección de datos que son de especial interés porque se refieren directamente a otro fenómeno relacionado con la muerte: las experiencias cercanas a la muerte (ECM). Una ECM es un fenómeno que las personas pueden experimentar espontáneamente cuando están en el umbral de la muerte (y de forma más inusual sin enfrentarse realmente a la muerte). Al producirse una ECM, una persona está clínicamente muerta, cerca de la muerte o en una situación en la que la muerte es probable o esperada. Entre el 10% y el 20% de las personas que han sufrido un paro cardíaco recuerdan haber experimentado una ECM. Los conocimientos actuales sobre las ECM son sólidos, ya que se basan en cincuenta años de investigación científica internacional rigurosa y diversificada.[38]

Durante la ECM, los experimentadores (personas que experimentan una ECM) tienen la sensación de abandonar su cuerpo físico (**experiencia extracorporal (EFC)**. En inglés, «Out-of Body Experience» o «OBE»). Ven sus cuerpos y el entorno desde un punto de vista externo a cierta distancia, normalmente desde arriba (lugar del accidente, esfuerzos de reanimación, sala de hospital en caso de cirugía, etc.). Suelen memorizar los acontecimientos, las palabras y los gestos en curso, que pueden ser corroborados después. Experimentan inmedia-

---

38. Existe abundante literatura de excelente nivel científico sobre las ECM, como por ejemplo: Greyson, B. (2021). *After: A Doctor Explores What Near-Death Experiences Reveal about Life and Beyond*. New York: St. Martin's Essentials. Van Lommel, P. (2010). *Consciousness Beyond Life: The Science of the Near-Death Experience*. New York: HarperOne.

tamente una sensación de bienestar absoluto, notan la ausencia de dolor y pierden el interés por sus cuerpos, que dejan atrás sin ningún pesar.

En esta fase, los experimentadores tienen la impresión de ser «absorbidos» por un **túnel** oscuro y de avanzar a una velocidad muy alta hacia una luz brillante situada al final del túnel, todavía muy lejano. Se acercan a esta luz, que les atrae como un imán, a una velocidad deslumbrante y finalmente entran en la luz con una sensación de alegría y sobrecogimiento infinitos.

A continuación viene el encuentro con un **ser de luz**, que describen como la visión de una luz bellísima, personificando el amor incondicional y la comprensión absoluta, más intensa que cualquier luz terrestre, pero que no ciega. Afirman sentirse reconocidos y amados por este ser. La comunicación entre el ser de luz y los experimentadores ocurre al instante y sin palabras, como por telepatía. Muchos hacen la analogía con «volver a casa» o «haber llegado a su destino». El encuentro con el ser de luz produce una sensación de felicidad absoluta, de conocimiento total y de profunda paz.

Según los experimentadores, **guías y ángeles de la guarda** los acogen para guiarlos y tranquilizarlos por lo que está ocurriendo. También se encuentran con **seres queridos fallecidos** a los que identifican más por el reconocimiento del espíritu que por la percepción de sus cuerpos, que a menudo se describen como translúcidos o fluidos, o incluso como pura energía. Durante estos encuentros puede producirse una comunicación telepática.

En esta fase, puede producirse una **revisión de la vida**. Experimentan una revisión tridimensional de toda su vida, desde los sucesos más significativos hasta los más banales. En presencia del ser de luz, reviven los acontecimientos desde su propia perspectiva, pero también desde el punto de vista de las personas que estuvieron implicadas en la acción que se analiza. Esta característica de las ECM tiene una fuerte connotación didáctica, ya que permite a los experimentadores sentir las emociones de todos los participantes de la escena, lo que les hace comprender plenamente el significado y las implicaciones de sus propias acciones, palabras e incluso pensamientos. A veces, se les informa de acontecimientos futuros en sus vidas que realmente ocurren más tarde.

Los experimentadores pueden informar de haber visto un **límite o frontera**, simbolizado de diversas maneras, que, si se cruza, haría imposible el regreso al cuerpo. La experiencia cercana a la muerte termina con la **reintegración del cuerpo físico**, más a menudo impuesta que deseada, y raramente definida de manera precisa. La vuelta al cuerpo físico es descrita por los experimentadores como emocionalmente dolorosa, limitante y restrictiva a todos los niveles. La reintegración del cuerpo físico se asocia con frecuencia a un sentimiento imperativo de tener una misión que cumplir en la tierra.

Es importante destacar que rara vez se encuentran todas las fases mencionadas en una misma experiencia cercana a la muerte. Cada ECM es única y puede incluir cualquier combinación de fases, y las fases pueden ocurrir en cualquier orden y ninguna característica es común a todas las ECM.

Al igual que en el caso de las visiones compartidas en el lecho de muerte, parece que algunas personas han podido presenciar/compartir la experiencia de un moribundo en la primera fase de la ECM o, si la persona había muerto durante el episodio, en la primera fase de su proceso de morir. Raymond A. Moody, filósofo, psiquiatra y escritor estadounidense, conocido por su exitoso libro *Vida después de la vida*,[39] ha descrito las ECM compartidas en su libro *Glimpses of Eternity: Sharing a Loved One's Passage From This Life to the Next*.[40]

El siguiente testimonio de nuestra recogida de datos evoca el desarrollo típico de una experiencia cercana a la muerte. Se puede estipular que nuestro encuestado habría percibido a la persona herida en la primera fase de la ECM (la fase extracorporal), es decir, en el momento

---

39. Moody, R. (2017). *Vida después de la vida*. Editorial Edaf.

40. Moody, R.; Perry, P. (2010). *Glimpses of Eternity: sharing a loved one's passage from this life to the next*, New York: Guideposts.

en que la persona estaba muriendo/acababa de morir. Para ser más preciso, hay que subrayar que se trata de una «experiencia de morir» y no de una experiencia cercana a la muerte, ya que la persona percibida durante la ECM había fallecido:

«Presencié un accidente de tráfico en el que una persona estaba muriéndose, y vi al lado de su cuerpo a esa misma persona, arrodillándose, mirándose a sí mismo morir».

Un cierto número de personas con ECM informan de que se les dio la opción de cruzar este límite percibido y entrar en el reino de la muerte, o bien volver a sus cuerpos físicos. Cuando eligieron volver, a menudo fue por un imperativo sentido de responsabilidad hacia sus seres queridos, por ejemplo, para cuidar de sus hijos pequeños. Otros afirman haber deseado de todo corazón dar ese paso definitivo y dejar atrás sus cuerpos físicos, porque se sentían irresistiblemente atraídos por la indescriptible dicha que creían que les esperaba al otro lado. Sin embargo, los que volvieron a sus cuerpos físicos en contra de su voluntad dicen que se les había dicho que aún no había llegado su hora y que todavía tenían una misión que cumplir o completar en sus vidas. En el caso de los que se han ido, obviamente no sabemos si tuvieron que tomar esta decisión o no, aunque el siguiente testimonio nos da quizá alguna pista al respecto. Parece ser indicativo de la decisión crucial tomada por la persona percibida durante la VSCD (en este caso una amiga del participante), que aparentemente decidió entrar en el reino de la muerte y dejar atrás a su familia, a pesar del dilema que esta elección parece haber supuesto para ella:

«Ocurrió a finales de otoño del 2016, en octubre o noviembre. Una amiga, Carolina, una gran deportista de 47 años, por la que sentía mucho cariño, sufrió un paro cardíaco durante una comida familiar festiva en la que mostró su alegría de vivir. Mientras bailaba alegremente, se derrumbó de repente. Su esposo, Carlos, un rescatista con mucha experiencia, comenzó a practicarle masajes de reanimación cardíaca mientras esperaban a que llegaran los bomberos, quienes se hicieron cargo en cuanto llegaron. Tras una reanimación que duró 45 minutos, Carolina fue hospitalizada y permaneció dos o tres días en coma, del que no saldría. Una tarde, mientras dormía mi siesta diaria en el sofá del salón, tuve un sueño, pero sin estar realmente dormido, como «entre dos aguas». Vi a Carolina. En su rostro se revelaba una situación grave. Miraba con seriedad a su familia, a la que no pude distinguir, un marido y tres hijos. Entonces vi que se giraba hacia una luz que brillaba detrás de ella. Su rostro se iluminó con una sonrisa maravillosa, la que solía mostrar. Entendí que se enfrentaba a una elección y que prefería irse. Mi "visión" se detuvo al sonar mi teléfono móvil. Era Mónica, la madre de Carolina, que lloraba y no podía decir una sola palabra. Entendí que Carolina acababa de fallecer. Me costó encontrar las palabras, pero logré transmitirle a Mónica toda mi empatía y cariño. Mi esposa, que estaba haciendo la siesta en nuestra habitación, se despertó por la conversación telefónica. Le conté la mala noticia y ella me dijo: "Mira, la acabo de ver en un sueño, vestida con su atuendo habitual, y me ha dicho que tenía que irse". Le respondí: "¡Sí, ella también vino a verme!". Nunca más la "volvimos a ver" después de eso».

Antes de concluir esta sección, me gustaría citar dos testimonios bastante intrigantes que nos dan algunas pistas sobre esta supuesta separación de la conciencia (o alma o espíritu) del cuerpo físico, ya sea de forma temporal durante una experiencia extracorporal (EFC) o permanente al morir.

En nuestra encuesta, no preguntamos por los contactos que presuntamente se produjeron mientras el receptor había abandonado su cuerpo de forma temporal, es decir, durante una EFC. Sin embargo, tenemos algunos casos en los que nuestros participantes afirman haberse encontrado con su familiar fallecido cuando estaban fuera de su cuerpo, ya sea en su entorno habitual o en «otra dimensión». A continuación, un testimonio de este tipo:

«Mi padre falleció el 19 de diciembre del 2017. Desde su fallecimiento, he sentido su presencia en varias ocasiones, incluso a través de gestos que tenía hacia mí cuando era un niño. En octubre del 2018, me acosté y, durante mi sueño, que parecía ligero, experimenté un desdoblamiento de mi cuerpo. Salí de mi cuerpo para flotar en la habitación. Vi a mi pareja durmiendo y todo lo que había allí. Y sentí la presencia de mi padre. Miré a mi izquierda, y le vi sentado al lado de la cama, mirándome. Quise acercarme a él para tocarlo, pero era imposible, pues había una especie de "barrera invisible" que me impedía tocarlo. Lo vi muy tranquilo, sonriendo como antes. Entonces volví a caer en mi cuerpo físico y miré a mi alrededor».

Sobre el proceso de morir, parece haberse obtenido información durante la siguiente VSCD. El testimonio anterior describía cómo nuestro participante habría percibido a su padre fallecido durante una experiencia extracorporal (EFC). El siguiente caso describe este mismo proceso, es decir, la supuesta separación de la conciencia del cuerpo, pero esta vez en el momento de la muerte, y descrito por un padre fallecido a su hijo durante una VSCD:

«Tenía 18 años, mi padre había muerto unos seis meses antes. Me despertó en mi cama. Él estaba sentado allí, la luz llenaba la habitación. Habló durante lo que pareció un rato, pero yo estaba tan fascinado por sus ojos, que parecían brillar con luz blanca, que me perdí la mayor parte de la conversación. Sin embargo, nunca olvidaré lo que sucedió después. Me dijo: «no tengas miedo de morir, es fácil, esto es todo lo que pasa, mira». Luego se separó en dos y ambos se sentaron en mi cama. Me dijo: «ahora te toca a ti». Extendió su mano y sentí un cosquilleo al separarme de mi cuerpo. Entonces se levantó y salió por la pared».

Con esto llegamos al final de la presentación de las visiones en el lecho de muerte compartidas y las experiencias de morir compartidas, esos inusuales fenómenos que nos dan el privilegio de aprender, desde diferentes perspectivas, sobre las experiencias que parecen tener lugar cuando dejamos nuestros cuerpos para, quizá, continuar nuestra existencia en un lugar desconocido e inimaginable.

Otras formas de expresión de las VSCD

Con respecto a los tipos de VSCD, nuestro cuestionario fue diseñado para recopilar datos sobre las VSCD percibidas por cuatro de los cinco órganos sensoriales: oído, tacto, olfato o visión (las VSCD no se manifiestan a través del sentido del gusto). A esto se sumaron las VSCD durante el sueño, al quedarse dormido o al despertar, así como las VSCD de sentir una presencia. También incluimos una serie de preguntas sobre las VSCD en el momento del fallecimiento que son de particular interés debido a su naturaleza probatoria.

Al principio del cuestionario, hemos invitado a nuestros participantes a describir su VSCD con el mayor detalle posible en un cuadro de diálogo de texto libre. Me basaré en estas descripciones de los cuestionarios en las tres lenguas del proyecto para presentar otras formas de expresión de las VSCD que ya han sido identificadas (clasificación de Guggenheim).[41] Sin embargo, no puedo presentar estadísticas porque no hicimos ninguna pregunta a nuestros encuestados sobre este tema.

---

41. http://www.after-death.com

Las **VSCD psicoquinéticas** son comunes. El término «psicoquinesis» (o «telequinesis»), del griego *psico*, 'mente', y *quinesis*, 'movimiento', fue acuñado y presentado en 1914 por el autor estadounidense
Henry Holt en su libro *On the Cosmic Relations*.[42] Una de las defini-
ciones propuestas para la psicoquinesis es el «movimiento de objetos físicos mediante la mente sin el uso de medios físicos.[43] En el
campo de la parapsicología, la acción de la mente sobre la materia,
que supuestamente provoca que los objetos se muevan o cambien
como resultado de la concentración mental sobre ellos, ha sido ampliamente estudiada por investigadores de renombre como el parapsicólogo estadounidense Dean Radin, jefe científico del Institute
of Noetic Science, IONS (Instituto de Ciencia Noética) y profesor
asociado distinguido de Psicología Integral y Transpersonal en el
California Institute of Integral Studies, CIIS (Instituto de Estudios
Integrales de California).[44] En su libro *The Conscious Universe: The
Scientific Truth of Psychic Phenomena*[45] presenta los resultados e implicaciones de un gran número de experimentos realizados en el
campo de la psicoquinesis, la visión remota y los fenómenos relacionados. Estos experimentos se realizan, por supuesto, con sujetos
vivos.

En los relatos de VSCD también se observan fenómenos psicoqui-
néticos, como el mal funcionamiento temporal de aparatos electrónicos,
por ejemplo, de teléfonos móviles, así como el encendido o apagado espontáneo de televisores, equipos de música, etc. Con frecuencia se citan
luces que se encienden o se apagan, o que parpadean sin motivo aparente. A objetos como fotos o cuadros se les ha dado la vuelta, se han movido o han sido encontrados sin daños en el suelo. Además, hay muchos

42. Holt, H. (1914). *On the Cosmic Relations* (PDF). Cambridge, Massachusetts, USA:
Houghton Mifflin Company/Riverside Press. Retrieved December 13, 2007.

43. https://www.merriam-webster.com/dictionary/psychokinesis

44. https://noetic.org/profile/dean-radin

45. Radin, D. (2009). *The Conscious Universe: The Scientific Truth of Psychic Phenomena*.
New York: HarperEdge.

relatos de relojes que se han detenido en el momento de la muerte. A menudo se informa de ruidos nocturnos no identificados y recurrentes. Los receptores interpretan estos sucesos como mensajes de sus familiares o amigos fallecidos.

He hecho una selección representativa de este tipo de VSCD informadas por nuestros participantes y comienzo con aparentes **fallos eléctricos y lumínicos**.

El testimonio que sigue es hermoso en su sencillez. Podemos sentir el deseo de nuestra participante de hacerlo bien, su anhelo de escribir un discurso perfecto, y el amor de su padre que, como cualquier padre haría al ver a su hija enfrentándose a una tarea, la libera poniendo fin a su estrés:

«Cuando mi padre murió, estaba escribiendo unas palabras para el funeral cuando el ordenador y todas las luces fallaron. Volví a encenderlas y continué escribiendo, tratando de hacerlo realmente bien. De nuevo, se apagaron todas las luces y el ordenador y pensé que podría haber perdido todo lo que había escrito. Continué después de tener de nuevo electricidad, y entonces sentí una presencia y miré alrededor. Allí vi a mi padre, de pie en la puerta, y me dijo: "Déjalo, Mary, ya has hecho suficiente". Dejé la tarea y la electricidad se restableció».

El significado de este mal funcionamiento eléctrico fue evidente para nuestra encuestada y su hermana:

«Cuando mi madre murió y el director de la funeraria vino a casa para llevarla al tanatorio, mi hermana y yo salimos de la habitación porque estábamos muy tristes. De repente, todas las luces de la casa se apagaron y volvieron a encenderse sin más. Nuestra vecina de al lado vino al día siguiente y nos dijo que su luz no se había apagado en ese momento. Estaba despierta porque habían visto luces encendidas en nuestra casa y estaban preocupados por nosotros, ya que mi madre había estado enferma. Mi madre siempre tenía la costumbre de decir: "¿Has apagado las luces?". Y también decía: "Asegúrate de apagar las luces cuando salgas de casa". El momento en que las luces se apagaron fue justo después de que el director de la funeraria cerrara la puerta y ella estuviera fuera de casa. Sabía que mi madre estaba diciendo: "Vuestra madre ha salido de casa". Fue una comunicación feliz, pues sabíamos que era ella».

Una lámpara que sigue funcionando después de ser desenchufada es el tema del siguiente testimonio:

«Unos seis meses después de la muerte de mi padre, estaba limpiando la casa. Saqué el cable de una lámpara de la pared con la lámpara encendida. Tardé unos segundos en comprender que la luz, aunque desenchufada, seguía encendida. Al principio me sorprendí. Luego sentí a mi padre y recordé. Mi padre era electricista. Cuando era niña, a veces me explicaba cómo funcionaba la electricidad. Me enseñó que nuestros cuerpos tienen electricidad en su interior y que cuando morimos esa electricidad es arrastrada por el aire; al morir él me estaba dando una señal de que la vida continúa a través de la electricidad. Cuando ocurrió el incidente de la lámpara supe que era la energía eléctrica de mi padre. Simplemente lo supe».

El siguiente relato menciona un mal funcionamiento momentáneo de una bombilla, un «clásico» para este tipo de VSCD:

«En el 2008, mi abuela falleció en casa a los 93 años. Estuve allí cuando murió. Una vez que tuvimos preparado su cuerpo, todos nos fuimos a la cama porque era tarde. Como no podía dormir, unas dos o tres horas más tarde bajé a la cocina y me senté en un taburete. Allí derramé todas mis lágrimas pensando en mi abuela y en el hecho de que no la volvería a ver. De repente, la bombilla de la lámpara de la cocina empezó a parpadear. No podría decir cuánto tiempo (¿tal vez treinta segundos?), pero me pareció largo. Sorprendida miré la bombilla y allí sentí la presencia de mi abuela. Es difícil de explicar porque era un sentimiento interior pero conectado con el exterior (la cocina) y no podía decir por qué, pero sabía que era ella. No débil y enferma como lo estuvo durante las últimas semanas antes de su muerte, sino con todas sus fuerzas. Y ella me comunicaba (¿por telepatía? o al menos no con palabras, sino con una especie de "comunicación interna directa") algo como: "¡No llores; la vida sigue!". Luego todo terminó y me quedé de nuevo sola en la cocina».

El **movimiento, el desplazamiento y la rotura de objetos** inexplicables son el tema de los siguientes testimonios.

La siguiente descripción de un médico es de especial interés. Las desconcertantes manifestaciones físicas fueron observadas por nuestro participante y su madre, por lo que estas experiencias se califican como «VSCD compartidas». El significado de tales manifestaciones tan explícitas se hizo evidente para el participante con el tiempo y tuvo consecuencias terapéuticas esenciales para su hermana:

«[Estas VSCD se refieren a] mi abuelo materno, con el que tuve una relación muy estrecha de los 7 a los 19 años. Una semana después [de su fallecimiento], una tarde, al volver del colegio, encontré a mi madre mirando la televisión en una habitación del segundo piso de casa. Me senté a acompañarla y, al poco tiempo, me dijo: "Hijo, fíjate que estoy preocupada. He estado sola toda la tarde y ha ocurrido algo muy extraño en mi habitación". Fuimos a su habitación, cuya puerta estaba cerrada. Abrimos la puerta y mi madre me mostró que en el suelo, junto a su cama y en el lado que daba a una ventana que a su vez daba a la calle, había una fotografía de mi hermana menor tirada en el suelo, a poco menos de un metro de distancia y hacia delante de la cómoda, donde solía estar el portarretratos, que era de madera sólida y base estable. El asunto es que mi madre, minutos antes, ya había recogido la fotografía del suelo en el mismo lugar y la había colocado sobre la cámara a más de 10 cm del borde. Era la segunda vez que la fotografía de mi hermana caía al suelo. Mi madre ya no quiso recogerla de nuevo porque sintió miedo y prefirió mostrarle a alguien lo que estaba sucediendo. Recuerdo que bromeamos sobre que habría sido una rata o una mascota desconocida que se escondía en la habitación, o tal vez "un espíritu bromista" que estaría haciéndole una mala jugada…

Recogí del suelo el portarretratos y lo coloqué de nuevo en su sitio. Quiero señalar que era un portarretratos de madera, pesado y de solo dos piezas. Un rectángulo donde se colocaba la fotografía y un triángulo ensamblado en la parte de atrás para configurar una base en T. Las piezas eran de una pulgada de grosor; el rectángulo de unos 15 x 12 cm y el triángulo con el que formaba la T de la base, de unos 10 cm. Así que le daba suficiente estabilidad para no caer fácilmente y mucho menos saltar hacia el frente de la cómoda. Una vez que puse de nuevo el portarretratos en su sitio, salimos de la habitación y cerramos la puerta de entrada para continuar viendo la televisión y hablar sobre el asunto.

No habían pasado ni diez minutos, cuando de repente nos sobresaltó el estrépito de un cristal rompiéndose. El ruido procedía de la habitación de mi madre… Pensamos que habría sido algún objeto arrojado desde la calle o una pelota con la que unos niños hubieran roto el cristal. Nos levantamos y nos dirigimos a la habitación. Abrimos la puerta y vimos que la parte inferior de la cortina izquierda salía por un cristal que estaba roto. Dicha cortina de dos piezas solía estar corrida y cerrada hasta el centro de la ventana. [...] Teníamos encendidos el aire acondicionado y la cortina se agitaba por fuera de la ventana produciendo el ruido característico de la tela golpeteando. Nos adentramos muy asustados hasta el pie de la cama y nos quedamos impactados al ver de nuevo la fotografía de mi hermana tirada en el suelo, en el mismo sitio donde la habíamos recogido ambos. Pero más sorprendente aún es que no había un solo fragmento de cristal dentro de la habitación, pues todos los cristales rotos habían caído a la calle. Sentimos un escalofrío de pies a cabeza y comenzamos a rezar pidiendo protección...

Aquello no tenía explicación para nosotros , sin embargo, dentro del estado de alarma que sentimos, personalmente tuve un momento de serenidad y me pareció ver la imagen de mi abuelo en cuerpo entero pero muy pequeño, como una figura en miniatura, sobre la almohada de ese lado de la cama, el lugar donde había dormido durante muchos años mi hermana menor, la de la fotografía. De alguna manera podía percibir que sobresalía la imagen del rostro de mi abuelo y que me decía: "Cuida mucho a mi nietecita", a modo de encargo y preocupación con la que él se había quedado. Pude comprender que tuvo la necesidad de llamar nuestra atención tirando la fotografía de mi hermana tres veces, pero en la tercera tuvo que romper un cristal para hacerse más manifiesta su petición.

Seguramente aún no comprendíamos el significado de la insistencia sobre la fotografía de mi hermana. De no ser por esa visión que tuve de mi abuelo, no habría percibido el mensaje. Quedaría quizá como advertencia de algo muy negativo contra mi hermana. Incluso puedo decir que no pude más que intuir que se trataba de eso y no pude discernir más en ese momento. Mi abuelo, como homeópata y quiropráctico, sabía que mi hermana padecía algo serio... Ella sufría epilepsia desde los dos años, pero solo se le había diagnosticado epilepsia como mal mayor y recibía tratamiento anticonvulsivo... Continué mis estudios de Medicina y siempre tuve un interés particular en el caso de mi hermana, que asociaba a esa "voz" interior de mi abuelo.

Fue en 1985 cuando, estudiando para un examen de selección de aspirantes a una especialidad médica, pude reconocer la enfermedad de mi hermana reuniendo todos sus síntomas. Se trataba de la enfermedad de Bourneville o esclerosis tuberosa, pero en una variante sin retraso mental. Eso permitió prever una complicación que años más tarde aparecería, el síndrome de Wünderlich, el cual pudo tratarse con embolización de arterias anómalas en su riñón derecho, afectado por angiomiolipomatosis».

¿Cuál es el factor que convierte el simple fallo de un aparato electrónico o eléctrico (o cualquier otra manifestación física inexplicable) en un acontecimiento significativo para los receptores? Todos nos encontramos de vez en cuando con dispositivos que funcionan mal y los reemplazamos por un modelo más reciente sin pensarlo dos veces, o escuchamos ruidos nocturnos que no identificamos, pero a los que no les damos importancia, por mencionar solo dos casos. Estas son las pequeñas molestias de la vida cotidiana y, sin embargo, a veces los receptores les confieren un significado y las interpretan como un signo, una advertencia o incluso como un mensaje de amor más allá de la muerte. ¿De dónde viene esta convicción inmediata? Obviamente, son las *emociones* asociadas con estos sucesos banales las que les dan todo su significado. Los receptores sienten la presencia del familiar o amigo fallecido y perciben su *intención*, que interpretan como una expresión de amor, un deseo de consolarlos en su dolor o la transmisión de información crucial.

El siguiente relato describe el mal funcionamiento de un portal que de repente adquiere un significado inesperado. Nuestra entrevistada habla de un «sentimiento de energía», que otros podrían llamar «una presencia», que transforma este suceso en un mensaje significativo, capaz de cambiar el curso de su vida:

«Es una tarde de verano. Son alrededor de las cinco de la tarde cuando mi compañero, con el que tengo una relación tormentosa desde hace varios años y que ya no vive en casa, llega a mi casa por enésima vez para hablar. Esta persona ya no está del todo en mi vida, pero se niega a irse definitivamente, lo cual crea una situación muy dolorosa para mí. Estamos en mi patio trasero. Cuando decide irse han pasado unos veinte minutos. El clima es agradable y despejado, no hay viento ni brisa ese día. Entonces se sube al coche, abre la ventana del lado del conductor y continuamos nuestra conversación. Él desplazándose lentamente y yo junto a él a pie. La gran puerta de entrada ahora está frente a nosotros. Es de madera. La hoja izquierda está cerrada y la derecha está abierta, atada al tronco de un ciprés mediante una cuerda que rodea el tronco varias veces y termina en un nudo marinero. Una vez más quiero aclarar que, a pesar de vivir en una región ventosa del sureste de Francia, el clima ese día es muy tranquilo, caluroso, no hay brisa y brilla el sol. De repente, cuando el coche está a pocos pasos del portón, la hoja derecha se desprende en una fracción de segundo y se cierra con tanta violencia que pasa por encima del parachoques con un estruendo. Ambos nos quedamos en *shock* por lo que acabamos de presenciar. Él, muy asombrado, ríe nerviosamente y me pregunta qué acaba de pasar. No tengo una explicación lógica, ya que lo único que podría haber explicado lo sucedido hubiera sido una fuerte ráfaga de viento.

Siento una atmósfera especial en ese preciso momento. Tengo la sensación de que la energía fluye a nuestro alrededor a toda velocidad. Luego nada. Todo se calma y mi compañero se va tras haber conseguido, no sin dificultad, pasar la hoja derecha de la puerta por el lado derecho del parachoques.

Siempre he pensado que ese día mi abuela, que había muerto hacía veinte años, había venido a decirle a mi expareja que ya no era bienvenido en mi casa. Mi abuela fue una mujer fuerte que había sufrido mucho por los hombres durante su vida. No conocía bien a mi abuela porque ella murió cuando yo solo tenía quince años, pero nunca me sentí tan cerca de ella como ese día. Mi expareja era una persona tóxica, y vi lo que pasó con el portal como una señal de protección de ella; una señal que significaba que no lo dejara entrar más en mi vida, y para él, que me dejara definitivamente».

El abanico de VSCD que se manifiestan a través de los fenómenos psicocinéticos es amplio:

«Fue hace 18 años, cuando comencé a estudiar Psicología. Fue el día antes del inicio del año escolar. Estaba sentada en mi cama, con el cuaderno de notas en las rodillas haciendo márgenes para no perder tiempo haciéndolos durante las clases. Escuché un ruido extraño detrás de mí. Me di la vuelta y vi mi cajón abrirse; dentro estaba guardado el reloj de mi difunto abuelo. Me sorprendí mucho, salí de la habitación y una corriente de aire frío me atravesó. Entendí el mensaje: "No tienes nada que temer". Desde entonces, no tengo dudas sobre la vida después de la muerte».

Este relato se refiere a un aparato de música. El elemento material, el cedé que se colocó de forma inexplicable en el aparato, es típico de este tipo de VSCD:

«Mi suegro falleció. Habíamos acordado que daría una señal del más allá si fallecía (estaba enfermo del corazón, recién operado). Una tarde me arreglaba para salir cuando mi reproductor de cedés se puso en funcionamiento solo, estando apagado, y se oyó una composición de Bach cuyas voces cantaban «Jesús, ten misericordia de mí». Tuve que apagarlo al cabo de un rato y dentro encontré el cedé, que yo no había puesto. Otra noche se desconectó un enchufe del salón que no se puede sacar sin hacer un gran esfuerzo».

El sonido percibido de una caja de música desencadenó una hermosa experiencia:

«Era la noche anterior a mi cumpleaños y, por alguna razón, le pregunté a mi madre, en mi cabeza: "¿Qué me vas a regalar por mi cumpleaños? Tiene que ser algo muy especial teniendo en cuenta que estás muerta" y al instante pensé: "¿Por qué acabo de decir esto? ¡Qué cosas tan extrañas se me ocurren!". Entonces entré en mi habitación y me tumbé en la cama dispuesta a dormir. Mientras aún estaba despierta y con los ojos abiertos, escuché el sonido de una caja de joyería de música que tenía cuando era niña. Sonaba de forma muy clara, como si estuviera sonando en mi habitación, pero físicamente no estaba en mi cuarto. Entonces sentí que mi corazón se expandía hasta el otro lado de mi habitación; es difícil de explicar, pero es como si pudiera sentir mi corazón latiendo más de lo que soy capaz de sentir en mi pecho, pero además como si también estuviera en el otro lado de la habitación al mismo tiempo, ¡y todo el espacio intermedio! Y me inundó una serie de imágenes (tenía los ojos abiertos y podía ver mi habitación al mismo tiempo) de recuerdos de momentos con mi madre muy felices, los cuales había olvidado completamente. Veía imagen tras imagen esos momentos felices, como una presentación de diapositivas. Fue realmente hermoso y sentí que era un regalo de mi madre, como si estuviera conmigo».

Un juguete es el vector de las dos siguientes experiencias:

«Mi padre falleció en septiembre del 2002. A principios de noviembre del 2002, cuando me invitaron al cumpleaños de mi sobrino de un año, dije con lágrimas en los ojos: "¡Qué lástima que papá no esté para el primer cumpleaños de su nieto!". Justo cuando estaba terminando la frase, un juguete musical de mi sobrino que ya no funcionaba comenzó a sonar. En ese momento, nadie estaba cerca del juguete y nadie lo tocaba. Mi cuñada me confirmó que el juguete no funcionaba desde hacía un tiempo. Entonces supe que mi padre quería hacerme entender que él estaba con nosotros».

«La noche siguiente al funeral del hijo de una amiga (que murió con ocho años), un juguete de mi hijo que ya no funcionaba se encendió solo (alrededor de las 2:00, cuando mi hijo dormía profundamente). Este coche de control remoto no funcionaba desde hacía meses, y el hijo de mi amiga, a menudo había querido jugar con él».

Los **televisores** son a veces los vehículos de las VSCD psicoquinéticas:

«Mi único hijo murió en un accidente a los 25 años. Varios meses después de su muerte, me despertaba con frecuencia por las noches. Una noche me levanté alrededor de la una de la madrugada para beber un vaso de agua, mi marido ya estaba en la cama y solo había el silencio de la noche. Una hora después me desperté de nuevo, me levanté y escuché el sonido de la televisión, que estaba encendida. ¿Cómo se pudo encender sola? Extraño. Solo yo me había levantado, y me eché a reír porque estaba convencida de que era mi hijo fallecido quien la había encendido y dije: "Gracias, mi ángel"».

«Unos meses después de la muerte de mi madre, la televisión se encendía sola por la noche. No era todas las noches ni a la misma hora, pero siempre de noche. No había reloj despertador ni temporizador en la televisión. Esto sucedió cinco o seis veces en un mes».

Las VSCD que se manifiestan a través de un **teléfono móvil** son frecuentes. Los receptores notan un aparente mal funcionamiento de su teléfono móvil antes de que se produzca el contacto. A veces, el teléfono (fijo o móvil) suena y, cuando el receptor contesta, oye la voz del fallecido comunicando un mensaje o incluso puede establecerse una comunicación bidireccional. El componente físico de este tipo de contacto (el timbre del teléfono) es un elemento interesante a tener en cuenta. A veces la comunicación se establece de forma indirecta, por ejemplo, una persona llama a una empresa o a una administración y, cuando ha elegido el número del servicio interno con el que desea ponerse en contacto y empieza la música de espera, esta es interrumpida por la voz del fallecido, que transmite un mensaje. Entonces se reanuda la música de espera.

El siguiente caso se refiere a un teléfono público:

«Dos semanas después de la muerte por suicidio de mi hija fui a una cafetería a la que ella siempre iba para tomar café. Yo iba a pedir lo mismo y decirle: "A tu salud, cariño". Cuando aparqué el coche y pasé por delante de la cabina telefónica de la calle, el teléfono empezó a sonar. Yo tenía la certeza de que era para mí, pero me negué a responder al teléfono. Sonó y sonó y sonó y cualquier persona normal ya habría colgado. Dije "No" y entré en la tienda. Justo cuando salí con mi café y pasé por delante del teléfono, este volvió a sonar. Después de unos quince timbres y de que todo el mundo en la concurrida cafetería lo ignorara, finalmente descolgué. La línea sonaba abierta, con un ruido y un eco, no puedo explicar el ruido, pero sonaba vacía. Dije: "Ha llamado a un teléfono público" y la voz de mi hija respondió: "Hola". Me fui a mi coche, me apoyé en la puerta y lloré».

Este contacto se produjo a través de un teléfono móvil:

«Perdí a mi papá el 8 de agosto de 2017 por cáncer. Lo acompañé hasta el final. Yo estaba muy unida a él. Unos días después de la ceremonia y la cremación, estaba hablando por teléfono móvil con mi tía. Cuando entré en casa de mi padre, aparecieron de repente unas interferencias que hicieron que la comunicación fuera difícil de escuchar. Se oyeron unos silbidos muy intensos con interferencias en la línea durante tres o cuatro minutos. No podía escuchar a mi tía. El silbido y las interferencias cesaron de repente cuando se oyó una respiración fuerte y rápida a través del teléfono. Pregunté quién estaba en línea, pero no obtuve respuesta, solo aquella respiración que volvió varias veces durante este suceso. Conocía esa respiración porque mi padre había respirado así, de forma rápida y entrecortada unos días antes de morir. Me atrajo esta respiración, pero también me asusté. No quería colgar, aunque estaba temblando, así que abrí la persiana porque la casa estaba oscura, y luego se terminó. La comunicación con mi tía volvió a ser fluida. Por su parte, mi tía escuchó el silbido y agua corriendo, y el sonido del chapoteo del agua (las cenizas de mi papá habían sido arrojadas al mar dos días antes). Desde entonces, pienso en este suceso muy a menudo».

Estas apariciones luminosas fueron apoyadas por otro medio, el teléfono móvil, como para reforzar el significado de las manifestaciones iniciales:

«El día en que murió mi hermana, por la noche, vi una esfera de luz blanca suspendida en el aire en el dormitorio. Estaba relajada. Al día siguiente, también por la noche y en el dormitorio, vi varios destellos de luz azul. Fue entonces cuando me asusté y llamé a mi novio para que viniera a mi casa. Cuando llegó, le pedí que me prestara su teléfono móvil para revisar mis correos electrónicos. En cuanto abrí la aplicación de correo electrónico, un correo de mi hermana de hacía dos meses se abrió solo, sin que yo tocara nada. Estaba de viaje y decía que todo iba de maravilla. Entonces el mensaje de correo electrónico se cerró solo, los iconos de la pantalla del móvil desaparecieron, la pantalla se quedó en negro y el móvil se reinició. Atónita, busqué una explicación técnica de lo que había pasado, pero no la encontré. Mi novio me dijo que probablemente era un mensaje de mi hermana fallecida».

Este testimonio describe todo un escenario que tuvo que ser implementado antes de que pudiera tener lugar el contacto:

«Acompañé en el final de su vida a un anciano con quien había establecido un vínculo emocional y mucha complicidad. Un día fui a visitarlo, pero acababa de fallecer. Más allá de la tristeza, mi mayor pesar en ese momento fue pensar con todo mi corazón: "Dios mío, tenía tantas ganas de despedirme de él... ¡Se fue sin que pudiera despedirme!". Unos días después tuvo lugar el funeral, al que había planeado asistir. Mientras me preparaba para irme, dudaba entre llevarme el teléfono móvil o no. Recuerdo sentirme molesto por mis dudas, yendo y viniendo, diciéndome a mí mismo "Me lo llevo", y luego "No, no me lo llevo». Esta duda me resultó inquietante, pues nunca llevo el teléfono a un funeral, porque tengo demasiado miedo de que comience a sonar en medio de la ceremonia, ¡así que esta pregunta ni siquiera debería haber surgido! Finalmente decidí llevármelo, lo guardé en el bolsillo apagado (y recuerdo haber comprobado que estaba apagado), y lo dejé en la guantera del coche. Pero cuando fui de casa al coche me lo dejé en el bolsillo, sin pensar más en el tema porque con tantas vacilaciones me había retrasado. Antes de bendecir el féretro, me detuve a saludar y abrazar a la familia, luego caminé frente al féretro, el director de la funeraria me pasó el cepillo de bendición y, justo cuando levanté el brazo para empezar a bendecir el cuerpo, escuche un bip proveniente de mi teléfono, ¡como si hubiera recibido un mensaje! Me dije a mí mismo: "¡Oh, maldición! ¡El teléfono!" y me apresuré a sentarme. Entonces, discretamente, quise apagar el móvil, ¡pero el teléfono estaba apagado! Más allá de las palabras, que no pueden expresar lo que sucedió ese día, es el sentimiento que tuve en el fondo de mi alma lo que me hizo comprender que este señor, por quien sentía mucho cariño, me decía en ese momento lo que tanto había querido decirle: "Adiós y gracias". Me encontré sonriendo y en paz».

Este testimonio describe la inexplicable visualización de una foto en un teléfono móvil:

«Después de hacer cuatro fotos de mi coche con mi teléfono móvil, vi que en una de ellas había una persona en el vehículo. Mirando de cerca la foto, reconocí de inmediato el rostro de mi padre al volante de mi coche, y que parecía sonreír en una ligera niebla. Mi padre había fallecido a finales de diciembre del 2017, a la edad de 88 años. Le gustaban mucho los coches, era su pasión, y su cara era la misma que cuando murió».

Una foto se abrió paso en una pintura, sin que la artista lo supiera y para su asombro:

«En la última conversación con mi padre, que murió hace siete meses, quiso que le hiciera un cuadro de resina, que es un medio muy fluido y que no permite ningún arte más que el abstracto. Falleció antes de que yo pudiera hacer el cuadro. Después de muchas VSCD, incluida una en que mi teléfono llamó solo en mitad de la noche, a mi proveedor de resina, me puse manos a la obra. Después de tres días de trabajo en este cuadro destinado a mi difunto padre, lo di por terminado y lo coloqué a distancia para verlo en su conjunto y decidir dónde colocar mi firma. Retrocediendo unos pasos me tambaleé; el retrato de mi padre estaba en el cuadro... No cualquier retrato, sino una foto muy específica, que era la que usaba como identificador en sus correos electrónicos y que mantuve cerca de mí. Era como si la foto se hubiera deslizado bajo la resina. Tenía la pintura enmarcada, sabía que tenía que quedarme con ella y la colgué en casa. Mi marido, mis hijos y todos mis familiares que conocieron a mi padre lo ven siempre [en la pintura]».

Otra forma de expresión de los contactos espontáneos con una persona fallecida son las denominadas «**VSCD de protección**», que se producen en situaciones de crisis o de peligro inminente y tienen como resultado evitar un acontecimiento dramático, incluso potencialmente mortal, como un accidente, un incendio, una agresión, un ahogamiento, etc. Hay informes de niños pequeños en peligro que se salvaron in extremis gracias a una alerta transmitida por diferentes tipos de VSCD. A veces, problemas de salud no diagnosticados fueron identificados a tiempo gracias a la VSCD.

Estas experiencias no se producen cuando la persona afectada ya ha identificado el peligro. Por ejemplo, no vivirá este tipo de experiencia quien haya comprendido que su casa está en llamas y corra en busca de un extintor o esté llamando a los bomberos. Estas VSCD no sirven para *gestionar* una situación de crisis, sino para *tomar consciencia* de la misma.

A continuación, una ilustración de una VSCD de protección:

«Estaba cruzando una calle descuidadamente, inmersa en mis pensamientos. Sentí como si una mano me tirara hacia atrás cuando un vehículo me iba a golpear. Atribuí esta mano a la de mi marido, que murió un año antes».

El siguiente testimonio describe una situación muy similar de peligro inminente que fue evitada por poco. A diferencia del caso anterior, nuestro participante no pudo identificar al fallecido que, supuestamente, estuvo en el origen de este suceso:

«He sido apartada físicamente del peligro por alguien en espíritu. Estaba muy cansada y casi me puse delante de un coche con mi hijo pequeño en el cochecito. El ente invisible nos hizo retroceder y habría sido catastrófico si no lo hubiera hecho. Esto ocurrió hace 17 años».

Una advertencia durante el sueño no fue suficiente y, al parecer, fue necesaria una segunda intervención para evitar un desenlace dramático para esta encuestada:

«Varios años después de la muerte de mi madre, soñé con ella una noche. Ella estaba muy presente, la podía sentir cerca. Parecía muy alarmada y me decía que estaba preocupada por mí porque tenía miedo de que yo tuviera un accidente de moto (voy en motocicleta o en coche). Le decía que siempre tengo cuidado, y así es (en cuarenta años conduciendo motos, cero accidentes). Pero ella insistía, repitiéndome que estaba preocupada a pesar de mi respuesta. El contacto terminaba ahí. Unos días después, por la mañana, fui a una reunión de trabajo que me hizo tomar un camino diferente. Me dirigí al aparcamiento donde dejo mi moto y mi coche, y que está a cinco minutos de mi casa. Cuando llegué, me di cuenta de que me había equivocado (esto nunca me había pasado), pues había agarrado las llaves del coche en lugar de las de la moto. Por lo tanto, me vi obligada a volver a casa y luego al aparcamiento, lo que me hizo perder diez minutos. Luego tomé la carretera hacia mi destino, y a unos kilómetros de distancia, en un cruce conocido por ser muy propenso a los accidentes, había habido un accidente en cadena muy grande que ocupaba todo el ancho de la carretera. Ese accidente acababa de ocurrir, probablemente diez minutos antes; los diez minutos que había perdido para ir a buscar mi llave. Esa mañana, no sentí la presencia de mi madre, pero estoy segura de que fue ella quien creó este inusual error en mí para retrasarme y salvar mi vida».

El siguiente testigo recibió dos advertencias de su difunto abuelo, una de las cuales fue de suma importancia. Dice que dejó su cuerpo momentáneamente durante estos encuentros, durante lo que quizá fue una experiencia extracorporal (EFC). Escéptico al principio, nuestro entrevistado pudo verificar de inmediato la veracidad de la información percibida:

«Perdí a mi abuelo en diciembre del 2009. Teníamos una relación muy cercana y su muerte me afectó mucho. Me acababa de mudar a una casa que él nunca había visto porque había estado hospitalizado el día antes de mi llegada a esa casa. No sabía nada de ella (esto es importante para el resto de mi relato). Cinco días después de su muerte recibí la visita de mi abuelo mientras dormía. Estábamos en un lugar magnífico, indescriptiblemente bello, y experimenté un baño de amor y benevolencia. Me decía que quería comunicarse conmigo para apoyarme en mi proceso de duelo y ayudarme a desarrollar un don extrasensorial, pero ese no es el tema. Siendo de carácter escéptico y pensando que estaba soñando, le pedí pruebas de su presencia y de la veracidad de nuestro intercambio. Me sonrió y con aire divertido me dijo que tuviera cuidado con mi caldera, que una tubería no estaba aislada del frío y que podría tener problemas el próximo invierno. (Mi abuelo era técnico de calefacciones.) Cuando me desperté, entendí que no había sido un sueño porque recordaba todos los detalles de nuestro intercambio. Diferencio claramente entre un recuerdo real como nuestro intercambio y el recuerdo vago de un sueño que se evapora con el tiempo. Aún escéptico, decidí revisar mi caldera, que nunca antes había inspeccionado. Tuve que tumbarme en el suelo del garaje para mirar debajo del tanque de agua caliente y me di cuenta de que una de las tuberías de agua no tenía manguito aislante. Me quedé en *shock* porque al instante comprendí que realmente me había comunicado con mi abuelo. Nunca había mirado debajo de aquel tanque de agua caliente, por lo que puedo excluir haber construido este encuentro a partir de recuerdos».

[Durante otro contacto] «De repente me detuvo en nuestra conversación para decirme que fuera a ver a mi hijo (tenía tres meses), que estaba durmiendo en la habitación de al lado, porque tenía un objeto en la boca y que podría ahogarse. Al instante volví a encontrarme en mi cuerpo. Desperté a mi esposa para compartir esta información con ella, a la que no había contado nada sobre mis conversaciones con mi abuelo. Fuimos a ver a nuestro hijo que, efectivamente, tenía en la boca una parte de un juguete móvil que suele estar suspendido por encima de él. Lo tenía en la boca con riesgo de asfixia».

La siguiente experiencia sugiere (como todas las VSCD de protección) que nuestros seres queridos fallecidos nos vigilan en todo momento e intervienen cuando es necesario para advertirnos de un peligro potencial o incluso inminente. Nuestra encuestada apenas conocía a su abuela porque era una niña cuando falleció, pero parece haberla salvado de un serio problema durante este intrigante suceso:

«Hace cinco años, yo estaba trabajando en una cantera. Era viernes al final del día y yo era responsable de cortar varios bloques de piedra para una obra que debía comenzar el lunes. Mi cliente me presionó mucho para terminar este pedido antes del fin de semana. Para ir más rápido, decidí usar un molinillo grande en lugar del pequeño (no soy muy alta y, siendo mujer en esta profesión, algunas herramientas no se adaptan a mi tamaño). Para ir aún más rápido, decidí no mover las piedras a mi encimera y empecé a trabajarlas directamente en el lugar donde estaban, a nivel del suelo. Me encontraba en una posición muy incómoda, con una máquina en mis manos que cuando se pone en marcha me hace dar un paso atrás de lo potente que es, y con el estrés del tiempo que pasaba y el cansancio acumulado de la semana. Hacía mucho calor y había mucho polvo, lo cual podía verse en mi cara y en mi pelo, que estaban tan blancos de polvo como el espacio de mi taller; no se veía a más de un metro de distancia. Fue entonces cuando recibí un mensaje muy claro de mi abuela materna, que falleció cuando yo tenía dos años (no tengo ningún recuerdo consciente de ella). Este mensaje decía que dejara ese molinillo, que me calmara y que, si este pedido no estaba listo, no importaría. ¿Cómo podía pensar en mi abuela, a quien ni siquiera conocía, en ese momento? Para mí, el mensaje fue tan claro que paré mi máquina en el acto, me quité la mascarilla protectora, los guantes y el casco de protección auditiva, y me quedé sentada un rato, sorprendida por lo que acababa de pasar. Como un niño que hace algo estúpido y al que le dan una pequeña palmada en la nuca para que vuelva a poner sus ideas en su lugar. No conocí a mi abuela y, por lo tanto, nunca estuve de luto por ella. Con el ruido que había fue como si lo hubiera escuchado dentro de mi cabeza; algo así como cuando lo piensas, excepto que no vino de mí».

El siguiente relato es escueto, pero nos permite comprender el significado de esta advertencia percibida:

«Mi hermano me dio un golpecito en el hombro y me dijo que redujera la velocidad mientras conducía».

En esta VSCD también se ha evitado un potencial accidente automovilístico gracias a una advertencia:

«Nueve de la noche. Estaba conduciendo por un camino rural en invierno, acababa de terminar mi trabajo y estaba oscuro como boca de un lobo. La radio no estaba encendida. De repente, en mi oído izquierdo, escuché una voz que me decía muy tranquilamente: "Cuidado, hija, a la derecha". No conducía muy rápido, pero frené un poco de todos modos y, unos veinte metros más adelante, a la derecha, dos grandes vacas negras cruzaban la carretera. Eran tan oscuras como la noche y no podría haberlas distinguido. No puedo explicar por qué sé que fue mi papá que había fallecido unos meses antes, pero más allá del hecho de que siempre me decía "hija" cuando me hablaba, sé que era él. Las lágrimas vinieron a mis ojos. Tras su muerte siempre lo sentí muy cerca de mí, y realmente me ayudó mucho en mi dolor, pues para mí simplemente se encuentra en otro nivel».

En este caso no fue el accidente automovilístico lo que pudo evitarse con la VSCD de protección, sino sus consecuencias potencialmente graves:

«Mi padre falleció en abril del 2005. Al mes siguiente cumplí 18 años, me saqué el carné de conducir y compré mi primer coche. Menos de una semana después, tuve un accidente de coche muy grave. Cuando perdí el control del vehículo, tuve la visión de dos manos empujando fuertemente mi tórax y fijándome al asiento del coche durante el vuelco del coche sobre el lado izquierdo de la carretera. Estas dos manos eran las manos de mi padre, con sus dedos ásperos y grandes. La sensación sigue siendo distinta catorce años después. En aquella ocasión pude salir ilesa del accidente, con solo una cicatriz en la mejilla izquierda (las ventanas se rompieron durante los choques), pero ningún otro hematoma, ni laceración del cinturón de seguridad o rigidez en las vértebras cervicales, para asombro de los bomberos y médicos que me examinaron tras el accidente».

El siguiente relato es interesante: nuestra encuestada solo hizo un uso parcial de una advertencia percibida. Por lo general, los receptores siguen las recomendaciones percibidas durante la VSCD y renuncian a la acción que podría ponerles en peligro, por lo que nunca sabrán si el suceso perjudicial se habría producido realmente. En el siguiente caso, sin embargo, nuestra participante solo tuvo en cuenta parte de la advertencia y el accidente anunciado se acabó produciendo:

«Antes de un accidente de coche, recibí un mensaje en mi cabeza: "Vas a tener un accidente". Fue muy impactante. Debido a este mensaje no llevé a mi hija en el coche, pero yo tuve este accidente tan grave. Si hubiera escuchado la vocecita… El coche quedó destrozado y yo sufrí serias heridas. No sé quién me advirtió».

También en este caso, varias advertencias no fueron suficientes y fue necesaria una intervención más sustancial…

«Una de las experiencias más impactantes que tuve en relación con mi difunto marido ocurrió hace unos tres meses. Me desperté por la mañana y lo sentí justo a mi lado, en el lado izquierdo; una ligera brisa fresca parecía acompañar su presencia. Nunca veo las cosas con mi ojo físico, es una sensación en el ojo de mi mente, por así decirlo. Aquel día me advirtió que tuviera cuidado, y mientras continuaba con las tareas de la casa, esta advertencia no me abandonó y sentí que todavía estaba muy presente. En cualquier caso, más tarde decidí empezar a pintar el techo de la cocina; un amigo se ofreció a ayudarme durante el fin de semana, pero yo quería empezar. Puse una silla en el suelo de la cocina para subir, pero no podía llegar a la zona que quería pintar, así que decidí subirme con las manos a la tabla que hay junto al fregadero de la cocina (lo que me permitía llegar al techo). Extendí papel sobre la tabla, para evitar que resbalara, y empecé a pintar con un pincel. Una vez más, sentí que mi marido estaba cerca y me dijo que lo dejara, pero le contesté mentalmente que solo haría una pequeña zona. Pinté durante un rato, pero me cansé mucho, y cuando estaba a punto de terminar, me resbalé y me caí. Pensé "¡Oh, no! Esto va a acabar mal", y entonces me pareció perder casi el conocimiento durante unos segundos y de repente sentí que dos manos me levantaban y me dejaban caer literalmente sobre la silla, en posición vertical. Estuve desorientada durante un rato y, por supuesto, un poco en estado de *shock*, pero cuando me sentaba en la silla supe que los brazos eran de mi difunto marido, y que me había evitado lo que podría haber sido una caída muy fea. Para que quede más claro, yo estaba de lado en la tabla junto al fregadero mientras pintaba, y no es posible que terminara sentada directamente en la silla, teniendo en cuenta que la silla estaba bastante lejos. Me dolió un poco cuando aterricé en la silla (debido al fuerte impacto), pero no tuve ninguna secuela. Me quedé sentada en la silla durante un rato, ya que no podía asimilar del todo qué había sucedido, pero me di cuenta de que mi marido había intentado advertirme desde que me había levantado y luego intervino para mantenerme a salvo. Más tarde, por la noche, reviví toda la experiencia y me quedé aún más impresionada y maravillada por cómo se habían desarrollado las cosas ese día. Ni que decir tiene que se lo agradecí muchísimo a mi marido.»

Bajo la denominación de «**VSCD prácticas**» se reúnen las experiencias en las que los difuntos parecen dar una información a sus familiares o amigos de la que no tenían conocimiento previo. Por lo tanto, estos contactos entran en la categoría de las VSCD probatorias. Esta podría ser la ubicación de un libro de registro de familia, una póliza de seguro de vida suscrita sin el conocimiento de los familiares, unos valores de inversiones bursátiles que se mantuvieron confidenciales u otros documentos que los familiares necesiten con urgencia. Estos contactos pueden ocurrir cuando el receptor busca frenéticamente un documento que no puede localizar o, por el contrario, cuando no sospecha nada.

Nuestra recopilación de datos solo contiene unos pocos casos de este tipo. Este relato es interesante: nuestra encuestada no se fiaba de su percepción, cuya veracidad, sin embargo, ha sido confirmada por su hermano, que no estaba al tanto de este suceso:

«Mi padre y yo tuvimos una relación muy estrecha durante su vida. Unos días después de su fallecimiento, mi hermano y yo estábamos buscando los papeles de registro de su coche, que íbamos a vender al día siguiente. Los papeles no se encontraban donde se suponía que debían estar: en una caja fuerte donde mi padre guardaba todos los documentos importantes. Mientras buscaba en esta caja fuerte, encontré un archivo que llevaba mi nombre y en el que mi padre había guardado cuidadosamente todos los documentos que me pertenecían. Sentí una ola de amor y ternura hacia él cuando los descubrí y fue entonces cuando sucedió: de repente lo vi, una imagen en mi cabeza. Llevaba un suéter azul marino y se rascaba la cabeza, diciendo en voz alta: "¡Estás mirando en el lugar equivocado! ¡Los papeles del coche están en el bolsillo de la funda de mi ordenador portátil!". Y la visión desapareció. No estaba asustada porque era una imagen que estaba allí y al mismo tiempo no estaba allí, pero mi mente racional prevaleció y decidí no mirar donde él me había indicado. Además, como estábamos en el apartamento de mi hermano, pensé que el bolsillo de la funda del ordenador era de mi hermano y que no había forma de que hubiera documentos de mi padre allí así que salí sin buscar en el lugar. Unas horas más tarde mi hermano me llamó: "¡Por fin los encontré! ¡Estaban en el bolsillo de la funda de su ordenador portátil!". Me quedé en *shock*. "¿Pero no es tuyo?" "No. Por cierto, ¡compró el mismo que yo porque le parecía que estaba de moda!". Sonreí y le hice a mi papá un guiño de complicidad. Sabía que me estaba viendo…».

En el caso de una **VSCD para una tercera persona**, el receptor, que no está de duelo por el fallecido percibido o ni siquiera lo conocía, recibe una comunicación destinada a una tercera persona que está de duelo. Los mensajes a transmitir suelen informar al destinatario de que el fallecido está vivo y bien. No siempre es fácil para los receptores transmitir el mensaje percibido, ya que esta misión que se les ha encomendado está totalmente desfasada respecto a los procedimientos aceptados en nuestra sociedad. Tengo un caso en mente de una mujer que me escribió para contarme sobre una VSCD en la que su vecino fallecido le pedía que le informara a su viuda de que todo estaba bien para él y que ya no debía estar tan triste. Le parecía inconcebible ir a tocar el timbre de la puerta de su vecina, a quien apenas conocía, para entregar el mensaje. Después de algunos intercambios de correos electrónicos, mi corresponsal encontró el coraje para ir a ver a su vecina, quien recibió su mensaje con gratitud y alivio.[46]

¿Por qué los fallecidos no contactan directamente con los destinatarios de su mensaje? No lo sabemos, claro, pero se podría suponer

---

46. Correspondencia privada, agosto de 2019.

186 • CONTACTOS ESPONTÁNEOS CON UN FALLECIDO

que el contacto directo no fue posible, por el motivo que sea, y que el difunto se manifestó a alguien que pudiera percibirlo.

Las VSCD para una tercera persona ocurren con relativa frecuencia en el contexto de una muerte súbita, por ejemplo, una muerte accidental, cuando el fallecimiento fue inesperado y un último adiós, imposible.

Este fue el caso en el testimonio que sigue:

«Se me presentó un hombre fallecido en accidente de camión. Él no había creído en vida en estas cosas, pero necesitaba dar un mensaje a su mujer... Fue muy emocionante, sobre todo para ella, que después de recibir el mensaje me dijo que le había ofrecido el mejor regalo posible».

Un accidente automovilístico fue el origen de la siguiente experiencia:

«Recibí un mensaje de un amigo de mi hijo, que había muerto en un accidente de coche, pidiéndome que le dijera a su madre que ella no lo culpara, que tenía que irse y que estaba feliz y en paz».

En los casos dolorosos de suicidio, los fallecidos a veces parecen recurrir son cierta urgencia a una tercera persona para que les entregue un mensaje a sus allegados:

«Necesitaba explicar por qué había tomado esa decisión fatal y disculparse con su madre».

«Debía escribir a su hijo para explicarle por qué lo había hecho».

Las **VSCD simbólicas** son experiencias sutiles que son acogidas por los receptores como una señal del fallecido y solo adquieren sentido mediante la *interpretación* que les dan. Aunque se trata de acontecimientos que el entorno suele considerar como simples coincidencias y no se toman en serio, son muy importantes para los receptores. La gama de VSCD simbólicas es amplia. Podría ser el comportamiento inusual de una mascota, de un pájaro o de un insecto, de nubes que se juntan en forma de corazón, de un rayo de sol que ilumina de repente un día sombrío o de cualquier otro suceso que ocurra en un momento significativo y que, a los ojos de los afligidos familiares o amigos, sea un mensaje de amor y apoyo que va dirigido a ellos.

Nuestra recopilación de datos contiene solo unas pocas VSCD simbólicas. Quizá la razón es que les pedimos a los encuestados que describieran solo la VSCD *más significativa* en caso de que hubieran experimentado múltiples contactos. Sabiendo que el 80 % de nuestros participantes han experimentado varias VSCD, muchos de ellos tuvieron que elegir entre sus experiencias. Es posible que hayan decidido describir su VSCD más impactante, sino la más espectacular, lo que de entrada descarta las VSCD simbólicas por su sutil naturaleza.

El testimonio que sigue tiene que ver con una mariposa, un tema recurrente para las VSCD simbólicas:

«Mi abuela murió tres horas después de haberla visto por última vez en el hospital. Mi madre me llamó para comunicarme su muerte. Yo estaba en mi turno de noche como conductor de ambulancia y, cuando me enteré de la muerte de mi abuela, me dirigí a una sala de conferencias vacía para estar a solas durante un rato. Esta sala no tenía ventanas. De repente, una mariposa vino volando hacia mí y se posó en mi hombro, donde permaneció un instante. Luego voló hacia un cuadro que estaba colgado en la pared (era un cuadro de la ciudad natal de mi abuela y mía) y se posó en él. Quise atraparla, lo que fue muy fácil. Simplemente la retiré del cuadro, me fui a otra habitación y la saqué por la ventana. Era una situación tan surrealista... No era verano, no había mariposas fuera y nunca antes una se había posado en mi hombro. De alguna manera sentí que aquella experiencia tenía que ver con mi abuela, que acababa de morir».

La percepción compartida de un arco iris surgido de la nada fue tranquilizadora para este afligido padre:

«Estaba de pie en el patio delantero fumando un cigarrillo con mi nuera (porque no fumamos en casa). Hablaba del hospital, de cómo creía que las enfermeras no habían prestado atención a mi hijo, y empezaba a desahogarme y a enfadarme mucho por los recuerdos de su última semana de vida, por lo que creía que eran errores evidentes en la atención que él había recibido. Era un día soleado, pero de repente cayó un chaparrón de la nada y, mirando a mi alrededor, pude ver que el cielo seguía azul. Y entonces apareció un arco iris justo delante de nosotros en la carretera. Se extendía desde la carretera hasta los árboles y tenía unos seis metros de altura; no era más alto, pues no estaba conectado a un arco iris en el cielo. Simplemente un arco iris se materializó frente a nosotros. Por un momento nos quedamos atónitos y en silencio, y luego mi nuera me miró y dijo: "James está aquí", y yo respondí: "Lo sé". Llevaba mi teléfono y lo grabé en vídeo y tengo fotos de ello. En mi mente era como si pudiera oír la voz de mi hijo diciéndome: "¡Cálmate! ¡Estoy bien!". Sentí su presencia y que quería que nos tranquilizáramos, que no fuéramos al lugar oscuro de nuestra mente donde estaban esos malos recuerdos. Fue increíble».

Los relatos anteriores lo ilustran muy bien: las VSCD simbólicas a menudo son tan sutiles que solo tienen sentido para el receptor. El testimonio que sigue me recordó las sabias palabras que me envió hace muchos años el profesor Allan Kellehear, sociólogo y especializado en salud pública, experto en el tema de la muerte, del proceso de morir y del final de la vida: «Puedes atribuir significado a cualquier suceso. La línea entre el autoengaño y el significado personal es estrecha, por supuesto, pero nunca dejes que otros decidan por ti. Solo tú sabes quién te ama. Y algunas cartas de amor son, y siempre serán, un código secreto. Algunos mensajes están destinados solo a ti. Incluso en la muerte».[47]

«Las primeras mañanas después de la muerte de mi esposo, estando yo sentada en su silla, su foto se iluminó en el aparador con un rayo de sol, bien centrado en su rostro. Duró unos diez días. En mi opinión había recibido una señal, y me sentí bien, aunque no me gustaba esa foto (se había tomado cuando ya estaba enfermo) y creo que a él tampoco. Puse otra foto y ya no volví a ver ese rayo de sol, ni los días siguientes, ni durante tres años».

Con esto concluye la presentación de las diferentes formas de expresión de las VSCD. Los relatos presentados en esta sección muestran claramente que estos contactos pueden producirse en una gran variedad de situaciones y adoptar muchas formas. Se adaptan al contexto de la vida del receptor, y la inventiva y creatividad de estos contactos son a menudo sorprendentes.

Los contactos expresados por una manifestación física inexplicable (las VSCD psicoquinéticas) son a primera vista acontecimientos bastante banales. Un objeto desplazado, un teléfono móvil que funciona mal, una foto del difunto encontrada en el suelo con el marco de fotos intacto, el equipo de música que se enciende solo y toca una melodía significativa… El acontecimiento es ciertamente inexplicable, pero no más inusual que otros acontecimientos extraños a los que no prestamos demasiada atención. Y, sin embargo, un acontecimiento aparentemente banal adquiere de repente un significado, se le asocia

---

47. Correspondencia privada, 2009.

un mensaje y se identifica al agente que está detrás, como en el caso de nuestra participante francesa, que interpretó el cierre no provocado e inexplicable de su puerta como un mensaje de su abuela fallecida que le aconsejaba excluir a su pareja de su vida para siempre, lo cual resulta sorprendente.

Con frecuencia, las VSCD de protección no solo son impresionantes, sino también muy importantes para los receptores, ya que se han salvado de un problema grave, o incluso de un desenlace fatal, gracias a ellas. En los casos en los que los receptores han hecho caso de la advertencia, no sabemos si el peligro anunciado se habría producido realmente. Sin embargo, en algunos casos, los receptores no hicieron uso de la advertencia, o solo lo hicieron en parte, y el acontecimiento peligroso anunciado durante la VSCD tuvo lugar, aunque a menudo mitigado, de modo que el receptor solo sufrió daños limitados.

Al igual que los testimonios presentados por tipo de VSCD en las secciones anteriores, los contactos en los que se percibe información desconocida para el receptor se encuentran entre los más notables, debido a su naturaleza probatoria. Las *VSCD prácticas* entran en esta categoría, permitiendo a los receptores verificar fácilmente, y a menudo al instante, la veracidad de la información.

En el caso de las *VSCD para una tercera persona*, los receptores no son los destinatarios directos, sino los mensajeros designados para entregar un mensaje a una persona afligida. Transmitir el mensaje al destinatario no siempre es fácil, ya que los receptores no saben cómo será recibido. De hecho, comunicar un mensaje de una persona fallecida no se considera un asunto trivial en nuestra sociedad occidental materialista.

Las *VSCD simbólicas* son experiencias sutiles que los receptores consideran señales del familiar o amigo fallecido y que solo cobran sentido a través de la interpretación que les dan. Aunque se trata de acontecimientos que el entorno suele considerar meras coincidencias y no se toman en serio, son muy importantes para los receptores, sobre todo si están de duelo. La forma de expresión de las VSCD simbólicas es amplia y suele basarse en un recuerdo compartido o en una preferencia del fallecido. Los animales (insectos, pájaros o mascotas) que parecen comportarse de forma inusual suelen ser considerados por los dolientes como mensajeros secretos y eficaces de su ser querido fallecido. A veces, los receptores confieren a los fenómenos naturales un significado simbólico, como la formación de un arco iris en un momento significativo que creen que está destinado solo a ellos. Los receptores se convencen entonces de que esas manifestaciones son signos dirigidos solo a ellos y el escepticismo imperante no puede disuadirles de atribuirles un significado.

Identificación de los difuntos

El 85% reconoció inmediatamente al difunto

¿Los receptores identifican al instante a los difuntos percibidos? ¿Incluso si solo sienten su presencia, sin verlos ni escucharlos, sin oler una fragancia característica y sin sentir un contacto físico? Preguntamos a los participantes si habían reconocido la identidad del fallecido «inmediatamente y al margen de toda duda» y la respuesta fue muy significativa ya que, de los 1.004 cuestionarios completados, **833** personas respondieron que sí. Alguna vez los receptores dicen que han percibido apariciones que no reconocieron. Más tarde, consultando un álbum de fotos, los identificaron, por ejemplo, como un bisabuelo o un amigo de la familia que había fallecido cuando ellos eran niños o aún no habían nacido, como se ejemplifica en el siguiente testimonio:

«Se aparecía de golpe y no lo reconocí hasta que busqué fotos y era él, ya que me resultaba un rostro conocido».

El siguiente relato (que ocurrió cuando nuestra participante era adolescente) ilustra la cuestión de la identificación:

Cuando tenía doce años, estaba acostada en la habitación de casa de mis abuelos y, durante una tormenta, me di la vuelta en la cama y vi enfrente de mí a una señora que estaba sentada en una cama del otro lado de la habitación. Esa mujer me miró y me decía que no se sentía bien, que la ayudara. Se parecía muchísimo a mi abuela materna, pero no era ella, lo sabía porque ya había visto en otras ocasiones a mi abuela fallecida y nunca la había visto de esta manera. Me asustó un poco porque su apariencia era muy triste y en su rostro había mucho dolor y seguía insistiéndome para que la ayudara. Yo me quedé petrificada y me tapé con las mantas, pero seguía escuchándola. Quise llamar a mi mamá para que viniera a buscarme porque cada vez me sentía más temerosa y, aunque lo intenté, no me salió la voz. Al cabo de unos cinco minutos, me decidí a salir corriendo al patio para ir hasta el otro lado de la casa donde se encontraba mi madre. Cuando me levanté, la mujer seguía sentada en esa cama y me miraba. Tomé impulso y abrí las celosías que me separaban del patio. Al hacerlo me encontré con mi mamá, que venía a verme porque le había parecido escuchar que la llamaba (vuelvo a aclarar que nunca pude llamarla porque la voz nunca salió de mi garganta). La abracé y nos fuimos a la cocina. Cuando le conté lo que había visto me dijo que la mujer que yo le describía era su tía, hermana de mi abuela materna, que había fallecido en ese lugar y en esa cama unos cinco años antes de que yo naciera».

Este testimonio describe una experiencia bastante desconcertante:

«Un hombre llegó a la tienda donde trabajaba con un traje de color claro. Le saludé, sin prestarle demasiada atención. Como no le vi volver, me dirigí a la parte trasera de la tienda para preguntar dónde estaba el hombre. Mis compañeras me contestaron que no había entrado nadie. Y, por alguna razón inexplicable, les dije que era un hombre muerto que había venido a verme. De camino a casa, sentí que alguien me seguía. Alguien estaba a mi lado o detrás de mí. Era un poco angustioso. Cuando llegué a casa, tuve una sensación extraña y comprendí "en mi cabeza", no sé cómo, que la persona que me había seguido era un señor mayor que había conocido y al que no había visto desde hacía varios años. Me decía que había muerto. Sentí que tenía que mirar las páginas de esquelas (algo que nunca hago) del periódico local y, efectivamente, había un anuncio de que este señor había muerto».

Sin embargo, a veces los receptores percibieron a una persona fallecida que realmente no conocían. ¿Cómo se puede imaginar un contacto con un fallecido desconocido? ¿Y cuál puede ser el significado? Los contactos con fallecidos conocidos sirven para tranquilizar y reconfortar a los receptores, como hemos visto en los testimonios presentados en las páginas anteriores. Pero ¿cuál podría ser el significado de un contacto con un difunto desconocido? Llevar consuelo al receptor no es la razón.

Se podría presumir que, en estos casos, son los *fallecidos* quienes necesitan el contacto con un ser vivo. ¿Quizá no se dan cuenta de que están muertos? ¿Quizá se encuentran en un estado de confusión, o sufrimiento, y buscan el contacto con los vivos, como si hubiera una necesidad urgente de materializarse donde sea posible, donde puedan ser percibidos, incluso por una persona desconocida? La pregunta permanece (por ahora) sin respuesta.

Los contactos con personas fallecidas desconocidas a veces son considerados por los receptores como incómodos, angustiosos o incluso aterradores. Como mínimo, estas experiencias sorprenden e intrigan. A diferencia de las VSCD que involucran a seres queridos fallecidos, cuyo beneficio es evidente, las VSCD con difuntos desconocidos son de una naturaleza completamente diferente, porque falta el vínculo de amor y cariño entre los fallecidos y los receptores que las hacen experiencias tan conmovedoras. En este capítulo, nos centraremos en las percepciones de las personas fallecidas desconocidas o identificadas de forma ambigua.

El siguiente caso, inusual por su duración y características, nos lleva por un camino diferente. Sugiere que este contacto era necesario no solo para la joven asesinada, sino también, y tal vez más importante, para su familia, que se quedó con tantas preguntas abiertas en relación con su muerte:

«Una tarde conducía tras haber visitado a mi hija mediana. Al acercarme a una rotonda, tuve frente a mí la aparición de cuerpo entero de una mujer joven. La visión era en color y "parecía" como si estuviera viva. Levantó la mano y me saludó. Aunque no la conocía, sabía su nombre de alguna manera (ella no me lo dijo; yo simplemente lo sabía). Cuando llegué a casa, le conté la experiencia a mi hija menor y busqué su nombre en Internet. Era una joven que había sido asesinada no muy lejos de esa rotonda. En el transcurso de los meses, seguí recibiendo imágenes y visitas de ella psíquicamente. Tomaba notas de lo que se transmitía. Unas veces era sobre las personas involucradas, y otras eran simples sentimientos o sucesos de su vida. Me conecté con otra mujer que era médium y luego con la familia de esta joven. Hablamos y compartí la información que me había dado sobre su asesinato. Esto continuó durante varios meses, pero los contactos con ella empezaron a terminar con la entrega de una gran flor naranja (en la visión). Esto no tenía sentido para mí, pero tomaba nota de todo lo que me transmitía y lo compartía con la familia (sobre todo con su padre). Acordamos encontrarnos en un restaurante, ya que él pasaba por mi ciudad. Cuando aparqué delante del restaurante y abrí la puerta del coche, en el suelo había una gran flor de color naranja, justo donde yo salía. No había estado allí antes de aparcar el coche, ya que la habría visto. La compartí con el padre. Muchas de las cosas que relaté fueron validadas como hechos conocidos sobre su asesinato, mientras que otras no han sido validadas todavía. Por desgracia, el caso de asesinato sigue sin resolverse por ahora».

En ocasiones, la identificación del fallecido percibido no es inmediata ni obvia y da lugar a interpretaciones, incluso preguntas:

«El 16 de julio del 2015, regresaba de un viaje a Bretaña con mi hija (vivo en Suiza). Conducíamos por la autopista, era alrededor de la una del mediodía, mi hija estaba leyendo y yo; no había estaba concentrado en conducir. El tráfico era muy fluido, nadie detrás de nosotros y solo un automóvil unos cientos de metros más adelante. Me acerqué a él y empecé a adelantarlo. Cuando estaba a unos veinte metros por detrás de este coche, en la vía de la izquierda, un movimiento a mi izquierda, proveniente del centro de la carretera, me llamó la atención. Giré la cabeza ligeramente en esa dirección y vi que esta forma era un hombre, de unos cuarenta años, con vaqueros, un suéter rojo, barbudo, cabello castaño y con una mochila negra atravesando la autopista. Frené bruscamente, moví el volante ligeramente hacia mi izquierda (a la derecha iba el coche que estaba adelantando) y solté un grito de exclamación; todo sucedió en uno o dos segundos, pero me pareció que eran minutos. Debido a mi rápida reacción y mucha suerte, no ocurrió ningún choque, lo que me confirmó que había evitado a ese hombre imprudente. Al mismo tiempo, miré por el retrovisor derecho y vi al hombre, de pie en el carril de emergencia, que me estaba saludando amistosamente, como diciéndome "La situación era peligrosa, pero crucé sin dificultad y puedes continuar tu viaje con tranquilidad", y se alejó.

Aún un poco desconcertado, le pregunté a mi hija, que tenía 13 años en ese momento, si había visto a ese hombre cruzar frente a nuestro automóvil. Ella me miró interrogante pero no respondió. Todavía había una sorpresa más, que luego se convirtió en una pregunta: "¿Dónde estaba el coche que estaba adelantando?". De hecho, no lo veía en mi espejo retrovisor y tampoco estaba frente a mí (la visibilidad era buena y el campo de visión se extendía más de un kilómetro), la carretera estaba vacía, estábamos solos.

Mientras estaba inmerso en mis pensamientos y preguntándome si había soñado o si acababa de tener una experiencia extraordinaria, continué mi viaje. Añado que el día de esta experiencia mi papá estaba en el final de su vida (yo no lo sabía en ese momento), moriría tres días después. Desde ese día, me he estado preguntando si esta aparición fue el alma de mi papá contándome su cercano paso al mundo invisible diciéndome: "Hijo mío, este cruce fue arriesgado, pero llegué sin daño, puedes seguir tu camino con el corazón tranquilo", o si había visto el alma de una persona desconocida (para mí) que tal vez había tenido un accidente fatal en ese lugar y que cruzó una puerta invisible exactamente en ese momento de mi paso. Lo único de lo que estoy seguro es de que no lo soñé, no aluciné, sino que simplemente experimenté una situación particular. Esto confirmó lo que creo (no soy para nada religioso ni me atrae ningún culto) de que hay algo detrás del espejo».

Esta VSCD visual, experimentada por una niña, fue muy perturbadora para ella, especialmente porque el padre no supo prestar atención ni apoyar a su hija:

«Yo tenía siete años, vivíamos en una casa, yo tenía mi habitación. Una noche me despertó un anciano de cabello gris y liso que me miraba sin hablar. Me sentí mirada...; dejo que imaginen mi miedo. Lo recuerdo como si fuera ayer, ¡y han pasado 34 años! Grité, y mi papá, que tenía que levantarse muy temprano para ir a trabajar, me dijo que me callara. ¡Estaba completamente despierta! Así que puse mi cabeza debajo de las sábanas y me volví hacia el otro lado de la cama. Escuché un ruido, pensé que era mi hermana que venía a consolarme, así que levanté la sábana y nuevamente él me estaba mirando. Grité de nuevo... Fue aterrador. No, no estaba soñando, estaba bien despierta, les recuerdo que mi padre me respondió argumentando que tenía que dormir. Hasta el día de hoy, recuerdo perfectamente a este hombre vestido de blanco y mirándome».

Aprendimos un poco más sobre esta aterradora experiencia con nuestra pregunta: «¿Sintió que el difunto trató de comunicar algo simplemente por su presencia?», a la que nuestra participante respondió:

«Este anciano que vi a los siete años, aunque no dijo nada, creo que quería decirme algo, pero por mi miedo no pude escuchar nada...».

Algunas VSCD están claramente vinculadas a *una ubicación*. Este fenómeno se conoce como «casa embrujada» o «casa de fantasmas». Estas manifestaciones suelen producirse en casas antiguas y los objetos de las apariciones (que los receptores desconocen) suelen ser personas que vivieron allí hace mucho tiempo. Estos contactos pueden ser aterradores porque las apariciones a veces parecen estar angustiadas o enfadadas. Algunos receptores sienten la necesidad de ayudar a los difuntos percibidos, por ejemplo, rezando por ellos o invitándoles a ir hacia la luz.

El siguiente testimonio describe una VSCD relacionada con una ubicación que involucra a una fallecida desconocida:

«A finales de agosto del 2018, visité a una amiga que vive en París. La hermana gemela de mi amiga nos invitó a su casa, una hermosa casa centenaria. Me resistía a visitar la casa, pero ante la insistencia de mi amiga, me dejé convencer. Llegué arriba, a la habitación de invitados, y una inmensa tristeza se apoderó de mí hasta el punto de tener que contener las lágrimas. En la esquina de la habitación, vi a una mujer hermosa, alta, delgada, con la cabeza inclinada hacia delante.

Obviamente fui la única que la vio. No podía apartar los ojos de ella. Me dijo (telepáticamente) que había dado a luz a una niña y que estaba sumida en una depresión de la que no podía salir (de ahí la inmensa tristeza que sentí cuando entré a esta habitación). Escuché claramente el nombre de Henriette. También podría describir su ropa (pequeño chaleco de algodón azul, de primavera, y falda clásica). Me apresuré a contarle a la anfitriona de la casa lo que acababa de ver. Le pregunté si conocía la historia de su casa porque allí había tenido lugar un drama, una muerte trágica. La vi palidecer y terminó contándome la historia de la casa.

Esta casa se la vendió un viudo que vivía allí con su hija. El viudo vendió su propiedad de París para establecerse en Bordeaux. Un año después de la compra, los vecinos le dijeron a la hermana de mi amiga que la anterior dueña de la casa se había suicidado después de muchos años de depresión. Dejó a su marido y a una niña de siete años llamada Adèle. La habitación de invitados fue de hecho la habitación que alguna vez ocupó la niña. Comprendí que esta pobre mujer estaba esperando volver a ver a su hija y había estado rondando la habitación desde la fecha de su muerte. Le expliqué que tenía que ir hacia la luz y parecería, según los actuales ocupantes (la hermana de mi amiga y su marido), que el sentimiento de presencia ya no se manifiesta. Después de investigar un poco, encontramos su fecha de muerte: viernes 13 de abril del 2007. Última precisión: la fallecida se llamaba Henriette».

La siguiente experiencia también tuvo lugar en un edificio antiguo:

«Hace unos años (en 2002/2003) me pasó algo muy extraño y nada agradable. Mi esposo y yo restauramos una casa muy vieja que tiene doscientos o trescientos años. Este hecho sucedió en el dormitorio. El dormitorio era la única habitación que aún no se había restaurado en ese momento, pero aun así dormimos allí. Una mañana, acostada en la cama, soñé despierta, pero insisto, ¡no estaba durmiendo! Eran las 8:15, enchufé mi manta eléctrica porque tenía un poco de frío y a las 8:20 exactamente, varias personas al pie de la cama me tiraban de los pies, estaban muy enojadas y los vi. En primer plano distinguí a una mujer con la boca bien abierta, pobremente vestida, llena de rabia. En ese momento, sentí que mi cuerpo se levantaba, estaba levitando. No podía moverme, no podía hablar, estaba completamente paralizada, pero mis ojos veían ya que vi la hora en mi despertador, sin embargo, no puede hacer nada más que aguantar, y luego todo se detuvo. Me levanté sin tener mucho miedo, ¡pero aun así el corazón me latía un poco más rápido! En mi cabeza había una sola pregunta: "¿Qué fue eso?". Era obvio: aquellas personas querían echarme... Tuve la sensación de que sucedió ayer, sigue muy presente y muy intenso a pesar de todos estos años transcurridos. Sin equívocos: ¡yo molestaba!».

La enseñanza obtenida en esta sección es que una gran mayoría de nuestros encuestados (85%) reconocieron inmediatamente a las personas fallecidas percibidas, con independencia del tipo de VSCD experimentado. Sin embargo, un número de nuestros participantes informaron sobre percepciones de personas fallecidas desconocidas o ambiguamente identificadas. Las VSCD que implican a personas fallecidas desconocidas a veces no son experiencias muy agradables, ya que el fallecido percibido puede parecer confuso, angustiado o enfadado. Esta rabia percibida suele estar relacionada con contactos en casas antiguas con fama de estar «embrujadas», como si los fallecidos, que murieron hace mucho tiempo, siguieran habitando esos lugares y no quisieran ser molestados por los recién llegados. A menudo se sabe que estas personas habían sucumbido a una muerte violenta o que su fallecimiento se había producido en otras circunstancias trágicas.

Las VSCD en las que están involucradas personas fallecidas desconocidas carecen del vínculo de amor y cariño entre los vivos y los fallecidos que los convierte en experiencias tan reconfortantes y bellas. Naturalmente, se plantea la cuestión del *significado* de estos contactos y, sobre todo, de quién se beneficia de ellos. Es evidente que no son los receptores, ya que pueden sentirse intrigados, a veces incomodados o incluso asustados por estos contactos. Algunos sienten compasión por los difuntos percibidos que parecen estar en problemas y buscan la manera de ayudarlos, por ejemplo, rezando por ellos. La cuestión de la finalidad de este tipo de VSCD debe quedar sin respuesta por el momento.

Mensajes percibidos

Una gran mayoría de nuestros participantes percibieron un mensaje durante la VSCD.

Este participante explica en pocas palabras precisas y concisas cómo percibió el mensaje:

«Él vino una sola vez. Se despidió y nunca más volvió. Y vino a traerme un mensaje muy claro y específico; lo vi, lo oí. Como se ve y oye a cualquier persona real».

La tabla siguiente muestra la incidencia en porcentaje por todos los tipos de VSCD. En el caso de los contactos auditivos, hemos formulado la pregunta de forma un poco diferente.

¿Sintió que el fallecido le estaba transmitiendo un mensaje?	Sí	Inciertos	No
VSCD de sentir una presencia	74%	15%	11%
VSCD táctil	80%	10%	10%
VSCD visual	80%	9%	12%
VSCD olfativa	60%	21%	20%

¿La comunicación percibida era diferente de un pensamiento?	Sí	Inciertos	No
VSCD auditiva	87%	6%	7%

A los ojos de los receptores, el hecho de tener una VSCD, sea del tipo que sea, es en sí mismo un mensaje; el mensaje de que el ser querido fallecido todavía tiene la capacidad de manifestarse. Tal como lo interpretan los receptores, el hecho mismo de que parezcan capaces de establecer contacto con los vivos implica que continúan una existencia (en un lugar desconocido) cuya naturaleza está más allá de nuestra comprensión. El impacto más fuerte proviene sin duda de esta aparente capacidad de los difuntos de establecer un contacto, una revelación para algunos, una confirmación de una convicción preexistente para otros (a saber, una forma de conciencia sobrevive a la muerte física).

Además del mensaje inherente a la propia ocurrencia de la VSCD, una mayoría muy significativa percibió un mensaje personalizado, como se menciona en la tabla anterior. Cada mensaje es único porque está dirigido a una persona en particular y está conformado por un pasado común. Sin embargo, podemos esquematizar los contenidos porque, en su esencia, son bastante homogéneos.

El mensaje más importante es la información de que están *vivos y bien*. Además, los mensajes suelen estar impregnados de amor y consuelo. Los difuntos percibidos animan a los afligidos a salir de su duelo, y algunos pueden pedirles que no les retengan con su sufrimiento; a veces ofrecen la perspectiva de un futuro reencuentro. Cuando la relación entre el receptor y el fallecido era conflictiva, los contactos sirven como petición de perdón, y a veces como explicación o justificación de los problemas de las relaciones en el pasado.

Los mensajes pueden resumirse en las **4 R**:

Reconfortar: estoy vivo y estoy bien, no te preocupes por mí, los problemas que tuve al final de la vida ya han quedado atrás.

Resolver: solucionar viejos conflictos, dar espacio a las disculpas, dar un cierre.

Reafirmar: vínculo continuo, afectuoso, te quiero, siempre estaré a tu lado; nos volveremos a reunir un día.

Relajar: no estés triste, persigue tu vida, no me retengas con tu sufrimiento.

La última R (relajar) es una noción delicada que merece ser considerada por un momento. «Relajar» el vínculo no significa «cortar el vínculo». ¡De ninguna manera! El vínculo emocional entre los vivos y los muertos permanece y es perenne. Relajar significa «encontrar la distancia adecuada», la distancia que permite a ambas partes evolucionar con total libertad. Volveré sobre la noción de vínculo continuo en el capítulo sobre el impacto de las VSCD en el duelo.

Cabe destacar que los mensajes no contienen ninguna información sobre la supuesta nueva forma de existencia del fallecido y no revelan nada sobre su «nuevo hogar», que, a propósito, puede no ser un *lugar*, sino un *estado de conciencia*. A menudo solo se describe brevemente el estado de ánimo de la persona fallecida («Sigo vivo y feliz»).

El mensaje que sigue es típico por su simplicidad y su recomendación perfectamente clara. Nuestra participante no describe cómo percibió la comunicación, sino que habla de una toma de conciencia que desencadenó esta percepción:

«Experimenté una conciencia suave de papá que me dijo: "Cuida a mamá"».

El tema del siguiente mensaje es un clásico en el sentido de que tranquiliza al receptor sobre el bienestar del fallecido y le asegura que superará este difícil momento:

«Cuando mi suegro falleció, vino a verme varias veces para decirme que estaba bien, que estaba con mamá y que íbamos a superarlo. Insistió en que no debíamos preocuparnos por él, ni por mamá, y que estaba con nuestra familia en el Cielo».

Este mensaje reconfortante se percibió en un momento de dificultad:

«En junio de 1999, tenía problemas para dormir debido a problemas en mi relación (sospechaba que mi pareja me engañaba) y acababa de sufrir un aborto a las 25 semanas de embarazo. Me levanté para ir al baño y, al abrir la puerta de la habitación, mi abuelo estaba delante de mí (había muerto justo antes de que yo naciera, en 1974). Me sonrió y me puso la mano en la mejilla, la sentía ligeramente caliente, justo por encima de la temperatura corporal normal. Me dijo: «No te preocupes, las cosas siempre salen bien, aunque al principio no lo creamos. Todo saldrá bien y pronto volverás a ser feliz, siempre te estoy velando». Oí que alguien en la lejanía decía su nombre, Anthony. Volvió a sonreír, se dio la vuelta y desapareció. Volví a la cama y, aunque no dormí mejor, sentí una verdadera sensación de calma y sosiego».

Como ilustran algunos de los testimonios mencionados en las páginas anteriores, las VSCD sirven a veces para anunciar una muerte próxima, como se describe en el siguiente testimonio:

«Tenía catorce años. Cinco días seguidos soñé que mi profesora de piano iba a morir. Ella se acercaba a mí en sueños y me decía que se estaba muriendo o que había muerto. Después de tener durante cinco noches estos sueños, me desperté el sábado por la mañana y mi madre me enseñó los obituarios del periódico, que contaban su muerte un día antes. Más tarde supe que la habían llevado al hospital el lunes por la tarde, después de mi clase de piano con ella».

A veces los contactos solo se vuelven significativos a través de sucesos que ocurren más tarde:

«Vi a mi abuelo en varias ocasiones a mi lado. Quería decirme algo y no lo entendía. Al poco tiempo falleció mi tío, hijo de él, y entendí lo que quería. Se me apareció en sueños posteriormente con mi abuela y mi primita (fallecidas y las cuales nunca conocí) para despedirse y dijo que volvería. Aún no ha vuelto».

Al parecer, en este tipo de VSCD puede producirse una verdadera transferencia de información. Se advierte a los receptores no solo de una inminente muerte, sino más específicamente de la identidad del allegado en cuestión. ¿De qué sirve esto si el fallecimiento no se puede evitar? Uno puede imaginar que el receptor así informado podría aprovechar la oportunidad para intercambiar unas últimas palabras de amor y cariño con esta persona; palabras que se habrían perdido para siempre en ausencia de este anuncio. Además, el conocimiento previo de la muerte del ser querido puede ayudar al receptor a prepararse mental y emocionalmente para la prueba por venir.

A continuación se ilustra un caso. Probablemente, esta muerte no era ni esperada ni previsible, ya que la persona falleció de un accidente cerebrovascular:

«La más significativa sigue siendo el encuentro con mi padre. Siempre he sentido su presencia desde el principio. Falleció cuando yo tenía 23 años. Al principio lo vi en mis sueños. Discutimos, me permitió tomar buenas decisiones. Se me apareció por primera vez mientras limpiaba mi cocina. Sentí su presencia. Me di la vuelta y estaba a solo un metro de mí. Se me apareció vestido de blanco. Un halo de luz lo rodeó. Pero no me quedé deslumbrada. Sabía por qué venía. Venía a buscar a mi tío. Fue un jueves. El domingo siguiente, mi hermana me llamó para decirme que nuestro tío había fallecido. Había sido hospitalizado de urgencia el jueves por un ACV».

El mensaje percibido por esta encuestada suiza era muy específico, ya que indicaba la hora exacta del inminente fallecimiento:

«Tras la muerte de mi padre en el 2011, siempre he sentido su presencia. El miércoles 20 de marzo del 2013 por la mañana, su energía me llegó con fuerza mientras estaba entre el sueño y el despertar por la mañana. Telepáticamente, me dijo que mi suegra iba a fallecer. Como no había ninguna señal de advertencia en este sentido, especulé que este suceso podría ocurrir al cabo de una semana. Me dijo: "No, hoy a las diez de la noche". Me pasmó esta noticia. Se lo anuncié a mi mamá, como prueba del contacto que había tenido con mi papá. Luego, a las siete de la tarde, le pedí a mi esposo noticias de su madre y me dijo que todo estaba bien. Cuando regresó de su oficina a las 20:00, me dijo que había recibido una llamada telefónica desde la residencia para personas mayores de su madre. Lo interrumpí para contarle el mensaje que había recibido de mi papá. Fue allí donde agregó que, según la residencia para personas mayores, su madre no sobreviviría a la noche y le pidieron que fuera a Cannes a cuidarla. De hecho, murió ese día. Durante su funeral, el director de la funeraria me dijo que había fallecido a las once de la noche. No traté de aclarar la diferencia horaria, habiendo recibido prueba absoluta de la información recibida por mi papá».

Algunos contactos simplemente anuncian una muerte inminente, mientras que otros consuelan y tranquilizan a los receptores sobre el destino de la persona que pronto los dejaría:

«Mis padres se me aparecieron juntos, unidos, radiantes, sonrientes, serenos. Me hicieron entender que estaban "ahí" y pocas horas después, mi hermano, muy enfermo, falleció. Supongo que mis padres vinieron a decirme que no me preocupara, que estaban allí para darle la bienvenida y que todo estaría bien».

¿Cómo imaginar un «diálogo» entre el difunto y el receptor? Una de nuestras participantes lo explicó:

«De repente sentía una emoción muy grande, con un amor inmenso. Estaba llorando, pero no sabía por qué. Sabía que la persona estaba ahí. Pude hacerle preguntas y tenía las respuestas de inmediato en mi interior Percibí, sentí, una tremenda cantidad de amor».

El contenido de los mensajes se centra sobre todo en los receptores y sirve para consolarlos y aliviar su tristeza.

«Estoy aquí, no te preocupes. Todo va a estar bien, te ayudaré».

«Estoy a tu lado y permaneceré mientras sufras».

«Estoy aquí con vosotros. La muerte no existe, no tengas miedo y transmite este mensaje».

«Yo entendí que era el cumplimiento del acuerdo que hicimos en vida; que él nos avisaría de que había llegado al otro lado y seguía viviendo».

«Que era amado y que siempre lo sería, que no estaba solo».

«Era mi padre, me extendió su mano para saludarme, yo tomé la suya y me dijo: "Fue un placer compartir esta vida contigo". Cabe aclarar que he tenido problemas de relación con mi padre, aunque sé que me quería».

«Está todo bien. No estés tan triste».

«Me llegó la hora de marcharme. No te preocupes por mí. Estaré bien. Te amo y te amaré siempre».

Otros mensajes ofrecen consejos basados en la sabiduría adquirida a lo largo de la vida:

«No te preocupes como he hecho yo toda mi vida, no cometas los mismos errores, quédate en paz, no te preocupes, todo estará bien».

Las VSCD sugieren que, en momentos de gran aflicción, nuestros fallecidos están a nuestro lado, incluso muchos años después de su muerte, lo que quizá implica que siempre nos vigilan e intervienen cuando los necesitamos:

«Se trata de una persona percibida en un período específico e importante de mi vida... Mi hijo sufría una enfermedad cardiovascular y me preguntaba mucho sobre su intervención, una operación a corazón abierto... Y es así que, una noche, mi abuelo, fallecido en 1981, vino a hablar conmigo para decirme que todo iba a ir bien. Era una persona que conocía muy poco porque yo era muy pequeña [cuando el murió]. Estaba de pie frente a mí, con un halo de luz a su alrededor, hablándome... No era un sueño. Me dijo que todo estaba bien, que estaba orgulloso de nosotros y que a mi padre, también fallecido, le iba muy bien. Luego se fue. La operación de mi hijo salió muy bien».

Una situación dramática, a punto de ser insoportable, se convierte al instante en una convicción absoluta de que todo saldrá bien, a pesar de las circunstancias adversas y los peligros potenciales que aún quedan por delante:

«Mi hijo nació. Me tuvieron que hacer una cesárea de urgencia debido al sufrimiento fetal y a la doble envoltura del cordón umbilical. Estaba muy estresada. Sentía dolor, incomodidad y estaba muy preocupada por lo que ocurría con mi recién nacido. Tengo formación médica como enfermera y entiendo las ramificaciones de este tipo de problemas médicos. Mi hijo tuvo un descenso de la frecuencia cardíaca fetal más de una vez, de 140 a 96 aproximadamente. Me preocupaba su capacidad cognitiva, su puntuación de Apgar era de 5 a los cinco minutos de nacer. Me preocupaba que se quedara ciego, la absorción de oxígeno en la UCIN. Me preocupaba el retraso mental, todo tipo de cosas. Tenía mucho dolor. Estaba sobre mi lado izquierdo; la enfermera se puso al teléfono porque el analgésico que me habían dado para el dolor no funcionaba en absoluto, y se puso al teléfono con el médico. Mientras estaba tumbada en la camilla, casi en posición fetal porque me dolía mucho, mi padre entró de repente en la habitación, lo cual era imposible porque había muerto 18 meses antes, y recuerdo que pensé "pero no se permiten visitas en la sala de recuperación". Mi padre se acercó al lado de la cama y lo único que pude ver de él fue la parte inferior de su corbata, su camisa abotonada y la barandilla de la camilla. Se detuvo un momento al lado de la cama y dijo muy claramente, muy distintamente "Va a estar bien". Y desde el momento en que escuché su voz, mi dolor desapareció, mi estrés desapareció, mi temor, mi angustia, mi agitación interna, mis pensamientos cuestionadores, todo se detuvo. Supe que a partir de ese momento mi hijo iba a estar bien y que no tenía nada de qué preocuparme. Así que no lo hice. Parpadeé y mi padre ya no estaba junto a mi cama, ni en la habitación. Recuerdo que me incorporé un poco y miré a mi alrededor para buscarlo. Lo que en mi estado anterior no habría sido posible por la intensidad del dolor que había tenido. El médico había ordenado una inyección de Demerol para mi dolor y me la dieron después de la VSCD, y para cuando me dieron el alta del hospital cuatro días después, ya no tomaba más que Tylenol. Recuerdo que decidí no contarle a la enfermera de la sala de recuperación lo que acababa de ver porque temía que pensara que estaba entrando en un *shock* psiquiátrico o algo así por la operación a la que me había sometido. Y eso iba a causar un montón de drama y problemas que no hacían ninguna falta. Así que me alegré, pero me quedé callada. A partir de ese momento, no me importaba lo que me dijeran sobre mi hijo en la UCIN, sobre una derivación en la cabeza y sobre las vías intravenosas y los análisis de sangre, yo simplemente asentía y sonreía y les daba palmaditas en la mano y decía: "Todo va a ir bien, todo va a ir muy bien". Mi hijo salió de la UCIN en perfecto estado de salud cinco días después de nacer».

Otros mensajes se centran más en los fallecidos, que informan a sus allegados de que siguen vivos y bien, como un viajero que informa a su familia de que el viaje ha ido bien y que pueden estar tranquilos.

«Estoy viva, todo está bien».

«Mi madre me dijo que estaba muy bien, que no debía preocuparme, que donde ella estaba todo estaba bien».

«Un mensaje de paz, de aceptación de la muerte, de certeza de que estaba vivo en otro lugar y preocupado por los que amaba».

«Estoy cerca de ti. La muerte no existe, no temas y pasa este mensaje».

«Cálmate, cariño, estoy vivo y contigo».

«Llame a la familia y advierta de que todavía existo».

«Que nunca había sido tan feliz».

«Me dijo "Estoy vivo", y en otra ocasión me dijo que había hecho todo lo posible para quedarse conmigo».

«Había llegado el momento de irme. No te preocupes por mí. Todo estará bien para mí. Te quiero y te querré siempre».

El «diálogo» que parece haberse establecido entre nuestra entrevistada y su abuelo sugiere que los fallecidos están preocupados tras su muerte por el bienestar de sus allegados. En este contacto, era el abuelo, y no su nieta, quien más necesitaba ser tranquilizado y consolado:

«Unas semanas después del fallecimiento de mi abuelo pater-
no, entré en la sala de estar de mis padres y me sentí repentinamente muy muy cansada. Decidí instalarme en el relax cerca
de la ventana. Cerré los ojos para descansar pero no me dormí
(lo sé porque podía escuchar claramente a mis padres hablar).
De repente, "sentí" a mi abuelo a mi izquierda, justo entre la
ventana y el relax. Y, no sé cómo explicarlo, percibí lo que
quería decirme. ¡Es como si sus pensamientos estuvieran en mi
cabeza! Y yo también le respondía con pensamientos. Estaba
preocupado por mi abuela y tenía miedo de irse y dejarnos
solos. Lo tranquilicé y luego abrí los ojos y se acabó. Dos horas
más tarde estaba en el baño y de repente "sentí" la presencia de
mi abuelo junto a la bañera. La diferencia es que no tenía los
ojos cerrados en ese momento. Él tenía las mismas preocupaciones y recuerdo haberle respondido en voz alta para tranqui-
lizarlo de nuevo. También recuerdo haberlo animado a "ir" al
otro lado y confiar en nosotros para cuidar de nuestra abuela.
Desde ese momento supe que se había ido... No sé explicar
cómo lo supe pero lo supe. Tardé varios días en recordar el
episodio del baño cuando el episodio de la sala de estar estaba
muy claro en mi mente. Nunca tuve miedo y me marcó de
forma positiva. Fue muy agradable como contacto, muy reconfortante para mí también».

La forma en que se entregan los mensajes sigue siendo un misterio, al igual que la ocurrencia y la naturaleza misma de las VSCD. Sin
embargo, algunos mensajes contienen fragmentos de información que
quizá ofrecen algunas pistas:

«Estoy bien, no puedo quedarme más porque se necesita mucha energía para estar allí».

De los numerosos testimonios presentados en las páginas anteriores se desprende que los difuntos pueden ayudar a los vivos. ¿Qué hay

del revés? ¿Qué pueden hacer los vivos por sus muertos? Los testimonios de VSCD nos permiten entender que los fallecidos pueden necesitarnos, y esto sin duda es una sorpresa para muchos. Nosotros, por nuestra parte, podemos ayudarlos haciendo nuestro mejor esfuerzo para no retenerlos durante demasiado tiempo con nuestro dolor y nuestras lágrimas. No es fácil, por supuesto, pero puede ser la última prueba de amor que podamos dar a nuestros seres queridos que nos han precedido en la muerte.

En efecto, los difuntos piden a veces a sus allegados que no les lloren durante demasiado tiempo y que les dejen seguir su nueva existencia, de la que no sabemos nada. Como si nuestra tristeza les afligiera y obstaculizara su evolución.

Como ya se ha mencionado, relajar el vínculo con el fallecido (lo que no significa en absoluto cortarlo, sino encontrar la distancia adecuada que permita a ambas partes continuar su evolución en completa libertad) es beneficioso tanto para los vivos como para los muertos, como ilustran los siguientes extractos de testimonios:

«Te quiero y necesito que me dejes ir».

«Mi mamá me dijo que estaba feliz y me pidió que la dejara ir».

«Estoy bien, por favor, déjame ir».

«Para pedirme que dejara de llorar, estaba cansado de verme llorar todo el tiempo».

«Me dijo que no llorara más por él, que estaba bien donde estaba y que estaba muy feliz».

«Porque sabía que tenía que ser fuerte y superar su muerte porque a él le daba mucha pena verme tan devastada».

La petición del fallecido era muy clara. La sensación de realidad de este contacto se vio reforzada por algunos elementos prácticos:

«Era de madrugada, justo antes de despertarme. Estaba en un estado intermedio entre el sueño y la vigilia. Me vi yendo a una casa y entrando, mi prometido fallecido estaba allí con amigos con los que sirvió en Vietnam que también habían fallecido. Estaban allí como protegiéndolo. Se acercó y me abrazó y lo noté como el viejo abrazo familiar que yo recordaba. Fue tan intenso y me resultó tan familiar que supe que realmente estaba sintiendo su energía. Hablamos, pero no con palabras. Nuestra comunicación era cinética, pero podíamos entendernos perfectamente. Me pidió que intentara dejar de llorar por él. Dijo que mi dolor le impedía avanzar en el otro lado. Quería que supiera que estaba bien. Le dije que haría cualquier cosa por él y acepté. Me dijo que me enviaría una señal que validaría nuestro reencuentro. Se despidió de mí con un abrazo y él y sus amigos se fueron. Me desperté y descubrí que el reloj de mi mesilla se había parado. También tenía un cinta de casete en mi mesita de noche que se había borrado por completo. Había una energía y un zumbido justo en medio de mi frente. Como validación adicional, esa tarde, mi ahijado (su sobrino nacido después de su muerte) entró en mi oficina de la nada. No lo había visto ni sabido de él en meses».

El siguiente mensaje pertenece a la categoría de las VSCD para una tercera persona, ya que la receptora percibió un mensaje destinado a dos personas de luto. La solicitud de la difunta no podría ser más clara:

«Había fallecido la tía de mi mejor amiga y me quedé acompañando a la familia durante la noche. Dormimos en la habitación de mi amiga, ella en su cama y yo en un colchón en el suelo. En el transcurso de la noche, me desperté y, debajo de la cama, una mano sujetaba mi brazo, vi a la persona fallecida, la tía de mi amiga, y me dijo que le dijera a su hermana y a su sobrina que la soltaran porque no se podía ir».

Las relaciones conflictivas que no estaban resueltas en el momento de la muerte a veces parecen solucionarse durante estos contactos. Estos mensajes sugieren que un vínculo relacional dinámico persiste más allá de la muerte del cuerpo y que nunca es demasiado tarde para reparar una relación. Las VSCD implican que el vínculo entre los vivos y los difuntos no se rompe, sino que se transforma y a veces se refuerza en la muerte. En apariencia, el amor aún puede surgir en una interacción rara y breve, pero tan valiosa, durante una VSCD.

La muerte parece haber barrido todo lo que separaba a los seres (ego, resentimientos, heridas nunca curadas) para dar paso a lo esencial, a los sentimientos genuinos que ataban a los seres. Estos mensajes nos muestran que nunca es tarde para comprender, enmendar, perdonar y ser perdonados, y para expresar amor.

Los mensajes que siguen son de esta índole:

«Tuve una pelea con mi padre el mismo día de su muerte antes de su operación, me dio paz sentirlo, creo que fue una forma de hacer las paces».

«[Sin este contacto] no habría sabido que él estaba arrepentido por lo que había hecho en vida. Hubiera seguido llena de ira hacia él».

«A pesar de las personalidades difíciles y problemas dejados por mis padres, intentaron ayudar *post mortem* en algunos problemas que habían dejado para la familia».

«Porque él me pidió perdón por lo que me había hecho. Entonces creo que él finalmente se dio cuenta de que yo no le había hecho daño a él, que no fui mala con él, y que él sí quiso hacerme daño, y me pidió perdón. Eso me dio tranquilidad de espíritu, porque sentí que él se había dado cuenta que yo no era mala persona».

«Mi padre lloraba mucho y me rogaba que le transmitiera su mensaje de arrepentimiento a mi hermano mayor».

«Estoy bien, estoy con mi hermano Charles. No te preocupes por mí, te pido disculpas por lo que te hice, vive tu vida ahora».

«Mi suegro quería que lo perdonara por su comportamiento conmigo».

«Que lamentaba haberme dicho cosas hirientes».

La VSCD permitió a esta participante iniciar su proceso de duelo en buenas condiciones:

«Pude perdonarme a mí misma y desprenderme de la culpa y afrontar las emociones del dolor».

En apariencia, la muerte no congela una relación necesariamente. Una discusión o un desacuerdo no tienen por qué quedar sin resolver para siempre, sino que pueden resolverse más allá de la muerte. Esta VSCD durante el sueño permitió a nuestra entrevistada salir de un duelo marcado por la culpa:

«Mi padre murió hace diez meses. Unos días antes de su muerte me enojé con él y le pedí que no viniera más a mi casa. Después de su muerte, me quedé paralizada por la culpa y la prohibición de vivir mi tristeza. Vivía como un autómata, atrapada en emociones confusas, no reconocidas y destructivas bajo una máscara social que no mostraba nada. Una marejada. Una noche, en concreto al final de la noche, escuché que se abría la puerta principal de casa y vi a mi padre subir las escaleras hacia mi habitación. Se sentó en un escalón y me uní a él. Le pedí perdón y me dijo que no había nada que perdonar, que yo no era culpable de nada, ni él. Que lo único que importaba era el amor que nos unía y que no desaparecerá. Que más allá de nuestras personalidades, nuestras historias, las almas y el amor son eternos. Me "desperté" con lágrimas en la cara y, sentándome en el borde de la cama, oí

218 · CONTACTOS ESPONTÁNEOS CON UN FALLECIDO

cerrarse la puerta. Pensé que estaba soñando mientras tenía la convicción de que había vivido algo muy real. Entonces, una paz inmensa se instaló en mí y pude comenzar mi proceso de luto. Solo pude empezar a hablar de esta experiencia unos diez años después. Fue en el 2006. Hoy el recuerdo sigue muy vivo, no he olvidado ningún detalle de este encuentro y solo necesito conectarme a él para sentir una paz y un amor indescriptibles».

Sin embargo, para esta participante, los problemas de relación no pudieron resolverse completamente en la muerte:

«Mi padre biológico murió y menos de dos semanas después apareció en mi sueño rogándome que le perdonara. Ya ves, mientras tenía forma humana era un padre bastante inútil. Sabía que se había equivocado al dejarme de lado durante todos esos años, pero se negó a disculparse o a enmendar su error cuando estaba vivo, pero me imagino que una vez muerto tenía miedo de lo que iba a ocurrir. No me alegré mucho de verle, pero me dio pena porque parecía muy desesperado agarrando mis piernas y negándose a soltarlas si no le perdonaba. Finalmente cedí y accedí a hacerlo si me dejaba en paz para el resto de mi existencia mientras estuviera en la tierra. Odio decirlo, pero parece que a día de hoy no cree en el cumplimiento de las promesas, ya que sigue apareciendo de vez en cuando. Ya sabes lo que dicen: «Como fueron en vida, serán en la muerte». Espero que un día se vaya por completo».

En los casos dolorosos de suicidio, a veces los fallecidos logran explicar su acto durante la VSCD. El siguiente testimonio es particularmente interesante en la medida en que este contacto transformó la dinámica relacional *después* de la muerte. La razón por sí sola no permitió que nuestra participante entendiera el suicidio de su pareja, tuvo que sentir los estragos de la enfermedad de Parkinson en su propia carne para aceptar su partida voluntaria. En efecto, fue un mensaje que recibió durante esta VSCD, pero un mensaje en forma de sensaciones físicas y no en forma verbalizada. Esta experiencia le permitió comprender y aceptar la aparentemente inevitable elección de su pareja. El poderoso impacto de la VSCD en el proceso de duelo se desprende claramente en este testimonio:

«Unos días después del suicidio de mi pareja: tenía Parkinson y tenía un temblor muy fuerte que podía percibirse con el oído. Su enfermedad fue la razón principal para que él cometiera el acto. Sin embargo, aún joven y talentoso, feliz en su relación conmigo, no admití que él pudiera decidir dejar de luchar contra la enfermedad, que de repente había empeorado. No obstante, no podía imaginarse vivir sin mí, nos sentíamos fusionados. Tras descubrirlo sin vida, no pude hacerme a la idea de que después de todo el sufrimiento que había superado con determinación y coraje (era cirujano), decidiera acabar con su vida. Y literalmente me hizo "sentir" su enfermedad. Durante unos minutos, tuve los mismos síntomas que él con el Parkinson. Tenía un implante cerebral (la causa del deterioro acelerado de su condición) y me lo hizo sentir en paralelo. Además, escuché sus temblores en las sábanas y el suelo en ese momento. Tras ese breve momento de puro sentimiento de su enfermedad, como si yo también la tuviera, pude comenzar a perdonarlo y a entender qué infierno había estado viviendo durante diez años, y me sentí avergonzada de estar resentida con él porque me había abandonado. Desde entonces sé en carne propia lo que es padecer esta enfermedad. Es insoportable y por lo tanto comprensible no querer soportarlo más».

El siguiente testimonio describe una experiencia tanto de sensaciones físicas como de toma de conciencia, resultando en la transmisión de una información esencial al hijo de la fallecida:

«Me enteré del fallecimiento por suicidio de una prima de mi padre a quien aprecié mucho. Sentí la necesidad de hablar con ella. Le estaba preguntando por qué hizo tal cosa cuando era genial, acababa de ser abuela, etc. Entonces empecé a sentirme muy mal, con una gran depresión y dificultad para respirar. Eso duró toda la tarde y, de repente, sin que yo pudiera explicármelo, me sentí apaciguada y me pareció entender por lo que había pasado, lo que había sentido, el hecho de que ella no se amaba a sí misma. Quería que experimentara lo que ella experimentó antes de su suicidio, su malestar y su liberación después, y lo que quería que le dijera a su hijo. Es alguien que escribió mucho, cartas muy largas, y sin explicármelo en ese momento (también me gusta escribir), le escribí una carta a su único hijo diciéndole que tenía que perdonar a su madre, que fue su elección, que no se amaba y que ella no se veía a sí misma como la veíamos nosotros, que estaba orgullosa de él y de ser abuela, que debía ser feliz, todo lo que podría haberle dicho a mi hijo si hubiera estado en su lugar».

En los dos relatos anteriores, los participantes se enteraron por la VSCD de las razones que hicieron inevitable el suicidio a los ojos de sus seres queridos fallecidos. Esta información *post mortem* les permitió comprender y «perdonar» este acto tan difícil de aceptar para los familiares y amigos.

El siguiente relato no describe las dificultades de los últimos momentos del fallecido percibido sino, por el contrario, un estallido de alegría y energía en apariencia fuera de sintonía con las tristes circunstancias de la muerte del padre de nuestra participante. Podríamos plantear la hipótesis de que fueron las propias emociones *del fallecido* y no las de ella las que sintió esta entrevistada en estos momentos:

«Justo después de la muerte de mi padre en el 2014, sentí una alegría intensa que duró tres días y medio, por lo tanto, anormal justo después de un fallecimiento. Fue una alegría inusual porque fue muy intensa, acompañada de una serenidad interior que no conocía. Estuve envuelta en una energía de amor durante todo este tiempo y sentí una energía sobre mí que se movía por mis brazos y dedos. El séptimo día de la muerte, estaba acompañando el ataúd en el coche fúnebre y de nuevo sentí esta energía de amor invadirme, pero era diferente, esta energía no estaba en mí, venía de arriba, fui bañada por ella. Esta sensación permaneció durante todo el trayecto en el coche fúnebre, aproximadamente una hora».

El relato que sigue es similar al anterior. También en este caso, la sensación de pesadez y penuria ha sido sustituida por un sentimiento de liberación en el mismo momento del fallecimiento:

«Mi abuelo se estaba muriendo de cáncer. El día que murió, antes de morir, no lo vi, pero pasé parte del día sintiendo que llevaba una tonelada de peso sobre los hombros. Era una sensación horrible. A las 14:00, el peso se levantó de repente y me sentí muy eufórico, como si me llevaran hacia arriba. Fue una sensación increíble. Cuando llegué a casa, mi madre me llamó por teléfono para decirme que mi abuelo había muerto exactamente a las 14:00. Estoy convencido de que experimenté el fallecimiento de mi abuelo. Meses después, le vi, de pie, mirando a través de un escaparate».

El siguiente testimonio también evoca sentimientos de alegría e incluso de dicha que sentía el viudo, totalmente fuera de lugar e incomprensibles dadas las tristes circunstancias del entierro de su esposa. De nuevo, parece que el encuestado estaba percibiendo el estado mental *actual* de su esposa fallecida, lo que cambió radicalmente su propia mentalidad. La distinción que hace entre el sufrimiento del duelo que siente su cuerpo y la ausencia de sufrimiento en su mente es digna de mención:

«El día del funeral de mi esposa se convirtió para mí en uno de los días más hermosos de mi vida. Mis maravillosas percepciones comenzaron a primera hora de la mañana, y fueron aumentando a medida que pasaban las horas. Ese día todo el mundo sudaba, no solo al aire libre, sino también en la iglesia, porque era un día de junio inusualmente caluroso. Yo sentía que hacía calor, pero de forma inexplicable me rodeaba un agradable frescor que parecía envolverme como un aura o una nube. Este frescor me acompañó hasta el final de la tarde. Algo más me rodeaba y al mismo tiempo me penetraba: la presencia de mi esposa. Sentí su presencia intensamente y no tuve la menor duda. Era más fuerte que si ella hubiera estado físicamente presente; la percibía de forma consciente todo el tiempo. Esta presencia no es fácil de describir. Mi mujer estaba allí. No podría decir que estaba de pie, invisible, a mi derecha o delante de mí. Más bien podría decir que estaba presente a mi alrededor, pero también dentro de mí. Por dentro me sentía muy ligero, casi como si flotara de pura ligereza. También percibí sentimientos: sus sentimientos. Sentí una profunda paz interior y una alegría indescriptible. Tal vez la palabra «dicha» sea la expresión adecuada en este caso. Y sentí un amor inmenso, su amor por mí. Todo el tiempo supe que mi amada esposa estaba conmigo. Este estado duró todo el día. Tenía claro que no se debía a la medicación, las drogas, el alcohol ni nada parecido, porque no había tomado nada de eso. Durante el servicio fúnebre mi corazón latía violentamente. Pero este «duelo» de mi cuerpo no penetraba en mi alma; lo notaba con indiferencia. Era como si estuviera protegido de todo sufrimiento, incluso el de mi propio cuerpo. Cuando los parientes y amigos lloraban ante la tumba, me daba pena por ellos, porque no sabían lo bien que estaba mi mujer mientras tanto.»

Información previamente desconocida por los receptores

Les preguntamos a los encuestados si habían recibido alguna información durante su VSCD que antes no conocían. Este fue de hecho el caso de casi una cuarta parte de nuestros encuestados. El carácter probatorio de este tipo de datos los hace especialmente adecuados para el análisis cualitativo, que uno de nuestros equipos está llevando a cabo actualmente.

El 24% percibió información previamente desconocida, el 7% no estaba seguro y el 69% no percibió ninguna información previamente desconocida

¿De qué tipo de información previamente desconocida estamos hablando? Un gran número de nuestros participantes escribió en el cuadro de diálogo de texto libre que la información previamente desconocida más importante era que su ser querido había sobrevivido a la muerte de su cuerpo, que estaba vivo y bien. Sin embargo, es evidente que no se trata de información verificable y, por lo tanto, no es probatoria.

Estos son algunos ejemplos:

«Que era feliz después de la muerte».

«No morimos, la vida continúa».

«No hay razón para temer a la agonía o a la muerte».

«Que hay una vida después de la muerte. Ninguno de nosotros creía en ello hasta que él vino a mí».

«No sabía que estaba viva y feliz».

«Sentí que estaba triste pero también con un nivel de paz. Mi padre no era religioso ni espiritual, pero de alguna manera sentí que entendía todo esto».

No es raro que los receptores perciban información sobre las circunstancias de la muerte que no conocían de antemano:

«Mi hijo nos dijo cómo había fallecido».

«Cómo llegó a ser atropellada, que era consciente de lo que había pasado desde que murió. [...] Murió al instante por un camión y no pude decirle "adiós". En la visita onírica, que percibí como en la vida real, pudimos abrazarnos y comunicarnos sobre cómo ocurrió el accidente y sobre cómo estaban las cosas ahora. Fue increíble y muy sanador».

«Dijo que en el lugar del accidente había una cámara de tráfico cuya existencia fue negada inicialmente por la policía».

A veces la información percibida es muy inesperada:

«Me dijo que mi hijo tenía algo que celebrar. Después supe que se había casado en secreto».

Algunos receptores dicen haber percibido información sobre acontecimientos que iban a ocurrir en el futuro y que efectivamente se confirmaron con el paso del tiempo. Este tipo de mensaje es bastante raro:

«Hubo ocasiones en las que tuve un sueño con mi abuela fallecida, y ambas éramos conscientes de ello en el sueño. Hablábamos juntas y ella me daba explicaciones. También me hablaba de cosas que estaban ocurriendo en el presente y que yo desconocía, y de cosas que iban a ocurrir en el futuro [siempre en el círculo familiar]. En otras palabras, no se trataba de profecías extrañas ni de acontecimientos apocalípticos. En mi humilde opinión, y basándome en mi sentimiento, siento que fueron encuentros reales».

«Se me dieron mensajes que yo desconocía, pero que tenían sentido cuando se los daba a la persona a la que se me indicaba que los diera. Se hicieron predicciones que se hicieron realidad después».

La duración inusualmente larga de los contactos descritos en este testimonio plantea interrogantes:

«Perdí a mi madre cuando tenía treinta años. Vivía con mi marido a más de cien kilómetros de mis padres y nuestro trabajo nos ocupaba mucho tiempo. Lamenté no poder verla más a menudo durante su enfermedad. El día que falleció, nunca la sentí tan cerca de mí. El día de su funeral sentí realmente que su ataúd era un cascarón vacío. La percibí de otra manera. Durante años mantuve un diálogo con ella, y todavía lo hago, a través de mis pensamientos, que distingo de mis propias reflexiones. Ella me dio, durante un período difícil, información sobre mi futuro que resultó ser precisa con detalles sorprendentes como las fechas».

Puede revelarse una próxima enfermedad o la muerte de un allegado, como ya hemos visto en varios testimonios citados en las páginas anteriores:

«Una predicción de un acontecimiento futuro que no esperaba que se produjera, ya que nada indicaba lógicamente que mi padre fuera a morir ese año».

«Mi difunta madre me dijo que mi marido iba a morir. Fue un año antes de que ocurriera».

Y a veces los eventos futuros predichos son felices:

«El embarazo de mi hermana».

«No sabía que mi hija estaba embarazada, de hecho, ella tampoco lo sabía porque no quería tener más hijos».

«La pequeña nacerá el 28 de diciembre. Mi difunto abuelo me dijo en un sueño, o más bien en un encuentro astral, la fecha de nacimiento de mi hija. ¡Y tenía razón! ¡Con una semana de antelación! La fecha de nacimiento de la pequeña estaba prevista para más adelante».

Los mensajes pueden ser prácticos y proporcionar la información que necesitan los afligidos. La información así recogida puede ser verificada fácilmente, si no inmediatamente, por los receptores.

Estos son algunos ejemplos, incluyendo algunos extractos de testimonios que ya hemos citados:

«El lugar donde se había perdido un anillo que era muy importante para mí. De hecho, mi sobrina y sus amiguitas lo habían perdido sin querer y mi abuela, en un sueño, me dijo el lugar exacto donde estaba».

«Se dijo dónde estaban documentos escondidos importantes para la familia».

«¿Pero por qué buscas en la caja fuerte? ¡Los papeles del coche están en la bolsa del portátil que tienes delante!».

«La ubicación de la bóveda en el cementerio».

«Información relativa a la gestión administrativa y legal».

Esta información práctica, verificada al instante, fue un gran alivio para el receptor en este relato:

«Mi marido ha tenido varias experiencias de contacto estando totalmente consciente; ha escuchado la voz de mi madre en diversas ocasiones. Una ocasión fue cuando se preocupó cuando una caja de medicamentos (tenemos una farmacia) se perdió y se pasó días buscando en el almacén y en el armario de medicamentos. Fue a la farmacia un domingo para echar un último vistazo antes de tener que comentarlo. Estaba en el piso de arriba solo, con la mirada fija en el armario cuando oyó a mi madre decir: "Mira detrás del radiador"; metió la mano por detrás del radiador y ¡allí dentro estaba la caja de Diamorfina!».

La principal enseñanza de esta sección es que el hecho de tener una VSCD es en sí mismo un mensaje: el mensaje de que los seres queridos fallecidos aparentemente todavía tienen la capacidad de manifestarse. La información más importante que supuestamente transmiten los fallecidos es que están vivos y bien. Además, nuestros encuestados percibieron una amplia gama de mensajes personalizados, sobre todo mensajes de apoyo, amor y consuelo en un doloroso período de duelo. A veces se abordan temas específicos y se ofrecen consejos u orientaciones. Los problemas de relación no resueltos en el momento de la muerte pueden solucionarse durante estas experiencias.

Según los datos recogidos, la percepción de los mensajes personalizados varía según el tipo de VSCD, oscilando entre un 60% para las VSCD olfativas y un 80% para las VSCD táctiles y visuales. Cabe destacar que para el 87% de los encuestados con VSCD auditivas, la comunicación percibida fue claramente diferente de un pensamiento.

Casi una cuarta parte de nuestros encuestados (24%) percibió información desconocida durante la VSCD. A menudo se anuncia la muerte cercana de un ser querido, pero el mensaje también puede referirse a un acontecimiento feliz, como un embarazo del que la futura madre y su familia aún no tienen conocimiento. Las informaciones prácticas que necesitan los afligidos (como una póliza de seguro de vida contratada sin conocimiento de la familia o ahorros escondidos) a veces se comunican durante estas VSCD. Las circunstancias precisas de una muerte accidental pueden revelarse durante estos contactos, así como cualquier otro tipo de información práctica útil, o incluso necesaria, para los afligidos. Estos casos son de especial interés por su carácter probatorio. Pueden ser verificadas al instante por los receptores, o bien su veracidad será confirmada por el paso del tiempo en el caso de los mensajes que se refieren a sucesos que ocurrirán en el futuro.

Circunstancias de ocurrencia de las VSCD

Una serie de preguntas nos informaron sobre las *circunstancias* en las que ocurrió la VSCD.

La duración del contacto fue el tema de nuestra primera pregunta. Los datos recopilados confirman investigaciones anteriores: estas experiencias son muy breves.

- ‣ Unos segundos: 45%
- ‣ Unos minutos: 33%
- ‣ Más largo: 11%
- ‣ Inciertos: 11%

A pesar de la brevedad de la experiencia, los receptores suelen tener la impresión de una duración mucho más prolongada, como si el contacto hubiera ocurrido fuera de tiempo o en un tiempo diferente. Se puede establecer un paralelismo con la experiencia cercana a la muerte (ECM), y en particular con la «revisión de la vida», que es uno de sus elementos esenciales. Es durante esta etapa que los experimentadores afirman haber obtenido una gran cantidad de información en un período de tiempo objetivamente corto.

Nuestra entrevistada especifica su impresión del tiempo transcurrido durante esta VSCD:

«De hecho no esperaba para nada experimentar tal fenómeno, también me sorprendió porque me despertó de repente. Pero no sentí algo negativo, solo la tristeza de mamá y la compasión de la "supuesta" persona, como si esta le impidiera tocarme o agarrarme. A menudo me pregunto si mi mamá solo quería despedirse tomando mi mano o si quería tomar mi mano para atraerme hacia ella para que yo la siguiera, o para que yo la detuviera cerca de mí, no podría decirlo. Es extraño porque solo duró diría que dos segundos, pero tuve tiempo de sentir todo eso».

Otros participantes también se expresaron sobre este tema:

«No podría decir cuánto duró (¿tal vez treinta segundos?), pero me pareció un tiempo muy largo».

«El tiempo me pareció descompuesto».

«Solo duró unos instantes, pero me sumergí por completo en esta sensación tan poderosa. Tengo la impresión de que el tiempo se detuvo, que nada se movía».

¿A qué hora del día o de la noche ocurrió la VSCD? Uno podría imaginar que la noche sea más propicia para la ocurrencia de estos contactos, y es cierto que una pequeña mayoría de las VSCD en nuestra colección ocurrieron al atardecer o por la noche, pero muchas habían tenido lugar por la mañana o por la tarde, cuando las condiciones de iluminación son mejores y los receptores están despiertos y activos.

- ► Por la mañana: 21%
- ► Por la tarde: 21%
- ► Al atardecer: 16%
- ► Por la noche: 39%
- ► Inciertos: 3%

¿El lugar donde ocurrió la VSCD estaba iluminado o en la oscuridad? Aunque muchas de las VSCD recogidas tuvieron lugar de noche, esto no significa necesariamente que ocurrieron en la oscuridad.

- ▸ Iluminado por la luz del día: 31 %
- ▸ Iluminado por luz eléctrica: 15 %
- ▸ Débilmente iluminado por el crepúsculo, luz exterior, etc.: 12 %
- ▸ En la oscuridad: 31 %
- ▸ Inciertos: 3 %
- ▸ Otro: 9 %

Preguntamos sobre el estado de salud de los encuestados en el momento de la VSCD (se podía marcar más de una opción).

La gran mayoría de los encuestados gozaba de buena salud. Solo un número moderado de personas estaban deprimidas o bajo medicación, lo cual no es sorprendente dado que la mayoría de ellas estaban de luto.

- ▸ En buena salud: 79 %
- ▸ Enfermo/a: 1 %
- ▸ Deprimido/a: 14 %
- ▸ Con medicación (antidepresivos, etc.): 3 %
- ▸ Bajo la influencia de sustancias (drogas recreativas, alcohol, etc.): 1 %
- ▸ Inciertos: 2 %

Ahora miramos el estado de alerta de los receptores cuando tuvo lugar la VSCD. La mayoría estaba completamente alerta.

▸ Completamente despierto/a y activo/a: 39%

▸ Completamente despierto/a y descansando: 13%

▸ Somnoliento/a o medio dormido/a: 7%

▸ Dormido/a: 25%

▸ A punto de quedarme dormido/a o a punto de despertarme: 7%

▸ Inciertos: 1%

▸ Otro: 8%

En una pregunta abierta, preguntamos a nuestros participantes qué estaban haciendo cuando ocurrió la VSCD. Las respuestas proporcionadas son, por supuesto, tan variadas como lo son nuestros participantes, ya que todos estaban involucrados en su propia y única vida cotidiana en el momento del contacto.

Algunos estaban solos, concentrados en una actividad:

«Estaba pintando y escuchando música».

«En el baño cepillando a mi gato».

«Sentado en el salón, leyendo el periódico».

«Trabajando en el negocio: preparando formularios de impuestos».

«Acababa de empezar un rompecabezas».

«Leyendo, estudiando».

«Estaba buscando un abrigo guardado en el sótano».

«Preparando mi tarea docente para el día siguiente».

Otros estaban en compañía de otras personas:

«Paseando y hablando con mi hermana».

«Terry, el amigo de mi hermano, y yo acabábamos de almorzar y nos preparábamos para salir de la cafetería».

«Preparando a mis hijos para el colegio».

«Hablando con mi novia por teléfono».

Quedarse dormido o despertarse es un momento propicio para que se produzca la VSCD:

«Me estaba despertando. En realidad, estaba despierto, pensando en un proyecto».

«Estuve a punto de dormirme, pero seguí despierto».

Y aquí hay algunas descripciones del momento en que se percibió al fallecido:

«Estaba entrando en mi baño y mirando mi reflejo en el espejo cuando la vi detrás de mí».

«Bajaba del segundo piso, entré en el salón y allí estaba él».

«Estaba dormido y me desperté para beber agua y ella estaba allí cuando encendí la luz».

¿La experiencia sucedió al instante o gradualmente? Para una gran mayoría, el contacto ocurrió al instante.

Para el 76% al instante, para el 16% gradualmente
y el 7% no estaba seguro

Preguntamos si los participantes estaban solos o con otra(s) persona(s) cuando percibieron la VSCD. La mayoría de los participantes estaban solos.

- ► Solo/a: 62%
- ► Con otra persona: 26%
- ► Con varias personas: 11%
- ► Inciertos: 2%

Como ya se mencionó en las páginas anteriores, las VSCD a veces pueden ser percibidas a la vez por varias personas reunidas en el mismo lugar. Estos contactos se denominan «VSCD compartidas». La literatura indica que la mayoría de las VSCD ocurren sin que terceros puedan presenciarlas. O el receptor está solo en el momento del contacto o hay otras personas presentes que no perciben al fallecido. Se supone que las VSCD compartidas son raras, pero son particularmente convincentes ya que la experiencia compartida de un contacto refuerza el sentido de realidad del suceso.

Nuestros datos confirman investigaciones anteriores sobre este punto. Las VSCD compartidas parecen efectivamente ser raras, ya que la mayoría de nuestros participantes fueron los únicos que percibieron al fallecido, aunque había otras personas presentes.

**El 72% fueron los únicos en percibir el contacto, el 21%
la otra/las otras personas presentes también percibieron
el contacto y el 7% no estaba seguro**

Hicimos la siguiente pregunta a los participantes: Si la(s) otra(s) persona(s) presente(s) también percibió/percibieron el contacto, describa lo que percibieron:

«Creo que [él percibió] lo mismo que yo porque ambos corrimos a buscar la aparición hasta la calle».

«Cuando se escucharon pasos en el dormitorio, mi esposo también los escuchaba».

«Cuando se encendió la lámpara de la mesa de noche, mi esposo también vio la luz encendida».

«Todos presenciaron lo mismo. Estaba su esposa, su hija y nosotros sus nietos».

«En dos ocasiones, sí, estaba con una amiga y lo percibimos ambas».

En una pregunta de seguimiento, inquirimos si uno o más conocidos de los participantes también informaron haber tenido contacto con la misma persona fallecida en algún momento.

El 35% tenía conocido(s) con un contacto con el mismo fallecido, el 15% no estaba seguro, y el 50% no tenía conocido(s) con un contacto con el mismo fallecido

Dejo la palabra a nuestros encuestados:

«Estaba fuera de la ciudad. Mi hermana, con la que vivo, dijo que se levantó en mitad de la noche y vio a mi novio fallecido sentado en mi cama. Al principio pensó que era su novio, pero estaba en su cama. Y supo que era Anthony por la forma en que estaba sentado, con sus largas piernas estiradas y cruzadas frente a él, la forma en que a menudo se sentaba, pero también como si quisiera que ella lo viera».

«El día de Año Nuevo lo vieron sentado cerca de mí, sonriendo, ese día lo celebrábamos todos juntos todos los años cuando mi marido aún vivía».

«Tres años después de la muerte de mi marido, nuestro hijo sintió su presencia en el quirófano cuando estaba siendo preparado para una operación de cáncer».

«Mis otros hermanos estaban en diferentes partes de la casa. Un hermano estaba en el salón, mi otro hermano acompañaba al funerario hasta la puerta. Ambos tenían el mismo y exacto sentimiento sobre la comunicación de mi madre, y por qué lo hizo, lo que nos decía».

Al parecer, Kenneth quería asegurarse de que su mujer estuviera bien atendida tras su fallecimiento:

«Numerosas personas afirmaron haber tenido también contacto con Kenneth. Algunas de estas personas no sabían de su fallecimiento antes del contacto. El primer individuo, Bruce, era simplemente un contacto casual, pero amistoso, un oficial militar retirado. Tras el fallecimiento de Kenneth, Bruce y Lizbeth han intentado ayudarme y cuidar de mí desde la distancia, como haría un padre (o una madre) con una hija. Pero antes no los conocía tan bien. Aunque estaba infinitamente agradecida, también estaba desconcertada. Hace poco Bruce me escribió y me dijo que Kenneth se le había aparecido en los meses siguientes a su fallecimiento. Sin embargo, Bruce no quería compartir los detalles conmigo hasta que nos viéramos cara a cara, con "los pies bajo la misma mesa", como él dice. La experiencia le transformó, y no podía hablar de ella por teléfono o por correo electrónico. Insistió en que solo podía hacerlo en persona. Eso aún no ha sucedido. Sin embargo, esta es la principal razón por la que se ha ocupado de mí. Otro contacto, Rosemary, no sabía del fallecimiento de Kenneth. Entonces Kenneth se le apareció en un sueño, indicándole que se pusiera en contacto conmigo lo antes posible, cosa que hizo un año más tarde. No tenía nuestra dirección actual porque nos habíamos mudado desde nuestra última comunicación. La semana pasada, Rosemary también me escribió que tanto Kenneth como yo aparecimos juntos en un sueño hace unos días, nos reuníamos con ella para explicarle cosas importantes que necesitaba saber sobre el futuro. No recuerda los detalles. Sin embargo, estaba muy contenta por el "encuentro" (contacto). Hubo otros individuos que contactaron conmigo en este mismo sentido a lo largo de los años».

Esta aparición fue percibida simultáneamente por dos personas reunidas en el mismo lugar:

«En una biblioteca, la aparición muy real de un tío que murió hace muchos años. También lo vio un joven sentado a mi lado».

En ocasiones, varias personas que se encuentran en diferentes lugares perciben al mismo fallecido a la vez o en un espacio de poco tiempo, por ejemplo, en el momento del fallecimiento, según relató nuestra participante, que había experimentado ella misma una VSCD con su abuelo cuando este falleció:

«Mi hermano soñaba que mi abuelo se le aparecía y le preguntaba si pensaba que debía irse o no (mi abuelo fue hospitalizado con un cáncer terminal). En su sueño, mi hermano le estaba dando permiso a nuestro abuelo. Este último falleció esa misma noche a las 2:20. […] Cuando lo llamé por teléfono a la mañana siguiente para informarle de la muerte de nuestro abuelo, al instante dijo: "Sí, lo sé, murió esta noche, previamente me pidió permiso para irse"».

En las descripciones que siguen, los participantes, que habían experimentado una VSCD con este fallecido, relatan contactos que sus familiares habían tenido con el mismo fallecido pero en diferentes momentos. Estas son algunas respuestas a nuestra pregunta: ¿Alguna otra persona que conoce tuvo contacto con la misma persona fallecida en otro momento?:

«Mi sobrino de cinco años le dijo a mi hermano que vio a la abuela con un lindo vestido, que ella estaba hablando con él, que estaba radiante y sonriente... No recordaba lo que le había dicho pero sí que amaba profundamente a sus hijos (estas son las palabras exactas de mi sobrino pequeño[48]) y que volverá a verlo el martes...».

«Mi hermana en la casa donde mi hijo se suicidó. Durante una noche, lo vio en su habitación».

«La madre de una amiga de mi hija. Lo vio apoyado en el lavaplatos cuando estábamos tomando té. Yo no lo vi. Ella me dijo que estaba triste».

«Mi pareja notó la presencia de mi madre la noche de su muerte, sentada en mi lado de la cama, cerca de mí. Personalmente, esa noche, no percibí su presencia en absoluto».

Para los siguientes casos, el mismo fallecido fue percibido por separado por dos personas, además de la participante, con días o meses de diferencia:

«Dos de nuestras hijas notaron la presencia de mi esposo. Una, a los pocos minutos de su fallecimiento, mientras hablaba con ella por teléfono, sintió una presencia que le decía: "Estoy bien, no llores, todavía estoy aquí". Al instante supo que era su papá. Unos meses después de su muerte, otra de mis hijas llevaba una carga pesada en sus brazos y se encontró atrapada por una puerta bastante maciza. Pensó: "Necesito ayuda mágica para no romper todo lo que llevo en las cajas". Fue entonces cuando sintió una corriente de aire frío y la puerta se abrió, pudo pasar... ¡Estaba bastante impactada por esta experiencia y, aunque es muy resistente

---

48. En el testimonio original en francés, esta elección de palabras no corresponde en absoluto al nivel de lenguaje de un niño.

a aceptar la idea de un más allá, admitió que había sentido a su papá!».

«Mi madre y mi suegra vieron a mi hijo furtivamente con unos días de diferencia, cada una en su casa. Ambos me dijeron lo mismo: "Vi pasar a François, era él"».

Es bien sabido y se observa a menudo que los animales domésticos tienen una notable sensibilidad para lo que podríamos llamar "percepciones extrasensoriales". El trabajo del biólogo e investigador inglés en el campo de la parapsicología Rupert Sheldrake (que elaboró el concepto de «resonancia mórfica») es una referencia en este campo.[49]

Estábamos interesados en saber si una mascota (gato, perro, etc.) estaba en el mismo lugar en el momento de la VSCD.

El 20% estaba en compañía de una mascota, el 7% no estaba seguro y el 74% no estaba en compañía de una mascota

Para aquellos que efectivamente estaban en compañía de una mascota en el momento de la VSCD, una cuarta parte notó un comportamiento inusual del animal.

El 25% notó un comportamiento inusual del animal, el 16% no estaba seguro y el 59% no notó ningún comportamiento inusual del animal

A continuación, algunos ejemplos de comportamiento inusual de mascotas:

«Sentí a mi padre físicamente presente. Mi gato literalmente duplicó su tamaño con todo el pelo encrespado».

---

49. www.sheldrake.org

«Mi gato se encrespó cuando mi abuelo entró de golpe en la habitación donde había estado antes de morir».

«Sentí los cálidos brazos de mi suegro fallecido; había estado a distancia en la esquina de la habitación. Mi cuñada sintió frío y me preguntó de repente qué pasaba. El gato, que estaba dormido en mi regazo, se levantó de golpe, con el lomo arqueado y el pelaje erizado, las garras clavadas en mi pierna, mirando hacia la esquina de la habitación donde estaba Henry. Nunca más se acercó a ese rincón, aunque no le dieran de comer durante dos días y le pusieran la comida allí, le daba miedo acercarse a esa zona».

«Mi gato estaba erizado. Inmovilizado en su sitio, mirando fijamente al lugar donde estaba mi padre de pie. No hay confusión. Nunca lo había visto así».

«Increíble, el perro parecía obsesionado, y le ladraba a la silla en que se sentaba mi mamá en el comedor diario. Sucedió unas tres o cuatro veces durante el mismo mes. Aproximadamente habían pasado seis meses desde la muerte de mi mamá».

«Perro ladrando y pavo real chillando como nunca».

«Cuando mi esposo me visitó en nuestra casa, el perro estaba muy raro. Meneó la cola como si recibiera la visita de un ser querido».

En el testimonio que sigue, la presencia de la abuela parece haber sido percibida solo por el perro y no por sus dueños, quienes, sin embargo, relacionaron inmediatamente el comportamiento inusual del perro con la abuela fallecida:

«Hace varios años, no mucho después de la muerte de nuestra abuela, mi mujer y yo experimentamos una actividad extraña en nuestro piso. Nuestro perro saltó de nuestro regazo, se dirigió a un asiento vacío, se sentó y luego dio su pata al asiento vacío como si se lo ordenaran».

Preguntamos a los encuestados cuál era su estado emocional inmediatamente antes de la VSCD. Las respuestas recopiladas no apoyan la hipótesis materialista de que las personas experimentan una VSCD cuando se sienten desesperadas por el dolor del duelo y tienen una necesidad imperiosa de recibir una señal del ser querido.

Le hicimos a nuestros participantes esta pregunta: «En sus propias palabras, describa su estado emocional inmediatamente antes de la VSCD».

Hice una selección de respuestas que considero bastante representativas, aunque, por supuesto, cada situación es única, al igual que todos los participantes de nuestra encuesta son únicos.

«Estaba de vacaciones, así que estaba relajado y feliz».

«Fue dos semanas después de la muerte de mi madre y estaba luchando con el dolor. Estaba llorosa y ansiosa por estar en su casa por primera vez desde su fallecimiento. Me pesaba la tristeza y la pérdida».

«Ni bebo, ni fumo, ni tomo drogas... Estaba relajado y descansado. Y allí estaba él al final de mi cama».

«Tranquila, aunque con la tristeza natural de la muerte de papá hacía dos días».

«Me estaba riendo con la familia».

«Un buen estado de ánimo, no esperaba esto en absoluto».

«Proceso de duelo normal con resolución de sentimientos de culpa».

«Mucha pena porque acababa de perder a mi abuelo... Una tristeza enorme».

«Estaba tranquila, no estaba deprimida ni tenía mala salud, tampoco estaba alegre, solo neutral».

«No me angustié demasiado cuando falleció mi padre. Mi madre había muerto siete años antes y él ya no era la misma persona. Así que fue casi un alivio saber que ya no sufría. Así que no se me rompió el corazón ni lloré mucho. Al ser la mayor, probablemente me preocupaba por los preparativos que había que hacer».

«Normal, fue como un año después de perderlo. Tristeza normal, pero bien».

«Entristecida por la muerte de mi hijo».

«El estado emocional era excelente, porque el tránsito del difunto era, en mi opinión, perfecto para él».

«Acabábamos de enterarnos unas doce horas antes [de la VSCD] del accidente de nuestro hijo y de que no había sobrevivido. Naturalmente, yo estaba muy afectada, como lo estaría cualquiera, pero me consideraba muy tranquila y un apoyo emocional para los demás, especialmente para mi marido».

«Estaba triste, ya que mi padre había muerto solo tres semanas antes».

«Relajada y en paz con el fallecimiento de mi madre».

«Normal. Haciendo actividades sin pensar en muertos ni nada parecido».

«Triste y afligido, pero esa noche tranquilo y un poco más alegre después de cenar con mis amigos».

«Un buen estado de ánimo, no esperaba esto en absoluto».

«Estaba echando de menos a mi hijo y me sentía deprimida y triste».

«Estaba de un humor maravilloso, disfrutando mucho de una hermosa mañana y de un agradable paseo en coche mientras escuchaba una discusión muy graciosa en la radio».

«Estaba en un estado tranquilo y relajado. Ni feliz ni triste. Definitivamente sobrio».

«Me sentí bien a pesar de tener un poco de tristeza. No tenía el corazón apesadumbrado porque mi relación con el fallecido había terminado hacía varios años».

«Ningún estado emocional particular en ese momento... Me levanté para darle el biberón a mi hijo».

Preguntamos a los encuestados si se asustaron por el contacto supuestamente iniciado por el fallecido. En el momento en que se produjo, una gran mayoría no se asustó por la experiencia, pero una pequeña minoría sí lo hizo.

**El 85% no tenía miedo, el 3% no estaba seguro
y el 12% tenía miedo**

Resulta destacable que el 85% de nuestros encuestados no se asustaran por la VSCD, a pesar de que se produjo de forma totalmente inesperada y no solicitada, y de que aparentemente estaba en completa contradicción con el abanico de posibilidades de la realidad, tal y como la definen nuestras sociedades occidentales.

Tenemos aquí un testimonio de una encuestada que estaba asustada por el contacto:

«Después de la muerte de mi abuelo, fui a casa a descansar. Dejé la luz encendida porque le sentí en la habitación. No dormí en toda la noche y tenía mucho miedo porque sabía que estaba ahí».

A los que estaban asustados les preguntamos en qué momento de la experiencia experimentaron miedo.

**El 53% se asustó durante la duración de la VSCD,
el 32% solo al principio y el 16% solo al final**

¿Se detuvo la VSCD cuando se asustaron?

**Para el 35% el contacto cesó inmediatamente,
el 15% no estaba seguro y para el 51% el contacto no cesó
inmediatamente**

A quienes respondieron que el contacto se había detenido les preguntamos cómo se sentían por esta interrupción:

- ‣ Me sentí aliviado/a: 37%
- ‣ Lamenté la interrupción: 43%
- ‣ No me importó: 5%
- ‣ Inciertos: 16%

Las VSCD, especialmente las apariciones, pueden asustar a algunos receptores y hacer que, por ejemplo, salgan corriendo de la habitación para escapar de la aparición. Sin embargo, al igual que el 43% de nuestros participantes que respondieron a esta pregunta, suelen lamentar su reacción visceral a posteriori y algunos desean un nuevo contacto.

Este fue el caso de esta participante:

«Era la madrugada del primer día del 2018. Eran las 7:00 y una presencia me despertó. Estaba sola esa mañana porque mi esposo estaba inusualmente ausente ese día festivo por su trabajo. Vi una luz brillante con un centro muy blanco, muy puro, a escala humana. En los contornos exteriores un blanco menos brillante, un poco como una nube. Era como la presencia a los pies de mi cama de una persona, pero no podía identificarla. Una presencia benevolente y muy poderosa. Al principio no tenía miedo, estaba bien. Parecía que ella estaba allí para darme un mensaje. Transcurridos unos segundos, me di cuenta de que aquello no era normal y miré de dónde podría venir esa luz. Traté de aferrarme a lo racional, pero fue en vano. Obviamente, nada, persianas cerradas y sin luces encendidas. Ahí fue cuando me asusté, y luego nada. Hoy tengo la certeza de que vi esa presencia y no lo soñé, y lamento mucho haber tenido miedo. Estoy segura de que quería advertirme de algo. No fue hasta dos meses y medio después que comprendí el mensaje. Tengo esta certeza. Mi abuela falleció. Hoy estoy segura de que esa mañana fue mi abuelo (el marido de mi abuela), que hace más de veinte años que murió, quien estaba a los pies de mi cama».

En las páginas anteriores mencioné que varios equipos asociados a nuestro proyecto están analizando o han analizado aspectos específicos de la vivencia subjetiva de contacto con un difunto sobre la base de nuestra recogida de datos. Renaud Evrard, profesor adjunto de Psicología de la Universidad de Lorena (Nancy, Francia), y su colega Marianne Dollander son uno de los equipos externos que colaboran con nosotros. Han estudiado la cuestión de las VSCD aterradoras y han publicado un artículo en *Evolution psychiatrique*.[50]

El artículo presenta el análisis de 108 testimonios de los conjuntos de datos ingleses y franceses de nuestra recopilación de datos, correspondientes a un subconjunto de la muestra de encuestados que descri-

---

50. Evrard, R.; Dollander, M.; Elsaesser, E.; Roe, C.A.; Cooper, C.E.; Lorimer, D. (2021). «Expériences exceptionnelles nécrophaniques et deuil paradoxal: études de la phénoménologie et des répercussions des vécus effrayants de contact avec les défunts». In: *Evolution Psychiatrique*. 86(4), pp. 799-824/pp. e1-e24. https://doi.org/10.1016/j.evopsy.2021.05.002

bieron su VSCD como «aterradora». El análisis de métodos mixtos con preguntas cerradas y abiertas arroja luz sobre el contenido de los mensajes, las ansiedades asociadas a estas experiencias, las formas en que los participantes compartieron estas experiencias con otros, así como sus repercusiones posteriores. Este análisis muestra que incluso las VSCD calificadas de «aterradoras» no son realmente sentidas como tales por los receptores: «Podemos ver que, a pesar de que analizamos las denominadas «VSCD aterradoras», los mensajes son muy raramente vistos como procedentes de la voluntad maliciosa impuesta por los difuntos percibidos. La gran mayoría de los mensajes resultan ser positivos, algunos centrados específicamente en los fracasos de las relaciones, otros que preparan para el anuncio de un fallecimiento o de un futuro acontecimiento negativo.[51] [...]».

«Es interesante observar que los mensajes de anuncio o de previsión, o aquellos en los que la persona es solo el médium o el canal de un mensaje que debe ser transmitido a los demás, vuelven a representar una escena esencial de la vida psíquica. El hecho de pasar fantasmáticamente a través de otro permite al sujeto sentir menos su parte de responsabilidad en su vida psíquica, en un proceso más respetuoso con sus mecanismos de defensa. Dada la dimensión globalmente positiva de los mensajes extraídos de estas experiencias, podemos preguntarnos legítimamente cuáles son las fuentes de las ansiedades asociadas a estas experiencias».[52]

El contenido de estas ansiedades fue analizado por Evrard y Dollander. ¿Por qué el 12% de los 1.004 participantes en nuestra encuesta declararon sentirse asustados por la VSCD, durante toda o parte de la experiencia? ¿De dónde procede este miedo, ya que los mensajes percibidos durante el contacto no se percibieron como aterradores? Parece que el efecto sorpresa y la impresión de vivir un acontecimiento totalmente imposible, que hace dudar de la propia cordura mental, desempeñan un papel importante en estos temores: «Las manifestaciones

---

51. Op. cit., p. e12.

52. Op. cit., p. e13.

monstruosas de espectros peligrosos, con las que nos inundan las representaciones culturales del fantasma, están claramente ausentes. El miedo proviene principalmente del efecto sorpresa: es el choque de lo desconocido, un choque que es a la vez perceptivo, emocional y racional. Pueden surgir rápidamente preguntas sobre las intenciones de la entidad y el significado del encuentro. A veces son los fenómenos que parecen ocurrir en el mundo físico los que provocan el malentendido. Otros temores se refieren más bien a las dudas que surgen sobre la salud mental de la persona y la posibilidad de compartir esta experiencia incongruente.

»A menudo, esta ansiedad se resuelve cuando la persona expresa su miedo (verbalmente o retirándose de la situación), porque se siente obedecida y no acosada, manteniendo así una sensación de control. Este no es siempre el caso en los pocos segundos o minutos que pueden durar los episodios que implican formas de parálisis del sueño,[53] en los que la pérdida de control físico puede generar ansiedad (el 61,6% de los 1.004 encuestados no tuvo miedo durante la parálisis parcial temporal, véase Elsaesser *et al.*, 2020, p. 14[54]). Sin embargo, este miedo es en su mayoría transitorio o incluso se combina en ese momento con sentimientos positivos. Al analizar las repercusiones del fenómeno, se confirma que las personas mantienen una percepción positiva o muy positiva de su experiencia».[55]

Hemos seguido explorando la cuestión de los posibles miedos desencadenados por las VSCD con una pregunta adicional. Preguntamos a la pequeña minoría (12%) de los encuestados que se habían asustado con la VSCD qué había provocado su miedo en particular:

---

53. Ver capítulo Parálisis parcial temporal, página 254.

54. Elsaesser, E.; Roe, C.A.; Cooper, C.E.; Lorimer, D. (2020). «Investigation of the phenomenology and impact of spontaneous and direct After-Death Communications (ADCs)». https://www.adcrp.org/_files/ugd/625c5c_9a9c095577914f2e9443d0fcb2021af9.pdf

55. Evrard, R.; Dollander, M.; Elsaesser, E.; Roe, C.A.; Cooper, C.E.; Lorimer, D. (2021). «Expériences exceptionnelles nécrophaniques et deuil paradoxal: études de la phénoménologie et des répercussions des vécus effrayants de contact avec les défunts». In: *Evolution Psychiatrique*. 86(4), p. e14. https://doi.org/10.1016/j.evopsy.2021.05.002

- ▸ Me desestabilicé por el hecho de que el fallecido aparentemente pudo establecer un contacto conmigo: 42%
- ▸ Temí perder la cabeza/alucinar: 17%
- ▸ Pensé que la intención del difunto era hacerme daño: 16%
- ▸ Otro: 25%

Parece que lo que desestabilizó a nuestros encuestados fue el hecho mismo de experimentar una VSCD, más que el contacto en sí:

«Es muy sorprendente e inquietante, me asustó, aunque sabía que era mi papá».

«Tuve miedo de lo desconocido, del otro lado, de la muerte, de lo que pasó. No me asustó que mi madre estableciera contacto conmigo, sé que solo es amor lo que quería transmitir».

«Era una niña, así que al principio no creía lo que estaba viendo. Pero después de mirar ese lugar cien veces, seguía ahí. No para hacerme daño, sino que simplemente estaba allí y, siendo una niña, me asustaba lo desconocido».

La aparente incongruencia del suceso impactó un poco a nuestra participante, pero sin asustarla:

«No me asusté en absoluto, solo fue una experiencia nueva y extraña y me sentí un poco conmocionada y alarmada, pero luego volví a dormir sin inmutarme».

Aunque solo el 16% del 12% que se asustó por la VSCD temió que la intención del fallecido fuera hacerle daño, este fue el caso de esta participante:

«Me asusté cuando se acercó demasiado a mí y me sentí amenazada. Antes de eso, me sorprendió la certeza de que era mi padre el que caminaba detrás de mí».

Los contactos que implican a personas fallecidas desconocidas son obviamente más difíciles de manejar:

«No estaba preparada para ello y me desperté con un desconocido sentado en mi cama intentando tocarme».

Como atestiguan los numerosos testimonios presentados en las páginas anteriores, las VSCD suelen ser percibidas inmediatamente por los receptores como una experiencia profundamente conmovedora y consoladora, y no dudan ni un segundo de su autenticidad. En una segunda fase y después de reflexionar, pueden preguntarse cómo es posible tal acontecimiento, ya que está fuertemente en contradicción con la concepción dominante de la naturaleza de la realidad, y quizá con sus propias convicciones anteriores a la VSCD, y pueden sorprenderse de haber acogido la experiencia con tanta naturalidad y alegría.

Esto es precisamente lo que experimentaron dos de nuestros encuestados:

«Tenía miedo después de la VSCD, pero no durante ella».

«Una toma de conciencia de la anormalidad de este fenómeno».

Estos participantes también atribuyen su temor a la falta de información:

«En ese momento no sabía que se trataba de una VSCD».

«No sé bien por qué, pero al escuchar mi nombre pronunciado con su voz, sentí algo de miedo, ya que no era posible que hubiera escuchado eso».

«Porque no entendía lo que estaba pasando».

«Susto, interés y falta de conocimiento».

Otra consecuencia desafortunada de la falta de conocimiento de las VSCD es el miedo a los receptores por su salud mental:

«Pensé que estaba loca y lo encontré aterrador... Lo lamento porque no pude "comunicarme" con mi hija antes de que falleciera».

La falta de información también desestabilizó a esta encuestada y la hizo cuestionar su sensatez. Si hubiera tenido las herramientas necesarias para comprender por lo que estaba pasando, podría haber saboreado este momento con toda quietud:

«Me despertó [la VSCD] y me senté apresuradamente en mi cama. Mis ojos se agrandaron ante esta visión y me quedé en la oscuridad otra vez, completamente trastornada. No sabía en ese momento que esto podría existir y dudaba de mi cordura. Estaba inmersa en tanto dolor. Tenía la profunda convicción de que era algo vívido, pero parecía una locura. No lo experimentaría de la misma manera si tal suceso se produjera ahora. Sería feliz en lugar de creer que estaba perdiendo la cabeza».

Aquí, nuevamente, el conocimiento previo del fenómeno de las VSCD habría impedido a nuestra participante dudar de su salud mental, al igual que habría permitido a su psiquiatra darle un mejor consejo:

«Era la semana después de la muerte de mi padre (yo tenía 19 años). No podía dormir porque tenía la sensación de que me vigilaban, de que mi padre me miraba desde un rincón de mi habitación y eso me asustaba mucho. Mi cuerpo estaba erizado por ambos lados, los escalofríos me congelaron. Fui a un psiquiatra para preguntarle qué me estaba pasando porque era traumático para mí. Era joven. Respuesta: "El luto no ha terminado, tome pastillas para dormir". Solo años después supe que no estaba desequilibrada».

¿Y si las VSCD no fueran un fenómeno «anormal», «excepcional», «extraordinario», «inusual» o incluso «paranormal», sino simplemente una experiencia humana común y saludable, posiblemente experimentada por la mitad de los habitantes de nuestro planeta?

Soñemos por un momento e imaginemos que todas las personas que experimentaran un contacto directo y espontáneo con un ser querido fallecido ya estuvieran plenamente informadas sobre el fenómeno de las VSCD. Conocerían el nombre, la fenomenología, el impacto, la frecuencia, la investigación realizada y ampliamente difundida, y habrían tenido la oportunidad de seguir en varios medios y otros canales de comunicación debates informados y diversificados sobre este tema. El día en que ellos mismos experimentaran una VSCD, tendrían todas las herramientas necesarias para, no solo comprender, sino también evaluar su experiencia, con pleno conocimiento de los hechos.

Compartir una VSCD con familiares y amigos sería entonces mucho más fácil. Uno puede imaginar el alivio de los receptores si sus interlocutores ya conocieran el fenómeno de las VSCD y escucharan el relato de su experiencia con pleno conocimiento de los hechos. Un conocimiento compartido de este fenómeno daría un lenguaje común, al tiempo que dejaría a cada uno la posibilidad de interpretarlo según su propio sistema de creencias.

¿Cuál es la experiencia de nuestros encuestados al respecto? Les preguntamos si habían compartido su VSCD con familiares o amigos y cómo fue recibida su experiencia:

«Mi marido y mi hermana. Fue una experiencia difícil de explicar, pero sentí que ambos me creyeron ya que pudieron ver que de alguna manera me había cambiado».

«Mi marido. Pensó que estaba loca».

«Con mi pareja de entonces que, aunque cínica, reconocía el consuelo y la afirmación que me daba».

«Nuestros dos hijos. A uno de ellos pareció reconfortarle (había tenido algunas "sensaciones" de la presencia de su padre), pero mi hija estaba decepcionada por no haber tenido experiencias similares».

«Solo unas pocas personas cercanas. Estaban abiertas a la posibilidad de que realmente sucediera».

«Compartí la experiencia con mi marido, que me creyó sin rechistar. Otras personas me parecieron un poco condescendientes, como si pensaran que me imaginaba cosas debido a la pena».

«Le hablé a mi madre sobre mi VSCD, que sabía que se estaba muriendo, para tranquilizarla. No creo que me creyera o me escuchara. Lástima...».

«Con mi esposo, pero no lo entiende».

«Conté [la VSCD] a mis dos hijos y otros dos parientes, pero no sentí que realmente me escucharan. Me provocó un sentimiento de frustración y gran soledad».

«A mis hijos, a mis amigos, a los que conozco que son de mente abierta. Es demasiado hermoso para no compartirlo».

A aquellos que habían optado por no hablar sobre su VSCD con otros, les preguntamos cuál fue el motivo de esta elección:

«Donde yo vivo la gente no me creería».

«Demasiada gente que nunca ha experimentado o ha querido aprender sobre el más allá. Sigo pensando que esas personas me percibirían como un desequilibrado».

«Pensé que nadie me creería, que pensarían que era una manifestación más de mi duelo».

«Porque en nuestro entorno la gente pensará que soy una enferma mental».

«Ellos no están acostumbrados a estas cosas. El sistema religioso católico en España es muy fuerte y ha creado fuerte resistencia a estos fenómenos, que a menudo son ridiculizados».

Hay personas que prefieren guardar su VSCD para sí mismas porque es algo demasiado personal e íntimo para compartirlo con los demás. Algunos temen ser ridiculizados. Otros pueden temer exponer esta experiencia, tan significativa e importante para ellos, a una reacción de escepticismo o incluso de rechazo por parte del oyente y prefieren mantenerla en privado.

«Porque entendí que no todos quieren saber. O no están preparados para escucharlo. Siempre hay incredulidad y mi miedo a ser juzgada ha sido a veces mi mejor protección, aunque me gustaría compartirlo».

«He preferido guardarlo para mí, es un momento que nos pertenece solo a nosotros».

«Era algo especial e importante para mí y quería mantenerlo en privado porque sentía que era significativo solo para mí».

«No sé cómo explicarlo... Siento como si este encuentro fuera algo entre ella y yo, no destinado a nadie más».

«Es algo muy íntimo para mí».

«Soy una persona a la que no le gusta mucho contar las cosas que le pasan y más cuando es algo tan personal, prefiero guardarlo para mí».

«Muchas veces a las personas esto les parece un tema tabú. También les cuesta entender que hay personas que tienen contactos con personas que en realidad ya no están. Antes de que criticaran mi experiencia, preferí guardarla para mí, es así, ese es un momento únicamente para uno».

La principal lección que se desprende de esta sección sobre las circunstancias en las que se producen estos contactos es que las vivencias subjetivas de contacto con un difunto espontáneas pueden tener lugar en cualquier situación, en cualquier lugar y a cualquier hora del día o de la noche. La gran mayoría de nuestros encuestados gozaban de buena salud y más de la mitad de ellos estaban despiertos en el momento del contacto.

Resulta sorprendente que solo un pequeño porcentaje (12%) de nuestros participantes se sintiera asustado durante todo o parte del contacto (y casi la mitad de ellos lamentó posteriormente la interrupción de la VSCD). Su potencialmente preexistente creencia de que es absolutamente imposible que los difuntos establezcan contacto con los vivos puede darles la impresión de que están experimentando un acontecimiento imposible. No es fácil enfrentarse a una experiencia que, según nuestro sistema de creencias, no puede ocurrir.

Una concepción más amplia e inclusiva de la naturaleza de la conciencia y, en consecuencia, de la naturaleza de la realidad, permitiría una mejor comprensión e integración de este tipo de experiencias. Esto es lo que está en juego en la investigación sobre la conciencia, que está en plena expansión en diversas disciplinas. No obstante, cabe señalar que una gran mayoría de nuestros encuestados acogió el contacto con deleite, naturalidad y gratitud, con independencia de sus creencias preexistentes.

Parálisis parcial temporal

Antes de nuestro trabajo, el fenómeno de la parálisis parcial temporal nunca había sido descrito por los investigadores como una característica identificada de las VSCD.

Para la redacción de mi libro *Cuando los difuntos nos visitan*,[56] analicé 22 descripciones de VSCD que me habían sido enviadas a raíz de una convocatoria de testimonio que lancé en un artículo publicado en la revista *Inexploré*.[57] Tres de los 22 receptores informaron de que durante el contacto no pudieron moverse ni hablar, o ambos. Se podría suponer que este es un fenómeno raro, ya que está ausente en la literatura, pero tres de los 22 receptores que me hablaron de su VSCD lo experimentaron. Esta no es una cifra despreciable y, por lo tanto, esta experiencia no podría considerarse marginal en el contexto de mi muy modesta muestra utilizada para ese libro. Que yo sepa, soy la primera en describir este elemento de las VSCD. Elegí llamarlo una «semiparálisis pasajera».[58] Al diseñar el cuestionario para nuestra encuesta, mis colegas y yo le cambiamos el nombre a «parálisis parcial temporal». Obviamente, aprovechamos la oportunidad para hacer una serie de preguntas sobre este aspecto de las VSCD para determinar si los casos analizados por mí habían sido una excepción, incluso una anomalía, o si la parálisis parcial temporal era realmente un componente característico de las VSCD.

Los datos recopilados indican que este es un fenómeno recurrente, ya que **120** de nuestros participantes informaron de una parálisis parcial temporal durante su VSCD.

El 12% informó de parálisis parcial temporal, el 8% no estaba seguro y el 80% no notó nada parecido

¿Cómo podemos imaginar esta parálisis parcial temporal? A continuación, una experiencia:

---

56. Elsaesser, E. (2018). *Cuando los difuntos nos visitan. Testimonios personales y entrevistas con científicos*. Madrid: Ediciones Urano.

57. Elsaesser-Valarino, E. (2013) . «VSCD, Hallucination ou dernière communication?». In: *Inexploré. Le Magazine de l'INREES*, n° 19, p. 84-88.

58. Elsaesser, E. (2018). *Cuando los difuntos nos visitan. Testimonios personales y entrevistas con científicos*. Madrid: Ediciones Urano, p. 81-84.

«Sucedió en casa de unos amigos muy cercanos unas semanas después de que mi esposa falleciera. Eran alrededor de las dos de la mañana y como mucho estaba somnoliento, pero consciente. De repente sentí una presencia acompañada de una forma de parálisis (mis extremidades ya no podían cumplir las órdenes del cerebro, quería mover un dedo, una mano, pero no lo lograba). No me molestó porque inmediatamente pensé en mi esposa y en un fenómeno particular que nos concernía, además, nada era doloroso o desagradable. Luego sentí que se posaba algo sobre mí, se ejerció una presión muy ligera sobre mi cuerpo. Convencido de que era mi esposa, la vislumbré (duermo acostado en posición fetal), inmediatamente le pregunté si "estaba bien donde estaba", a lo que ella respondió: "Sí, estoy bien". Entonces la sentí acercarse a mí, pero fue acompañado por un ruido que aumentó en intensidad a medida que se acercaba. Dijo una frase muy corta pero apenas audible debido al ruido. Le pedí que repitiera la frase, cosa que hizo. Entonces comprendí que me estaba diciendo "Te amo", ella a menudo me lo decía. Luego le pregunté si nos volveríamos a ver pronto, a lo que respondió: "No, eso no es por pronto". Ahí también reconocí esa formulación particular de la frase que ella solía emplear.[59] De repente la vi desprenderse de mi cuerpo, pasar frente a mí, y allí reconocí muy claramente su rostro (que tenía un tono algo ceroso), que sobresalía de una especie de capa. Pasó bastante despacio frente a mí, luego su partida se aceleró y subió al Cielo. La vi disminuir hasta que apareció solo como un punto, luego desapareció. Entonces recuperé todos mis movimientos y pasó un tiempo antes de que me volviera a dormir, conmovido y feliz con lo que acababa de suceder. Era plenamente consciente de lo que me estaba sucediendo (con eso quiero decir que no fue

---

59. En el testimonio original en francés, la expresión utilizada es muy inusual.

en absoluto un sueño) y hoy, más de un año después, cada detalle sigue muy presente en mi mente. Fue un gran consuelo para mí y contribuyó enormemente a que ese período fuera lo menos difícil posible».

Las preguntas de seguimiento nos proporcionaron información adicional.

¿Sintió que no podía *moverse* durante el contacto?

**El 55% no podía moverse, el 20% no estaba seguro
y el 26% no notó nada parecido**

¿Sintió que no podía *hablar* durante el contacto?

**El 47% no podía hablar, el 14% no estaba seguro
y el 39% no notó nada parecido**

A continuación, se muestran algunos extractos de los testimonios de nuestros participantes:

«No me podía mover ni gritar».

«Me sentí paralizada en cuanto la vi, pero de inmediato me moví para taparme porque estaba muy asustada».

«Inmediatamente sentí algún tipo de parálisis y lo comprobé: mi cerebro estaba pidiendo a mi mano que se moviera, pero no podía cumplir esa orden».

«Al instante dije que mi padre venía a darme una señal porque no era mi primera VSCD y en consecuencia mi primera parálisis del sueño. Porque cada vez es lo mismo: estoy semiconsciente y ya no puedo mover los brazos ni las piernas y mi cuerpo está como plomizo e incrustado en mi colchón».

«Todo mi cuerpo estaba paralizado. ¡Cuando traté de moverme sentí como un peso enorme! Y la voz me dijo que no me moviera».

«Simplemente incapaz de moverme y hablar».

¿Ha notado alguna otra forma de restricción física temporal o parálisis parcial?

**El 25% notó alguna otra forma de parálisis parcial temporal,
el 25% no estaba seguro y el 50% no notó nada parecido**

A continuación algunos ejemplos de otros tipos de restricciones físicas:

«Me costaba respirar y tuve que armarme de valor para decirle con voz firme que no me asustara».

«Mi cuerpo estaba paralizado al igual que mis ojos, pero podía hablar».

«Mis ojos no podían moverse».

«Parálisis de pensamientos: solo pude escuchar al principio».

«Imposible respirar, corazón que aprieta muy fuerte, como aplastado».

«Estaba encerrado como un capullo».

«Me sentí paralizada pero increíblemente bien».

A pesar de la sensación de parálisis parcial temporal, esta entrevistada experimentó el contacto como una experiencia reconfortante y hermosa:

«Fue diez meses después de la muerte de mi hijo Eric, el día de Todos los Santos de 1990 (un día agotador). Era al anochecer, estaba en el dormitorio, no estaba dormida. Se me apareció en una luz de extraordinaria blancura y con el brazo derecho describió un movimiento para mostrarme un lugar de intensa luminosidad, ¡una blancura y una claridad que nunca he visto en ningún otro lugar! Incluso una ciudad que está completamente iluminada por la noche no produce esa luz. Fue magnífico. Estaba como paralizada, acostada en mi cama. Eric me sonreía, estaba radiante, luego se evaporó y, en ese momento, sentí su mano rozar mi mejilla y una calidez invadió mi cuerpo mientras que antes tenía la impresión de estar congelada. Esta aparición me apaciguó mucho porque lo vi muy feliz, me permitió estar aún mucho más segura de que hay vida después de la muerte».

Varios relatos describen movimientos incontrolables de las extremidades, especialmente las piernas, como ilustra el siguiente testimonio:

«Mi abuela se presentó en mi sueño, o medio sueño, no sé si estaba soñando. Tenía la impresión de que había perdido el control de mis piernas, que parecían levantarse solas».

Los siguientes encuestados atribuyen este fenómeno a un efecto sorpresa más que a una parálisis física:

«Creo que es estupor por lo inusual y la carga emotiva que representa el ver a alguien amado fallecido».

«El efecto sorpresa te paraliza durante una fracción de segundo».

«¿Fue realmente una parálisis o el efecto sorpresa? No sé».

Y así es como uno de nuestros participantes explica este fenómeno:

«La parálisis parece estar ahí para no interrumpir al difunto en ese momento que siempre es muy rápido».

Se podría suponer que esta sensación de parálisis parcial temporal debería ser particularmente angustiante (a pesar de la brevedad de los contactos), sin embargo, la mayoría de nuestros participantes no estaban asustados:

El 62% no se asustó, el 12% no estaba seguro y el 26% se asustó

Doy la palabra a nuestros encuestados:

«No estuve asustada en ningún momento».

«La primera vez que lo experimentas, da miedo. Pero luego, cuando lo experimentas de nuevo, ya no tienes miedo porque sabes que está a punto de haber un contacto. Me zumban los oídos y no puedo moverme. Me "notifican" la llegada del contacto».

«Sensación de haber sido guiada para no tener miedo».

«No tenía miedo porque estaba en un lugar de amor y consuelo».

Sin embargo, el miedo dominó esta experiencia:

«No le encuentro explicación a ese momento que para mí fue una vivencia aterradora porque sentía muy presente al difunto».

A los que se habían asustado les preguntamos si el contacto había cesado cuando tenían miedo.

Para el 25%, el contacto había cesado, el 18% no estaba seguro y para el 57% el contacto no había cesado

«Una vez cuando me asusté se detuvo y cuando me di cuenta de que era él, nunca más volví a tener miedo».

Se podrían adelantar varias hipótesis sobre la causa de esta parálisis parcial temporal, entre ellas la de la parálisis del sueño, pero por el momento no deseamos hacer comentarios sobre este tema. Uno de nuestros equipos analizará este fenómeno y publicará los resultados en una revista científica.

Información sobre los difuntos percibidos

Las preguntas que siguen hacen referencia al «perfil» del difunto percibido. Plantean una serie de cuestiones, por ejemplo, si el perfil de las causas de muerte, especialmente las llamadas «muertes violentas» (accidente, asesinato y suicidio), es diferente al de la población en general y si las muertes súbitas y, por lo tanto, impredecibles están sobrerrepresentadas en nuestra muestra. Estas preguntas están fuera del alcance de este libro, pero un sitio web como Eurostat[60] podría ser útil para aquellos que deseen profundizar en la cuestión.

La primera pregunta se refería al género de los difuntos. ¿Los receptores percibieron a hombres o a mujeres fallecidos? Tengamos en cuenta que en nuestra encuesta participaron un número mucho mayor de mujeres que de hombres, con un 85% de mujeres en comparación con solo un 14% de hombres (el 1% marcó *otros*, por ejemplo, transgénero).

Estas son las respuestas a la pregunta: ¿El fallecido era un hombre, una mujer o un niño o una niña (0-16 años)?

El 55% percibió un hombre, el 33% percibió una mujer, el 4% percibió un niño o una niña y el 9% otro

---

60. https://ec.europa.eu/eurostat/statistics-explained/index.php/Causes_of_death_statistics

Género del fallecido percibido

El siguiente gráfico muestra los resultados de los datos en las tres lenguas del proyecto. Resulta que en la recopilación de datos en español (que es la más pequeña con 148 participantes) ninguno de los participantes masculinos percibió a un hombre fallecido. Esto también puede explicarse por la alta participación femenina en nuestra encuesta.

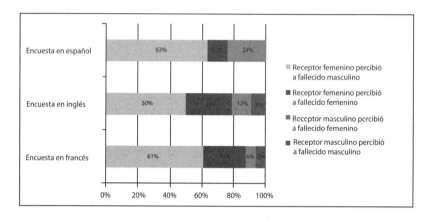

Vínculo relacional

¿Quiénes son los difuntos percibidos en relación con los receptores? ¿Qué vínculo los unía antes de la muerte? Como era de esperar, son principalmente los miembros de la familia y los cónyuges o parejas los sujetos de las VSCD.

La categoría de padres, suegros y padres sustitutos ocupa el primer lugar. Las cifras son muy similares para las respuestas en los tres idiomas. Las relaciones de pareja ocupan el segundo lugar. La indicación «primer amor» se refiere a los amores de la adolescencia y la primera edad adulta. En nuestra recopilación de datos tenemos varios casos de personas que no habían visto a su primer amor durante años o incluso décadas y que, sin embargo, los percibían tras su fallecimiento. Observamos una notable diferencia para los casos españoles, que representan solo el 8% para esta sección. Además de las relaciones de pareja, los lazos de sangre son claramente un factor importante en la ocurrencia de las VSCD, ya que la categoría de amigos, conocidos y colegas solo ocupa el cuarto lugar en nuestra clasificación.

Se presenta el gráfico que muestra las respuestas a la pregunta: ¿Quién era el difunto en relación con usted?

Vínculo relacional – Conjunto de datos en español, francés e inglés

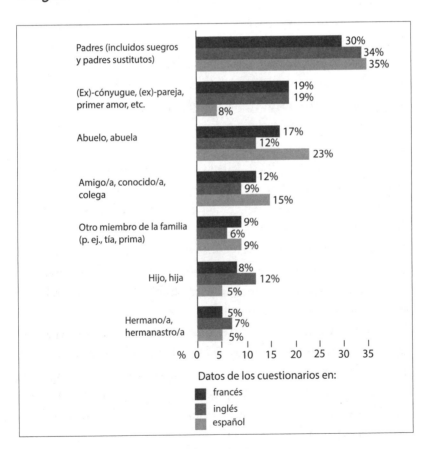

Relación emocional

Preguntamos sobre la conexión emocional entre los receptores y los fallecidos percibidos. Los resultados no son sorprendentes. De las respuestas de nuestros encuestados se desprende que la relación emocional (el vínculo de amor) es un factor importante en la ocurrencia de las VSCD.

Las respuestas a nuestra pregunta «¿cuál fue su relación emocional con el fallecido?» se reflejan en los tres gráficos siguientes.

El gráfico de los casos españoles presentado en primer lugar muestra que las relaciones afectivas *extremadamente cercanas y cariñosas* (53%), *muy cercanas* (15%) y *bastante cercanas* (9%) representan el 77% de las respuestas recogidas.

Los contactos con personas fallecidas con las que los receptores no estaban demasiado unidos son más bien escasos (*bastante distantes* 2% y *distantes* 3%). Estos contactos sirven a menudo para transmitir un mensaje destinado a alguien cercano al difunto (VSCD para una tercera persona).

Nuestros participantes de lengua española también informaron de *relaciones polémicas* (2%) y *extremadamente difíciles* (2%). Un problema de relación no resuelto en el momento de la muerte parece ser una fuerza motriz para que se produzcan contactos, ya que hemos visto que algunos conflictos pudieron resolverse después del fallecimiento. En nuestra recopilación de datos hay varios casos que sugieren que la reconciliación más allá de la muerte es posible y que nunca es demasiado tarde para resolver problemas de relación.

Como puede verse en los tres gráficos siguientes, los resultados son en general muy similares para los datos en las tres lenguas de la encuesta, con la excepción de la percepción de *fallecidos desconocidos*. En efecto, con un 12% de participantes que han percibido a una persona fallecida que no conocían, la recogida de datos en español representa la cifra más alta para este ítem.

Relación emocional: datos de los cuestionarios en español

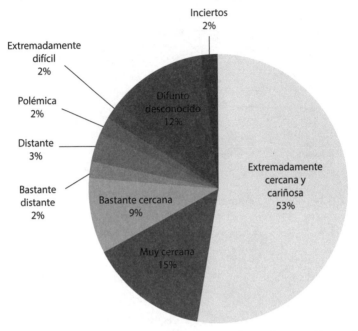

Inciertos 2%

Extremadamente difícil 2%

Polémica 2%

Distante 3%

Bastante distante 2%

Difunto desconocido 12%

Bastante cercana 9%

Muy cercana 15%

Extremadamente cercana y cariñosa 53%

Relación emocional: datos de los cuestionarios en francés

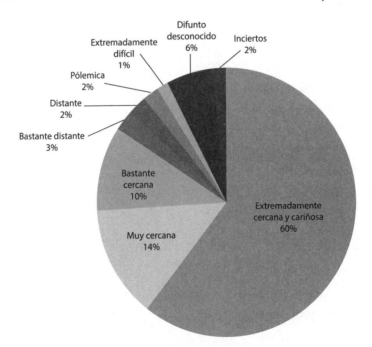

Difunto desconocido 6%

Inciertos 2%

Extremadamente difícil 1%

Pólemica 2%

Distante 2%

Bastante distante 3%

Bastante cercana 10%

Muy cercana 14%

Extremadamente cercana y cariñosa 60%

Relación emocional: datos de los cuestionarios en inglés

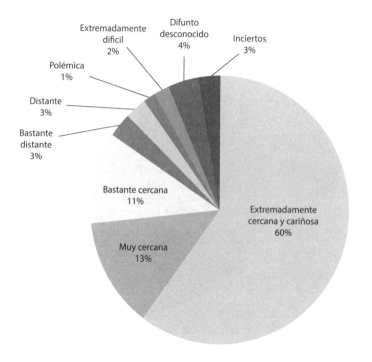

La siguiente pregunta se refería a la causa de la muerte:

- ▸ Enfermedad: 42%
- ▸ Paro cardíaco: 14%
- ▸ Accidente: 11%
- ▸ Vejez: 7%
- ▸ Suicidio: 7%
- ▸ Asesinato: 2%
- ▸ Inciertos: 4%
- ▸ Otro: 14%

Será necesario realizar más análisis para determinar si las muertes violentas (accidentes, asesinatos y suicidios) están sobrerrepresentadas en nuestra recopilación de datos en comparación con la población general.

Las circunstancias de la muerte fueron el tema de nuestras siguientes preguntas.

Si la persona estaba enferma, ¿cómo murió?

- De repente: 23%
- Después de una breve enfermedad: 35%
- Después de una larga enfermedad: 35%
- Inciertos: 7%

¿Dónde murieron las personas?

- En el hospital: 45%
- En casa: 28%
- En el lugar del accidente / paro cardíaco, etc.: 12%
- Inciertos: 4%
- Otro: 11%

A menudo, los dolientes que suscriben la hipótesis de la supervivencia de la conciencia tras la muerte física se preguntan si sus seres queridos fallecidos están bien, si sufren o, por el contrario, si son felices en su nueva forma de existencia.

Preguntamos a los participantes en qué estado emocional/de ánimo se encontraba el fallecido. Se podían marcar varias opciones.

- Sereno/a: 28%
- Radiante de felicidad: 14%
- Ansioso/a por consolarme: 25%
- Compasivo/a: 14%
- Triste: 6%

- ‣ Alterado/a: 3%
- ‣ Asustado/a: 2%
- ‣ Amenazante: 1%
- ‣ En otro estado de ánimo: 8%

Aunque una gran mayoría (81%) de los estados de ánimo percibidos fueron de naturaleza positiva (serenidad, felicidad, afán de consolar, compasión), el 6% de los fallecidos fueron percibidos como tristes, el 3% como alterados, el 2% como asustados y el 1% como amenazantes. Sin embargo, los testimonios de nuestros participantes que siguen permiten una interpretación más precisa de esos datos.

Ilustraré los distintos ítems con extractos de testimonios, algunos de los cuales ya han sido presentados en las páginas anteriores.

Sereno/a = 28%: «Fue muy placentero, como si irradiara una enorme paz»; «Hijo, a estar muerto cuesta acostumbrarse, pero te gustará»; «Parecía tranquilo, por fin, y quería hacérmelo saber. Así es como lo sentí».

Radiante de felicidad = 14%: «¡Estoy en la felicidad total!».

Ansioso/a por consolarme = 25%: «Todo va a estar bien, te estoy velando, y te voy a enviar a una persona cariñosa»; «Estoy a tu lado y permaneceré mientras sufras».

Compasivo/a = 14%: «Creo que estaba tratando de asegurarse de que yo estaba bien. El nivel de compasión fue increíble»; «En su visita apareció más joven en edad, serena, compuesta, hermosa, feliz, sonriente, llena de amor y compasión»; «Mostraba compasión y enfado, haciéndome entender que tenía que cuidarme y evitar cruzar la calle de forma tan imprudente».

Triste = 6%: Según varios relatos presentados a continuación, parece que al menos parte de los fallecidos que parecían estar tristes lo estaban por el dolor de sus seres queridos, y no necesariamente por su alegada nueva forma de existencia: «Estaba en paz consigo mismo y triste por sus padres [murió en un accidente]»; «La voz de mi madre era reconocible, pero parecía hacer un gran esfuerzo para hablar, con un profundo dolor, fuerza y tristeza. Ansiosa por conocer mi estado, me preguntó si estaba bien»; «Se acercó a mí con cara de aflicción, no alcancé a escuchar lo que me decía, pero entendí que estaba muy apenado de que yo estuviera tan triste»; «Sentí que estaba preocupado por su novia, a la que le estaba costando mucho aceptar su muerte. Sentí que era «exigente»; no amenazante, en ningún momento lo sentí amenazante, pero sí reconocí su forma de hacer las cosas y su forma de decirlas. Era una persona muy persuasiva y exigente. No dejaba de presionarme hasta que hacía lo que era necesario para su novia».

Alterado/a = 3% y **Asustado/a** = 2%: Los mensajes percibidos por nuestros encuestados sugieren que algunos de los fallecidos estaban alterados o asustados en el momento de darse cuenta de su cambio de estado; es posible que no se dieran cuenta al instante de que estaban muertos: «La noche de la muerte de mi compañero, estuve en "contacto" con él, sintiendo su miedo cuando comenzó a darse cuenta de que había fallecido»; «Necesitaba ayuda»; «No sabía dónde estaba». Algunos de los mensajes sugieren que su miedo o agitación puede haber sido solo un estado transitorio: «En la primera VSCD durante el sueño, estaba muy asustado (no había entendido que estaba muerto, murió de muerte súbita); luego, durante el segundo contacto estaba muy sereno»; «Me hizo entender que no estaba bien; luego la segunda vez, que estaba mejor»; «Justo después de su fallecimiento, mi amado estaba agitado y luego triste. Creo que, en ese momento, no sabía que había muerto. Luego, todo lo que he percibido desde entonces ha sido feliz, lleno de amor y compasión, con la firme determinación de apoyarme».

Amenazante = 1%: Un número muy reducido de fallecidos se percibía como amenazante. Será necesario un análisis más detallado para determinar si estos casos implican más específicamente contactos con difuntos desconocidos. Las VSCD con desconocidos son de naturaleza diferente, ya que carecen del vínculo de amor y ternura entre el difunto y el receptor que las convierten en experiencias tan consoladoras y hermosas. He aquí uno de los raros casos de contacto con una persona fallecida (identificada de forma ambigua), que se percibe como aterradora/amenazante: «Tenía once o doce años, estaba en casa de mi abuela en el sur de Francia. Estaba sola en la habitación cuando me acosté. Daba vueltas en la cama, no podía dormir, sentía que alguien me observaba, que alguien estaba cerca de mí. Unos minutos más tarde vi que un velo transparente salía de la pared y me rozaba la mejilla, estaba muy frío, incluso helado. Me asusté mucho en ese momento y luego se fue y no lo volví a ver. Creo que era mi abuelo pero no estoy segura».

Varios de los testimonios anteriores muestran una evolución del estado de ánimo del difunto percibido. Es posible que el estado emocional de los fallecidos no sea constante, sino que evolucione, por lo que las cifras presentadas podrían ser solo una instantánea momentánea de su estado de ánimo en un momento determinado.

Algunos de los testimonios presentados en las páginas anteriores evocan un cambio de estado de ánimo radical e improbable en los receptores, sorprendente ante la triste circunstancia de la muerte de un ser querido. En lugar de sentirse descorazonados, incluso destrozados por el dolor del duelo, sintieron una sensación de alegría, paz, amor y plenitud nunca antes experimentada con tanta intensidad y pureza. ¿Eran estos realmente los sentimientos de los receptores, o los fallecidos habían encontrado una manera de hacerles sentir *sus propias emociones* inherentes a su nueva condición? ¿Habrán conseguido hacerles sentir su actual estado emocional?

Estos extractos de testimonios ya presentados en las páginas anteriores son coherentes con esta hipótesis: «Justo después de que mi padre falleciera en el 2014, sentí una alegría intensa que duró tres días y medio, por lo tanto, anormal justo después de una muerte. Fue una alegría inusual porque fue muy intensa y también sentí una serenidad interior que no conocía».

Otra encuestada describe su experiencia de forma elocuente: «Cuando pienso en mi ser querido fallecido (casi todo el día, como ocurría cuando estaba encarnado...), se trata de mi sentimiento interior con mis pensamientos. Sin embargo, mi sentimiento interior está marcado por la dolorosa experiencia de su ausencia. Cuando mi ser querido fallecido está presente, primero lo siento fuera de mí, y es su estado de ánimo el que siento, y su estado de ánimo no es más que amor y alegría».

Este participante coincide con esa opinión: «Cuando esto ocurre, es maravilloso. Ya no estoy en el sentimiento de mi pena, sino en el sentimiento que me transmite mi ser querido. Cuando ocurre, ya no sufro en absoluto. Soy tan feliz...».

El sistema de creencias de los fallecidos nos dio información adicional, en la medida en que era conocido por los receptores. De las respuestas obtenidas se desprende que una fe fuerte no es de ninguna manera un requisito previo para tener una VSCD.

Preguntamos si el fallecido era:

- ‣ Un creyente ferviente (en términos religiosos): 13%
- ‣ Un creyente moderado (en términos religiosos): 25%
- ‣ Espiritual (fuera de cualquier institución religiosa específica): 18%
- ‣ Agnóstico/a: 7%
- ‣ Ateo/a: 14%
- ‣ Inciertos: 23%

¿El difunto creía en una vida después de la muerte? Algo menos de la mitad de nuestros participantes tenía esta información.

> ▸ El fallecido creía en la supervivencia: 29%
> ▸ El fallecido no creía en la supervivencia: 16%
> ▸ Los encuestados no tenían esta información: 55%

En esta sección hemos examinado el «perfil» del difunto percibido. No es sorprendente que las VSCD impliquen muy mayoritariamente a los miembros más cercanos de la familia (padres, suegros, padres sustitutos y abuelos), así como a los cónyuges, parejas, relaciones románticas y amigos que nos han precedido en la muerte. Por fortuna, un número limitado de padres ha sufrido la pérdida de un hijo o una hija, por lo que esta categoría ocupa el penúltimo lugar en nuestra clasificación. Los datos recogidos muestran que la relación afectiva (el vínculo de amor) que unía a las dos partes en vida es un factor desencadenante de la ocurrencia de las VSCD. Este vínculo tan fuerte parece no extinguirse con la muerte del cuerpo físico. Los problemas de relación que quedaron sin resolver en el momento de la muerte parecen haberse solucionado a veces después del fallecimiento, lo que sugiere que nunca es demasiado tarde para arreglar una relación.

Un elemento importante de este conjunto de preguntas se refiere al estado emocional percibido del difunto. Es indicativo de una relación sostenida y dinámica entre los vivos y los muertos, lo que implica una interacción. El estado de ánimo de los difuntos parece estar influenciado/afectado por el de sus allegados. Sin embargo, el estado emocional de los fallecidos captado por nuestra encuesta puede no ser permanente, sino evolutivo, por lo que las cifras presentadas anteriormente podrían ser solo una instantánea momentánea de su estado de ánimo.

Otro hallazgo fascinante es que algunos de nuestros participantes experimentaron estados de ánimo fuera de sintonía con la triste ocasión de la muerte de un ser querido. Sintieron una euforia y una serenidad nunca antes experimentadas con tanta intensidad y pureza, lo que sugiere que fue el difunto quien consiguió hacerles sentir sus propias emociones inherentes a su supuesta nueva forma de existencia. Propongo aquí una *hipótesis* que debe ser confirmada o refutada por nuevas investigaciones.

Impacto de las VSCD
en las creencias

Las VSCD sugieren la existencia de un vínculo entre los vivos y los muertos que parece sobrevivir a la muerte física. Podemos suponer que esta fuerte experiencia tiene un impacto en el sistema de creencias de los receptores y en la concepción de su propia muerte. El siguiente conjunto de preguntas ayuda a determinar el sistema de creencias de nuestro grupo de participantes.

¿Cómo se situaron nuestros participantes *antes* de su VSCD en términos de su creencia en la existencia de una vida después de la muerte en relación con la población en general?

Estas son las respuestas de nuestros encuestados a la pregunta ¿Creía usted en una vida después de la muerte *antes* de su VSCD?:

Antes de su VSCD, el 69% creía en una vida después de la muerte, el 20% no estaba seguro y el 11% no creía en eso

Resulta que el porcentaje de nuestros participantes que creían en una vida después de la muerte *antes* de su propia experiencia es bastante similar a los resultados de varias encuestas sobre este tema, incluida una presentada en el 2014 por ARDA, Association of Religion Data Archives[61] que indica que el 71% de los encuestados creía en la

---

61. ARDA es una base de datos en línea sobre la religión estadounidense e internacional.

existencia de una vida después de la muerte.[62] Otra encuesta americana informa de que, también en el 2014, el 73% de los estadounidenses encuestados creía en la existencia de una vida después de la muerte.[63] En una encuesta realizada con más de 9.000 británicos entre 40 y 50 años, publicada en el 2015, el profesor David Voas afirma sin embargo que el 60% de las mujeres, pero solo el 35% de los hombres, creían en una vida después de la muerte.[64]

Además, una encuesta realizada por el profesor islandés Erlendur Haraldsson indica que en el 2006, el 34% de los islandeses encuestados creían que la vida después de la muerte era *posible*, el 28% *probable* y el 22% *cierto*.[65]

La adherencia a esta hipótesis aumenta con la edad, y las mujeres son más propensas a estar de acuerdo con ella que los hombres. La cuestión, por supuesto, debería ser explorada más a fondo, pero a primera vista estas cifras implican que la convicción de nuestros encuestados sobre este tema está en el rango medio de las poblaciones y que no estaban particularmente inclinados a creer en la existencia de una vida después de la muerte antes de su VSCD.

¿La VSCD ha cambiado las creencias de nuestros encuestados sobre la existencia de una vida después de la muerte? Les hicimos la pregunta.

Hoy, ¿cree usted en una vida después de la muerte?

El fortalecimiento de las creencias a favor de una vida después de la muerte es muy significativo ya que solo un 1% no cree en una vida después de la muerte tras la VSCD.

---

62. General Social Survey 2014 Cross-Section and Panel Combined http://www.thearda.com/quickstats/qs_106.asp

63. https://ropercenter.cornell.edu/paradise-polled-americans-and-afterlife

64. https://www.iser.essex.ac.uk/2015/01/19/life-after-death-60-per-cent-of-uk-women-in-their-forties-believe-in-an-after-life

65. Haraldsson, E. (2011). «Psychic experiences a third of a century apart: Two representative surveys in Iceland with an international comparison». In: *Journal of the Society for Psychical Research*, Vol. 75,2, No 903, pp. 76-90.

Hoy el 93% cree en una vida después de la muerte, el 6% no estaba seguro y solo el 1% no cree en eso

Nuestros encuestados expresaron sus convicciones:

«Siempre creí en una vida después de la muerte, pero no en una en la que recordáramos nuestra vida anterior o las conexiones que habíamos desarrollado con los seres queridos. Solo pensaba que las personas buenas iban al Cielo, nunca pensé que los recuerdos de las personas en esta vida permanecieran con nosotros».

«No temo a la muerte. Estuve presente cuando mi madre falleció y vi lo valiente que era y lo tranquilo que fue su fallecimiento. El hecho de que luego fuera capaz de dejarme sentir su presencia y darme consuelo cimentó mi creencia en el más allá».

«Sin duda estoy convencida de que la muerte terrenal es solo física y que el alma subsiste más allá».

«La muerte es solo un cambio de estado. La vida continúa después, de manera diferente, en otro nivel».

«Esto suena extraño, teniendo en cuenta que siempre he creído que sobrevivimos a la muerte corporal, pero perder a alguien tan querido fue un reto. Empecé a dudar de todo lo que había leído o investigado durante los últimos cuarenta años. Pero mi propia experiencia no hizo más que consolidar mis creencias».

«Siempre me he sentido cómoda con la muerte, pero no estaba segura de que existieran los "espíritus". Además, pensé que si existían, tenían que dar miedo. Este ya no es el caso hoy. Estoy segura de que hay algo después de la muerte y ya no le tengo miedo».

«Antes tenía esperanzas de que la muerte no fuera el final... Hoy, estoy segura».

«Aunque ya creía en la vida después de la muerte, estas señales y experiencias tan fuertes provocaron un mayor cambio y comprensión de la vida después de la muerte».

«La vida después de la muerte, más allá de la creencia, se ha convertido en una certeza».

«Tener varias experiencias y ver a diferentes personas fallecidas me ha dado una evidencia absoluta de que hay una vida después de la muerte».

En las preguntas siguientes, los participantes se pronunciaron sobre la autenticidad de las VSCD.

¿Creía usted que las personas fallecidas pueden contactar con personas vivas *antes* de su VSCD?

Antes de su VSCD, el 63% creía que los fallecidos pueden contactar con los vivos, el 23% no estaba seguro y el 14% no creía en eso

Hoy, ¿cree usted que las personas fallecidas pueden contactar con personas vivas?

De nuevo, el fortalecimiento del sistema de creencias es muy significativo ya que solo un 1% de los receptores no cree en la capacidad de los difuntos de contactar con los vivos tras su VSCD.

Hoy, el 95% cree que los fallecidos pueden contactar con los vivos, el 5% no estaba seguro y el 1% no cree en eso

He aquí una selección de las opiniones de algunos de nuestros encuestados:

«Sabía que los difuntos podían entrar en contacto con los vivos pero no imaginaba con qué fuerza y con qué energía podrían acceder a este deseo. Sentí una voluntad muy fuerte en mi difunto amigo de verme y quedarse».

«Ahora estoy convencida de que nuestros fallecidos todavía están allí y que pueden ponerse en contacto con nosotros».

«Me di cuenta de que los contactos eran posibles».

«Esta VSCD me mostró que la muerte física no es el final de todo. El viaje continúa de otra manera: hay un propósito. La muerte física tampoco es el fin de las relaciones, ya que algunas formas de comunicación siguen siendo posibles».

«He aprendido mucho a través del dolor, pero todo el conocimiento que he adquirido puedo transmitirlo a quienes echan de menos a sus seres queridos fallecidos y puedo compartir con ellos la paz y la serenidad que llega a nuestros corazones después de saber que la muerte no existe realmente y que los lazos de amor no se rompen. Además, puedo decirles que sus seres queridos siguen viviendo en otra dimensión y que pueden (y podemos) establecer contacto de forma natural».

Como era predecible, las VSCD influyen en la concepción de la muerte de los receptores.

¿Notó un cambio en su percepción de la muerte después de la VSCD?

El 59% notó un cambio en su concepción de la muerte, el 8% no estaba seguro y el 33% no notó ningún cambio

Cabe tener en cuenta que al menos una parte de los encuestados que indicaron que su concepción de la muerte no había cambiado después de la VSCD (33%) quizá ya estaban convencidos de la supervivencia de la conciencia después de la muerte física *antes* de su propia experiencia. Teniendo en cuenta esta hipótesis, la VSCD no habría cambiado, sino fortalecido, su convicción.

Algunas de las personas encuestadas expresaron las siguientes opiniones sobre el tema:

«Cambió mi forma de ver la muerte y me hizo pensar que en realidad no tenemos que estar tristes por los muertos, pero estamos tristes por nosotros mismos al no tenerlos ya cerca».

«Después de esta experiencia y de recordar todas las demás de mi vida, que de repente cobraron sentido, ahora percibo la muerte como el paso de una habitación a otra».

«No me imaginaba lo que podía pasar con el alma y la energía después de la muerte. Ahora creo que tengo un concepto. Es algo no físico tal y como lo experimento».

«Creo que la conciencia continúa al menos durante algún tiempo después de la muerte y debe ser primaria y no un artefacto de la actividad cerebral».

«Lo experimenté como una fuente de esperanza, así como un incentivo adicional para aceptar el misterio, la existencia de la trascendencia».

«Porque ahora estoy convencido de que la muerte total no existe, solo pasamos a otro plano».

«La muerte no existe, y es para mí hoy una certeza absoluta».

«Nunca le he tenido miedo a la muerte, al menos a la mía. Lo que me asustó fue la muerte del otro, su pérdida. Las dos visiones de mi esposo y otros signos más simbólicos ahora me dan la casi convicción de que nuestro vínculo continúa. Como resultado, estoy en una continuidad de vida con él y relativizo en gran medida la muerte que reduzco a lo físico».

«Mi visión de la muerte ha cambiado radicalmente: hoy veo la muerte como el paso a un nuevo estado, otra página de nuestra existencia, y tiendo a pensar que lo mejor está por venir después de nuestra muerte».

«La muerte me asustó porque no sabía lo que podría pasar después. Ahora, después de las diversas experiencias, me siento más tranquila, sé que la muerte no es un final real. Sé que tenemos derecho a estar tristes, que la separación es difícil y muy dura, pero que algo nos espera después en un mundo donde parece que los fallecidos están felices y en paz».

El miedo a la muerte es inherente a la condición humana. Constantemente subyace a nuestras vidas y condiciona nuestra vida diaria mucho más de lo que nos gustaría admitir. No pensar en ello, desterrarlo de nuestro campo de reflexión solo agrava las angustias. La idea de la muerte está siempre presente en nuestro inconsciente, ya que demarca todas nuestras actividades y todos nuestros proyectos en el tiempo y, en lo absoluto, hace absurdos todos nuestros esfuerzos. Si, por el contrario, nuestros actos, nuestras alegrías y nuestras penas encontraran una extensión en una sustentabilidad, si el sentido de nuestra existencia ya no se midiera solo en el espacio de nuestra vida terrena, entonces la concepción de nuestra vida diaria se transformaría en profundidad, ya que nuestra existencia cobraría un significado diferente. ¿Cómo podemos superar nuestro miedo ancestral a la muerte y poner nuestra vida en una perspectiva más amplia? Parecería que la fuerza de las vivencias subjetivas de contacto con un difunto es tal que los receptores se liberan (parcialmente) de este miedo fundamental. Este fue el caso de más del 60% de nuestros encuestados.

Preguntamos a nuestros encuestados si, siguiendo su VSCD, su miedo a la muerte:

▸ Disminuyó: 31%

▸ Desapareció: 30%

▸ Permaneció igual: 33%

▸ Incrementó: 1%

▸ Inciertos: 5%

He seleccionado algunas reflexiones de los encuestados sobre este tema:

«Me hizo estar seguro de la vida después de la muerte y de la supervivencia de los seres queridos… aunque no me ha quitado lo que creo que es un miedo natural a la muerte y al proceso de morir».

«Mi percepción cambió del miedo y el temor, a la aceptación sin miedo y el asombro alegre ante el gran plan».

«Disminuyó mi intenso miedo a la muerte».

«Siempre había tenido miedo a la muerte, después de la VSCD ese miedo ha desaparecido».

«Ahora no tengo miedo a la muerte y la veo como una continuación de la vida, aunque en una forma diferente».

«Antes tenía miedo a la muerte. Ahora me alegra saber que estaré junto a mi marido un día, después de morir».

«Perdí el miedo a la muerte y a su vez pude corroborar que nadie muere, somos inmortales».

«La confirmación de que la vida no se detiene después del paso por la tierra, que hay continuidad. Ya no temo a la muerte si no es por el dolor que causa a las personas a las que importamos».

«Ya no le tengo miedo a la muerte porque sé que hay algo después. Además, me siento menos sola porque ahora creo que mis familiares desaparecidos no están tan lejos como podría pensar».

«Habiendo estado siempre angustiada por la muerte desde mi niñez, sin razón aparente, ahora estoy serena porque sé que la "vida" no se detiene y que volveré a encontrar a los que amo más allá de la vida terrena».

Creencias religiosas y espiritualidad

Examinamos si experimentar una VSCD modificó las creencias religiosas y la espiritualidad de los receptores.

Las **creencias religiosas** solo aumentaron un poco después de la VSCD. Nuestro grupo no era muy religioso, solo 94 de 1.004 participantes estaban «totalmente de acuerdo» en verse a sí mismos como personas religiosas antes de la VSCD, en comparación con 123 después de la misma. 396 participantes tenían una posición neutral sobre el tema antes de la VSCD, con una pequeña variación de 370 participantes que se mantuvieron neutrales en el tema religioso después de la VSCD.

El 9% se consideraba religioso antes de la VSCD, en comparación con el 12% después de la VSCD

El 40% era neutral antes de la VSCD, en comparación con el 37% que se mantuvo neutral después de la VSCD[66]

La literatura indica que ser creyente, agnóstico o ateo no influye en la naturaleza de la experiencia ni en la probabilidad de tenerla. La

---

66. Otras respuestas no reproducidas aquí.

creencia en la supervivencia de la conciencia o la negación firme de esta hipótesis no parece aumentar ni disminuir la probabilidad de experimentar un contacto espontáneo con una persona fallecida. Sin embargo, la *interpretación* de la VSCD es individual, ya que está vinculada al sistema de creencias y a la experiencia de vida específica de la persona.

La **espiritualidad**, por otro lado, se ve muy reforzada por estas experiencias. Mientras que solo 362 participantes estuvieron «totalmente de acuerdo» en considerarse espirituales antes del contacto, este número aumentó a 635 después. Este cambio es estadísticamente muy significativo. 202 personas tenían una actitud neutral antes de la experiencia, mientras que solo 82 permanecieron neutrales después de la VSCD.

**El 36% se consideraba espiritual antes de la VSCD,
en comparación con el 64% después de la VSCD**

**El 20% era neutral antes de la VSCD,
en comparación con solo el 8% después de la VSCD[67]**

---

67. Otras respuestas no reproducidas aquí.

Impresión de la realidad
de la VSCD

El objetivo de nuestro proyecto de investigación no fue reflexionar sobre la autenticidad de las VSCD, sino analizar en profundidad su fenomenología y su impacto en los receptores, incluso en el proceso de duelo. No obstante, decidimos interrogar a los participantes sobre su *impresión subjetiva* de la realidad de su experiencia.

¿Habían oído hablar de las VSCD antes de su propia experiencia? De hecho, un número sorprendentemente grande tenía conocimientos preexistentes.

El 58% con conocimientos preexistentes, el 7% no estaba seguro y el 35% sin conocimientos preexistentes

¿Su conocimiento previo de las VSCD había influido en su propia experiencia? Solo un pequeño número pensó que este era el caso.

El 15% pensó que su conocimiento preexistente había influido en su experiencia, el 12% no estaba seguro y el 73% no lo creía

Es evidente que tener conocimiento de un fenómeno no significa que la propia experiencia cumpla con las expectativas. A aquellos que respondieron afirmativamente a la pregunta anterior, les preguntamos cómo su conocimiento previo de las VSCD influyó en su propia experiencia.

A continuación, algunas explicaciones:

«Me abrió a la posibilidad. Pude experimentar la VSCD plenamente, ya que no estaba tratando de convencerme de que no estaba alucinando. También estoy convencida de que eso me hizo más accesible para mi hermano y que aumentó la probabilidad de que me diera cuenta».

«Creo que estaba más abierto a la posibilidad de que lo que estaba experimentando fuera una VSCD en lugar de una simple ocurrencia psicológica. Tuve más curiosidad por ello a medida que ocurría, fui más consciente de ello».

«Me permitió aceptarlo. Sin embargo, era tan de él que no puedo imaginar que lo cuestionara. Creo que fue su determinación de comunicarse y su amor lo que creó las experiencias que he tenido. Desde luego, no controlo el momento en que decidió comunicarse».

«Estaba abierta a creer en mis propias experiencias».

«Me hizo comprender mejor lo que estaba pasando».

«Estaba preparada a nivel emocional y sabía lo que estaba pasando. Sabía que no era mi imaginación».

«Quizá abrirse a la espiritualidad ayude a ver más cosas».

«Creo que lo hizo más fácil, no me hice preguntas innecesarias».

Los testimonios de quienes afirmaron que el conocimiento preexistente de las VSCD había sido útil en su propia experiencia subrayan la importancia de divulgar este fenómeno al público. La difusión extendida de los conocimientos actuales sobre las VSCD es útil y necesaria por varias razones, y en particular para que los receptores puedan vivir esta experiencia en las mejores condiciones posibles, como ilustra el siguiente testimonio:

«No tuve miedo, porque había leído muchos testimonios».

Sin embargo, algunos no creían que su conocimiento previo de las VSCD hubiera influido en su experiencia:

«Ninguna influencia, porque nunca pensé que esto me pudiera pasar».

«¿Nos pueden influir las experiencias de los demás cuando las consideramos un mecanismo de duelo?».

Examinamos el nivel de adherencia de nuestros encuestados al fenómeno de las VSCD con preguntas de seguimiento.

Si había oído hablar de las VSCD *antes* de su propia experiencia, ¿pensó que estas...?:

- ▸ Fueron auténticas más allá de toda duda: 41%
- ▸ Estaba abierto a la idea, pero necesitaba una prueba: 41%
- ▸ Era poco probable que fueran auténticas: 2%
- ▸ Ciertamente no fueron auténticas, sino más bien una alucinación o ilusión creada por el dolor del duelo: 4%
- ▸ No me hice la pregunta: 9%
- ▸ Inciertos: 3%

Se puede suponer que su propia experiencia reforzó su creencia en la autenticidad de las VSCD y, de hecho, este es en gran medida el caso, como demuestran las respuestas a la siguiente pregunta.

Poco *después* de su experiencia (unas horas / días después del contacto percibido), ¿pensó que su VSCD...?:

> ‣ Fue auténtica más allá de toda duda: 77%
> ‣ Podría haber sucedido realmente: 14%
> ‣ Era poco probable que fuera auténtica: 1%
> ‣ Ciertamente no fue auténtica, sino más bien una alucinación o ilusión creada por el dolor del duelo: 2%
> ‣ No me hice la pregunta: 5%
> ‣ Inciertos: 1%

Como muestran las respuestas a la siguiente pregunta, la convicción de la autenticidad del contacto ha aumentado drásticamente *en retrospectiva*. Las VSCD a menudo conducen a un interés nuevo o acrecentado en asuntos espirituales, lo que puede llevar a los receptores a investigar este tema o interactuar con personas que han tenido experiencias similares. Con el tiempo, esta información contribuye a una mejor comprensión y permite a los receptores atribuir un significado más profundo a su VSCD, como explican estos participantes:

«Necesitaba saber que estaba bien, después de su beso y su caricia entendí que la energía se transforma. Comencé a buscar relatos y estudios de experiencias después de la muerte con seres queridos. Experimenté una transformación espiritual».

«Me puso en un camino espiritual muy diferente que ha crecido más allá de lo que jamás había imaginado».«Me interesé mucho más en el tema, lo estudié e investigué, y ahora tengo una creencia firme y tranquila en él».«Me di cuenta de lo miope que había sido al pensar que una vez que el cuerpo muere es el final. Eso me llevó a estudiar e investigar la Psi, la conciencia, la biofísica cuántica». «He pasado mucho tiempo leyendo sobre las VSCD, profundizando en ese asunto. Ahora no tengo ninguna duda de que la muerte no es el final, sino el principio.

Que volveré a encontrarme con mi hermano y que vendrán más vidas (reencarnación). Creo que morimos tan pronto como hemos cumplido nuestro propósito o hemos aprendido todo lo que había que aprender en esa vida específica. Y creo que la muerte solo significa volver a casa y a un estado de paz y amor que ni siquiera podemos imaginar y que, por lo tanto, debe celebrarse».

Las respuestas a nuestra siguiente pregunta muestran efectivamente una evolución ya que, con el paso del tiempo, el número de encuestados que se convencieron más allá de toda duda de la autenticidad de su experiencia aumentó al 90%.

Hoy, en retrospectiva, ¿cree usted que su experiencia...?:

- ▸ Fue auténtica más allá de toda duda: 90%
- ▸ Podría haber sucedido realmente: 8%
- ▸ Es poco probable que fuera auténtica: 0%
- ▸ Ciertamente no fue auténtica, sino más bien una alucinación o ilusión creada por el dolor del duelo: 0%
- ▸ No me hice la pregunta: 0%
- ▸ Incierto: 1%

La cuestión de la expectativa y de la necesidad

Las VSCD, ¿se originan en una expectativa o en una necesidad consecutiva a la pérdida de un ser querido? Los datos recopilados muestran claramente que las VSCD no están necesariamente relacionadas con el duelo, ya que el **27%**[68] de nuestros encuestados ya no estaban de luto

---

68. Ver página 293.

o nunca habían estado de luto por el fallecido percibido y el **23%**[69] pensaba únicamente *a veces, raramente, muy raramente* o *nunca* en el fallecido percibido, o ni siquiera lo conocía.

Las VSCD satisfacen las necesidades de los afligidos por su naturaleza inherentemente terapéutica, pero eso no significa que se originen en ellas. Las respuestas a la serie de preguntas que siguen ilustran esta hipótesis.

¿Algunos encuestados estaban necesitados de un contacto con el allegado fallecido? Para identificar su nivel de duelo, preguntamos a nuestros participantes si habían pensado en el fallecido desde su muerte:

- ▸ Casi constantemente: 23%
- ▸ Varias veces al día: 22%
- ▸ A menudo: 31%
- ▸ A veces: 13%
- ▸ Raramente: 3%
- ▸ Muy raramente: 2%
- ▸ Nunca: 2%
- ▸ Inciertos: 0%
- ▸ No conocía al fallecido: 3%

Preguntamos si los participantes habían pensado en el fallecido en los minutos previos a la VSCD. Los datos recogidos muestran que el contacto no ocurre necesariamente cuando las personas en duelo piensan en el fallecido, quizá en un momento de profunda desesperación, sino por el contrario cuando sus mentes están ocupadas con las actividades cotidianas.

**El 55% no pensó en el difunto, el 15% no estaba seguro
y el 30% pensó en el difunto**

---

69. Ver página 292.

¿Cómo se sintieron nuestros participantes en los días/semanas anteriores a la VSCD en cuanto al proceso de duelo? Los resultados muestran que más de una cuarta parte de los participantes ya no estaban tristes y ya no estaban de luto, o nunca han estado de luto del fallecido percibido. Por lo tanto, como se señaló antes, el duelo no puede ser el desencadenante de las VSCD en todos los casos.

Estas son las respuestas a nuestra pregunta: durante los días/semanas anteriores a la VSCD, y en lo que respecta al proceso de duelo, ¿estaba usted...?:

- ▸ Extremadamente triste y de luto profundo: 36%
- ▸ Moderadamente triste y moderadamente de luto: 14%
- ▸ Un poco triste pero habiendo superado parcialmente el dolor del luto: 17%
- ▸ Ya no triste y ya no de luto: 13%
- ▸ Nunca he estado de luto (de la persona percibida): 14%
- ▸ Inciertos: 6%

Es obvio que el fallecimiento de un familiar o amigo no es siempre un drama o una fuente de dolor para sus familiares, especialmente cuando la persona era muy anciana o estaba muy enferma y la muerte se considera una liberación. El siguiente caso describe este tipo de situación cuando el receptor no considera el contacto como un consuelo porque no estaba de luto.

¿Podría ser que la tía necesitara permanecer conectada al mundo físico un poco más?

«Una semana después de fallecer la hermana de mi padre, iba al trabajo una mañana lluviosa y al llegar a la estación del ferrocarril me puse al resguardo en el andén de la estación, a la espera de la llegada de mi tren, que iba en hora. Entonces llegó a la vía contraria otra formación y se detuvo frente a mí. Llovía fuertemente y los coches del tren tenían las ventanas abiertas. Entonces levanté la vista... ¡y estaba mi tía mirándome! Después no la volví a ver. Me moví un poco para ver quién era... pero el coche estaba vacío. Yo no estaba afligido por la muerte de mi tía, pues había librado una dura batalla contra el cáncer y su muerte había sido como una liberación. Se lo comenté a mi prima (su hija) y me dijo que un hombre la había visto sentada en la puerta de su casa muy bien arreglada (este hombre ignoraba su muerte). Suponemos que el paso al más allá debe de llevar un cierto proceso».

Preguntamos a nuestros encuestados cómo se sintieron *durante* la VSCD. Las respuestas son obviamente tan diversas como los propios receptores, aunque la esencia de los sentimientos es bastante homogénea. Al elegir las respuestas para reproducir aquí, he intentado presentar la gama más amplia y representativa posible:

«Serena y a la vez eufórica por volver a ver a mi padre, con un profundo sobrecogimiento y maravilla por lo que estaba experimentando, pero también tenía una profunda comprensión de lo que estaba sucediendo y una sensación de "volver a casa"».

«Pensé: "Vaya... ¿cómo puede estar pasando esto? ¡Está vivo y está aquí!"».

«Tranquila aunque con miedo a estar alucinando».

«Sorpresa, incredulidad, incomprensión, sensación de algo imposible».

«Al principio me asusté porque no sabía lo que era y sentía que no podía moverme ni abrir los ojos. Luego sentí la presencia de mi madre y pude abrir los ojos... Sin embargo, no podía verla».

«Al principio un poco de miedo porque no entendía qué hacía ahí si estaba muerta».

«Un sentimiento de amor incondicional».

«Una angustia inmensa, muy afligida».

«Sorprendida, sin miedo, feliz de recibir la experiencia y los cariños de él en el otro lado».

«Alegría y asombro, cuestionamiento, humildad ante el misterio».

«La sorpresa al descubrir una energía de alegría que no le conocí en vida».

«Extrema suavidad, una experiencia maravillosa».

«Una ola de amor y perdón. Un estado de plenitud».

«Al principio, sorpresa. Mi corazón se aceleró. Salí de la habitación, respiré para calmarme y luego entré en la habitación y le hablé».

Finalmente, preguntamos qué pensaban los participantes *hoy*, en retrospectiva, de su VSCD. A continuación, se muestran algunos extractos representativos de sus respuestas:

«Sigue siendo un misterio, pero he pasado los últimos años investigando este tipo de experiencias, así que ahora me siento cómoda con ello, pero mi visión materialista de la vida ha cambiado del todo».

«Exactamente lo mismo; segura todavía de que era real, reconfortada, muy convencida».

«Triste porque me gustaría que se repitiera».

«Es un gran privilegio haberlo vivido. También me tranquiliza saber que, con suerte, habrá más comunicaciones en el futuro».

«Tanta alegría de que la muerte no sea el final. Tanta felicidad de que ella aún exista y de que es posible que nos volvamos a ver».

«Cuanto más lo pienso, más entiendo lo que pasó».

«Se me grabó en la memoria y me hizo ver que en efecto seguimos existiendo. También me facilitó seguir conectando con ella y sentir su energía. Y me siento muy agradecida a ella por haberlo hecho posible».

«Han pasado 54 años y recuerdo con exactitud lo que ocurrió, su aspecto, etc.».

«Una satisfacción personal haber podido compartir esta experiencia con muchos padres que han perdido a sus hijos, a través de entrevistas, conferencias, radio y televisión chilena».

«Después de muchos años, sigo viéndolo como algo importante, tanto el contacto como el mensaje».

«Fue un momento hermoso y raro».

«El caso detallado me trae un buen recuerdo. Me recuerda unas de las razones por las cuales hago lo que hago y por qué ayudo a otros en etapas de luto y posteriores».

«Siento agradecimiento y amor».

Hipótesis del fenómeno autogenerado

La cuestión del estatus ontológico de las VSCD surge de forma inevitable. Sin embargo, como ya se ha mencionado varias veces, el objetivo de nuestro proyecto de investigación no era examinar la *autenticidad* de las VSCD. Al investigar la fenomenología de las vivencias subjetivas de contacto con un difunto espontáneas y su impacto en los receptores, nos interesaba exclusivamente la *experiencia* de las personas. La serie de preguntas presentadas en las páginas anteriores nos permitió analizar la *impresión subjetiva* de realidad que los receptores tienen de su VSCD, pero en nuestra investigación no hemos profundizado en este tema, ni hemos examinado si estos fenómenos son indicativos de la supervivencia de la conciencia después de la muerte física.

Sin embargo, al analizar los datos recogidos, se nos han impuesto algunos hechos evidentes que me gustaría esbozar brevemente, en cierta medida al margen del tema de este libro.

Si las VSCD no son auténticas, entonces son construcciones mentales, es decir, experiencias intrapsíquicas. ¿Cuáles son las suposiciones que suelen hacer las personas que suscriben una visión materialista de la realidad? Postulan que las VSCD son ilusiones, o incluso alucinaciones, autogeneradas por personas profundamente afectadas por la pérdida de un allegado. En otras palabras, estas experiencias serían compensaciones inconscientes debidas al dolor del duelo. Nuestra encuesta muestra, sin embargo, que el **13%** de nuestros encuestados no estaban tristes y ya no estaban de duelo, y el **14%** nunca se afligió por el difunto percibido.[70] El número de receptores que percibieron un difunto desconocido varía según las preguntas formuladas. El gráfico que muestra la relación emocional entre los receptores y los difuntos para los datos españoles indica la cifra más alta con un 12% de difuntos desconocidos percibidos.[71] Es evidente que no se está de luto por un desconocido.

En consecuencia, el duelo no pudo ser el factor desencadenante de la VSCD en todos estos casos.

Los siguientes tipos de VSCD ilustran este punto:

- Durante una **VSCD en el momento del fallecimiento**, el receptor es informado del fallecimiento de un familiar o amigo por el propio fallecido (el fallecimiento es una información desconocida hasta entonces). Estas experiencias preceden al anuncio del fallecimiento (por parte del hospital, la familia, etc.). El receptor no está (todavía)

---

70. Ver página 293.

71. Ver página 267.

de luto y, por lo tanto, el factor de la necesidad psicológica, consciente o inconsciente, no puede ser la causa de la VSCD.

• Durante una **VSCD para una tercera persona**, el receptor, que no está afligido por el difunto percibido o ni siquiera lo conoce, percibe una comunicación destinada a una persona afligida. Los mensajes que se transmiten suelen servir para informar al destinatario de que el fallecido está vivo y bien. Una necesidad psicológica provocada por el dolor del duelo no puede ser el factor desencadenante del contacto, ya que el receptor no está de luto.

• Las **VSCD de protección** se producen en situaciones de crisis o de peligro inminente y permiten evitar un acontecimiento trágico como un accidente, un incendio, una agresión, un ahogamiento, etc. Estos contactos tienen la particularidad de producirse a veces años o incluso décadas después de la muerte, cuando el receptor ya no está de duelo o nunca lo ha estado (por ejemplo, el receptor era un niño pequeño cuando murió su abuelo, percibido durante la VSCD). Estas experiencias aportan una información desconocida previamente (la de un peligro potencial del que el receptor no era consciente) y, por lo tanto, pertenecen a la categoría de la VSCD probatorias. El hecho de que el receptor no esté de luto refuerza su carácter probatorio.

• Durante una **VSCD con una persona desconocida**, es obvio que el receptor no está de luto por el difunto percibido. A diferencia de los contactos con personas fallecidas conocidas, y a menudo queridas, en este tipo de VSCD no existe ningún vínculo emocional entre el fallecido y el receptor. Por lo tanto, se trata de experiencias de naturaleza diferente y se plantea la cuestión del significado de su ocurrencia. Estas VSCD sugieren que son los difuntos los que necesitan el contacto con una persona viva, por la razón que sea, y parecen manifestarse siempre que es posible, dondequiera que puedan ser percibidos, incluso por extraños. Por lo tanto, su valor probatorio es elevado, ya que el dolor del duelo no puede ser la causa de su ocurrencia.

Impacto de las VSCD en el duelo

Para que las VSCD tengan un impacto en el duelo, deben ser consideradas como auténticas por los receptores. Hemos comprobado que este es el caso, ya que solo un 1% de los participantes en nuestra encuesta no cree en la capacidad de los difuntos de contactar con los vivos tras su VSCD.

El duelo es un período de profunda tristeza y gran fragilidad. La muerte, sobre todo la de la pareja, puede sacudir los cimientos mismos de nuestra existencia y repercutir en todos los aspectos de nuestra vida, como describió una participante en nuestra encuesta: «Cuando muere un cónyuge, tenemos la impresión de perderlo todo: nuestro compañero de viaje, nuestro equilibrio, una parte de nosotros mismos, nuestra protección, nuestros proyectos comunes, a veces nuestros bienes comunes... Se derrumba todo, nos hundimos en un abismo sin fin».

Tanto si perdemos a una madre, a un amigo de toda la vida, a un hermano querido, a un hijo amado o a una pareja, nuestras vidas parecen congelarse en un dolor que en apariencia nunca más nos liberará de sus feroces garras. Nuestras existencias parecen haberse detenido en el momento en que el ser querido dejó este mundo. ¿Cómo podemos avanzar sin esta persona esencial? ¿A qué podemos aferrarnos? ¿De dónde vendrá el consuelo? Nuestra encuesta muestra que vivir una VSCD en este período sombrío es un gran consuelo, como relata la participante citada anteriormente: «Si se establece este vínculo, tenemos la sensación de haber recobrado algo, de tener una boya a la que aferrarnos, que no todo está perdido, y la esperanza que de ello surge nos permite avanzar un poco».

Los testimonios presentados en las páginas anteriores lo ilustran perfectamente: las VSCD ayudan a los dolientes. Según los receptores, las VSCD aportan consuelo, alegría, tranquilidad, apoyo y fuerza para seguir en el camino de la vida sin el ser amado. Más allá de la percepción breve pero impactante del difunto, que en sí misma ya es notable, son las **informaciones** transmitidas y las **emociones** percibidas y sentidas por los receptores lo que constituyen un elemento esencial, si no la esencia misma, de estas experiencias.

Sin embargo, es importante destacar que estos contactos no siempre quitan la tristeza. A pesar del poderoso mensaje de esperanza de la VSCD, el dolor por la ausencia física del ser querido fallecido puede durar, por supuesto, mucho tiempo y, a veces, toda la vida.

La *ausencia* de VSCD también puede ser una fuente de dolor para aquellos que desean de todo corazón una última señal del difunto que (todavía) no ha ocurrido. Sin embargo, me gustaría subrayar con fuerza que, en mi opinión, la ausencia de VSCD no debe entenderse en ningún caso como un abandono por parte del fallecido ni como un indicador de la calidad e intensidad del amor que unía a las dos personas antes de la muerte. Las investigaciones realizadas hasta la fecha no pueden determinar por qué algunas personas experimentan una VSCD y otras no.

Las VSCD no permiten prescindir del trabajo de duelo que es esencial y debe hacerse de todos modos, con o sin VSCD. Los dolientes deben aceptar la ausencia física definitiva del allegado fallecido y aprender a vivir sin este ser esencial.

¿Están nuestros seres queridos fallecidos siempre a nuestro lado? No lo sabemos. Sin embargo, sí sabemos que no se manifiestan a nosotros a diario, sino solo en momentos privilegiados y raros, en momentos de gracia.

¿Qué importancia tienen las VSCD para los receptores? ¿Qué lugar les dan en los sucesos que marcaron su existencia? Los datos recopilados muestran que estas experiencias son muy significativas. Para más de un tercio de nuestros encuestados, la VSCD *cambió su vida* y para casi la mitad es *importante*.

Estas son las respuestas a la pregunta: ¿Considera usted que su VSCD...?:

- ‣ Cambió mi vida: 36%
- ‣ Es importante: 49%
- ‣ Es moderadamente importante: 9%
- ‣ Es poco importante: 2%
- ‣ No es nada importante: 2%
- ‣ Inciertos: 2%

Como consecuencia de la VSCD, los receptores tienen la impresión de que siguen siendo amados, el ser querido fallecido parece velar por ellos desde otra dimensión, el amor parece haber sobrevivido a la muerte. Estos elementos son una gran fuente de consuelo y son beneficiosos para el proceso de duelo.

Una serie de preguntas nos permitió comprender mejor el impacto de las VSCD en el proceso de duelo.

Preguntamos a los participantes si la VSCD les proporcionó consuelo y sanación emocional. Este fue de hecho el caso de una gran mayoría.

- ‣ Se nota curación emocional: 73%
- ‣ No se nota curación emocional: 10%
- ‣ Inciertos: 8%
- ‣ Nunca estuve de luto por el fallecido percibido: 8%

Pidamos a los encuestados que expongan sus ideas:

«¡Qué suerte tengo! El dolor de perder a un hijo (y todo el sufrimiento y pena que me rodeaban) me ha roto el corazón...

Esta muerte rompió el corazón de toda mi familia… y ahí llegó la Luz. La luz y la bondad provenían de nuestro amor que había traspasado después de la muerte. Encontré una paz y una curación completas».

«Me reconforta mucho saber que mi marido está vivo en espíritu y sé que me estará esperando cuando me toque cruzar. Estoy devastada por la pérdida de mi precioso marido, pero su contacto me está ayudando en mi curación».

«Me costaba mucho sobrellevar la situación y no podía ver ningún camino a través de la niebla del dolor. Echaba mucho de menos a mi madre y quería saber que estaba bien, y cerca… eso lo consiguió».

«Cuando alguien muere es muy difícil creer que esa persona se ha ido de verdad. Poder volver a hablar con ellos, volver a verlos y sentir su presencia fue muy reconfortante».

«Es mucho más fácil afrontar la muerte si se cree que no es definitiva. Y tener la certeza y el consuelo de saber que la persona está cerca y bien».

«Saber que mi hijo vino a mí, de forma tranquila y cariñosa para consolarme, me ha hecho seguir adelante para ayudar a otras personas que han perdido a sus hijos, comprendiendo la pérdida más profunda que se puede imaginar, y creyendo de verdad que los volveremos a ver y que simplemente se han adelantado a nosotros».

«Oír a mi hijo después de un horrible accidente y ver que parecía estar entero y me hablaba fue una bendición».

«No me afligí en la misma medida que el resto de mi familia porque tenía el consuelo de saber que mi abuelo no estaba realmente muerto».

«Es evidente que el fenómeno es consolador a nivel emocional. En el plano racional y materialista, tiene una poderosa fuerza propia que siempre lucha contra la duda y el escepticismo, y esto sigue siendo un misterio que la razón se ve obligada a aceptar».

«Esta experiencia me tranquilizó, hubo una especie de reparación por lo que no se había expresado durante mi vida. Y luego esta certeza de no estar nunca sola, aunque a veces pueda tener esa impresión».

«Paradójicamente, antes de la VSCD, quería reunirme con ella de inmediato. Gracias a sus mensajes sé que está ahí, que volveré a encontrarla más tarde».

«Más allá de una sanación emocional, es incluso mejor que eso, es una reconciliación con mi padre».

El sentimiento de culpa forma parte del proceso de duelo, y de hecho es uno de sus componentes más dolorosos. La culpa por las palabras pronunciadas que ya no pueden retirarse, o explicarse y suavizarse. La culpa por haber perdido un último encuentro, en el hospital o en cualquier otro lugar, el inmenso dolor de tener que afrontar el hecho de que ahora es demasiado tarde. Al parecer, las VSCD tienen el poder de eliminar estos arrepentimientos y remordimientos, liberando a los receptores mediante una última despedida.

«Me sentía culpable por no haberle visitado en el hospital, y su aparición mientras me sonreía me quitó esa culpa».

«Creo que vino a mí al morir para liberarme de la culpa de evitarla por disputas religiosas».

«Como no vivía cerca de casa de mi familia, no veía a mi madre a menudo, y arrastraba una gran culpa por ello. Estoy segura de que habría entrado en depresión si ella no hubiera venido a verme (en espíritu) en el avión».

«Mi proceso de duelo no ha terminado, pero esta experiencia me ha liberado de la pesada carga de no tener la oportunidad de decir adiós».

Uno podría imaginar que haber percibido al ser querido fallecido, aunque solo fuera por unos segundos, sacaría a relucir su ausencia física de manera aún más cruel. Cuando el contacto cesa, la sensación de soledad debería ser devastadora. Sin embargo, este no fue el sentimiento de la gran mayoría de nuestros participantes.

Para el 80% el contacto no hizo que la ausencia física fuera más dolorosa, el 8% no estaba seguro y para el 12% la hizo más dolorosa

A primera vista, este resultado puede parecer sorprendente. Estipularía que la razón puede residir en la impresión de la continuidad del vínculo interior que persiste más allá de la breve percepción del fallecido. En apariencia, la convicción de que este vínculo existe y perdura ya no necesita, para perdurar, apoyarse en una breve percepción del fallecido como ocurrió durante la VSCD.

Como hemos visto, las VSCD son indicativas de la presencia de un vínculo interior fuerte y perdurable entre los vivos y los muertos. ¿Cuál es la naturaleza de este vínculo? Es un vínculo continuado, por supuesto, ya que los fallecidos parecen haber conservado su identidad, su personalidad y su biografía. Según los testimonios de los receptores, los contactos percibidos con su allegado fallecido hablan de una continuidad sin fisuras en su relación. Su conciencia (que también podría llamarse su «esencia») no ha sido alterada por la muerte del cuerpo físico. Los fallecidos parecen ser conscientes de todo lo que ha ocurrido en la vida de sus familiares y amigos desde su muerte. Su memoria también parece estar intacta, ya que los vivos y los muertos parece que retoman (o continúan) su relación donde la muerte la había terminado. Sin embargo, se trata obvia y necesariamente de un vínculo de naturaleza diferente. La relación no se materializa a diario, sino en raros y preciosos momentos. La comunicación no es fácil y corriente como entre personas vivas, sino excepcional y valiosa, como atestiguan las emociones que despierta en los receptores. Y además está la ausencia física, por supuesto, esa realidad imperativa y definitiva que tanto hace sufrir a los afligidos.

En el capítulo *Mensajes percibidos* mencioné brevemente la importancia de establecer la distancia adecuada entre los fallecidos y los vivos, una distancia que permita a ambas partes evolucionar en total libertad. He subrayado la necesidad de «relajar el vínculo», al tiempo que insistía en que «relajar» el vínculo no significa en absoluto «cortar el vínculo».

Algunos de los mensajes percibidos por nuestros encuestados así lo atestiguan: «Te quiero y necesito que me dejes ir»; «Mi mamá me dijo que estaba feliz y me pidió que la dejara ir»; «Estoy bien, por favor, déjame ir».

Los dolientes a menudo sienten culpa cuando el sufrimiento afloja su agarre por un corto tiempo y después de largos meses de tristeza un destello de felicidad, o simplemente bienestar, se apodera de ellos. «¿Cómo puedo sentir alegría cuando mi ser querido ya no está?» ¿Y si esto es precisamente lo que nuestros difuntos querían para nosotros, y quizá también para ellos? ¿Y si nuestro dolor les afectara y entristeciera tanto como a nosotros? Gracias a las VSCD, sabemos que nuestros seres queridos fallecidos nos apoyan y acompañan en nuestro dolor. Estos contactos también nos enseñan que, a nuestra vez, podemos ayudarles haciendo todo lo posible por no retenerles demasiado tiempo con nuestra tristeza y nuestras lágrimas, quizá en espera de una futura reunión. No es fácil, no cabe duda, pero es tal vez la última prueba de amor que podemos dar a nuestros seres queridos que nos han precedido en la muerte.

Al describir el estado emocional de los difuntos percibidos, vimos que el 6% se percibía triste, al menos algunos de ellos parecían estar entristecidos por el dolor de sus allegados, y no necesariamente tristes en su supuesta nueva forma de existencia.[72]

---

72. Ver página 269.

Algunos testimonios, ya citados anteriormente, corroboran esta hipótesis: «Porque sabía que tenía que ser fuerte y superar su muerte porque a él le daba mucha pena verme tan devastada por su muerte»; «Para pedirme que dejara de llorar, estaba cansado de verme llorar todo el tiempo»; «Está todo bien. No estés tan triste»; «Me dijo que no llorara más por él, que estaba bien donde estaba y que estaba muy feliz».

¿Cómo encaja el concepto de este vínculo interior continuo en la clínica moderna de duelo? En épocas anteriores, los consejeros de duelo animaban a los afligidos a desprenderse de su relación anterior con el fallecido para dar cabida a nuevos objetos de apego. Este modelo de ruptura, apoyado por la aportación freudiana, abogaba por la aceptación de la pérdida, mientras que la clínica moderna fomenta el mantenimiento de los vínculos continuos. Ya no aconseja a los dolientes que pasen por el proceso de duelo y luego se desprendan de esta relación pasada, sino que, por el contrario, les invitan a nutrir y cuidar este vínculo interior con el fallecido. Las VSCD encajan perfectamente en esta visión moderna del duelo.

El artículo de Evrard y Dollander sobre las VSCD aterradoras, citado con anterioridad aborda este tema: «Los mensajes que comunican conocimientos sobre el más allá también podrían corresponder a otra forma de consuelo, más intelectual que emocional. La finalidad de este tipo de mensajes parece facilitar el desapego; la convicción de que el fallecido está bien donde está permite al doliente sentirse en paz. En el proceso de aceptación de la pérdida, este tipo de mensajes disminuye la tensión psíquica y, en particular, la alianza inconsciente que es fuente de culpabilidad. La idea de una vida prolongada en otro lugar facilita la transición: si el ser querido «sigue vivo», e incluso feliz, en un espacio confortable, la preocupación ya no es necesaria. En espíritu, la persona puede ahora concebir un espacio psíquico que acoge la realidad de la muerte.

La experiencia multisensorial de la vivencia subjetiva de contacto con un difunto actualiza en el presente la relación con el objeto, posibilitando su reparación allí donde el vínculo estaba potencialmente dañado por la muerte. ¡Si el cuerpo físico ya no existe, el objeto psíquico no está muerto! Por lo tanto, debe ocupar en lo sucesivo otra posición en el espacio psíquico. La VSCD parece manifestar este trabajo de subjetivación y reposicionamiento del objeto psíquico. Permite que las tensiones residuales encuentren una salida. De facto, el sujeto ya no está privado de la relación de objeto con el difunto; ahora está autorizado a no terminar esta relación: debe evolucionar *post mortem*. El otro se sitúa, en el mejor de los casos, en la posición de un objeto de amor omnipresente y omnipotente, que vela por la felicidad de los vivos. Esta representación de la supervivencia ofrece una compensación beneficiosa para los obstáculos a la continuidad relacional en una cultura que hace de la muerte una discontinuidad radical».[73] Evrard y Dollander concluyen: «Estos datos sobre las llamadas "experiencias espontáneas aterradoras" sugieren más bien que estas experiencias pueden ser catalizadoras de un duelo no patológico. En contradicción con el modelo de ruptura, estos resultados refuerzan el modelo de continuidad de los vínculos al sugerir un duelo paradójico: el duelo se realiza a costa de mantener siempre abierta y viva la relación con el fallecido».[74]

La aceptación de la irrevocabilidad de la ausencia física del ser querido es el elemento esencial (y el más difícil de alcanzar) del proceso de duelo. Las VSCD facilitan la aceptación de esta pérdida. En este sentido, estos contactos son de naturaleza terapéutica, ya que responden a las necesidades de los afligidos.

Para el 61% la VSCD facilitó la aceptación de la pérdida, el 13% no estaba seguro y para el 26% no la facilitó

Preguntamos a los encuestados si la VSCD era importante para su proceso de duelo.

---

73. Evrard, R.; Dollander, M.; Elsaesser, E.; Roe, C.A.; Cooper, C.E.; Lorimer, D. (2021). «Expériences exceptionnelles nécrophaniques et deuil paradoxal: études de la phénoménologie et des répercussions des vécus effrayants de contact avec les défunts». In: *Evolution Psychiatrique. 86(4), p. e12-e13.* https://doi.org/10.1016/j.evopsy.2021.05.002

74. *Op. cit.*, p. e1.

Para el 68% la VSCD es importante para el proceso de duelo, el 11% no estaba seguro y para el 20% no es importante

Los encuestados explican su punto de vista:

«Creo que es muy importante para el proceso de duelo saber que la energía del amor nunca muere y que nos reuniremos con nuestros seres queridos algún día, cuando nos llegue la hora de pasar al otro lado».

«Fue un punto de inflexión en mi proceso de duelo».

«Debido a las circunstancias de su muerte (sobredosis) la gente no hablaba de ello públicamente y eso hacía aún más difícil asimilar lo sucedido. Intentaba hacer el duelo en privado, pero sentía su muerte como un agujero que nunca podría llenarse. Después de sus visitas todo eso se borró».

«Es un consuelo porque sé que mi padre sigue por ahí, en algún lugar, pero a pesar de ello no he terminado el duelo. Lo que me resulta difícil, aunque estoy aliviada porque ya no sufre y es mejor para él, es no verlo, no oírlo, no abrazarlo…; eso es duro».

«Todavía estaría en una tormenta emocional si no hubiera recibido el mensaje».

«Es como aprender un lenguaje completamente nuevo y una nueva forma de ser, una aceptación y un aprecio por lo que continúa después de que haya ocurrido lo peor».

«Sin la certeza absoluta de que su espíritu sigue vivo, no podría ser fuerte en este lado de la vida».

«Este contacto alteró mis creencias sobre el más allá y me permitió aceptar una relación diferente con el difunto».

«Cambia la naturaleza del vínculo que tengo con la persona».

«Me dio esperanza, me hizo ver que la persona no se ha ido, solo que no se percibe con facilidad».

«Hago la diferencia entre aceptación y adaptación al cambio en este plano. Camino espiritual y proceso emocional van unidos, aunque no son la misma cosa. Sigo echando en falta a mi madre y en ocasiones con nostalgia, aunque acepte su partida... No me atormenta que no esté, aunque duela, porque sé que está bien».

«Saber de la posibilidad de conectar con mi padre genera otra dimensión de la ausencia física».

«El duelo fue tan violento que la VSCD fue salvadora, porque ni siquiera los pensamientos de nuestros hijos me impedían imaginar una forma de reunirme con él. La VSCD fue como un *shock* que me permitió levantar la cabeza y continuar mi vida sin él en la tierra».

Este entrevistado, sin embargo, no vio ningún beneficio evidente de la VSCD para su proceso de duelo:

«No estoy seguro. Quería a mi hermana, a mi padre y a mi amigo que se suicidó. Pero no soy de los que se inmovilizan con el dolor, al menos hasta ahora. Por mucho que sepa que la vida después de la muerte es un hecho, como cualquier otra persona normal, quiero que mis hijos me sobrevivan y quiero quedarme en este lado de la tumba el mayor tiempo posible suponiendo que mi vida es tolerable y merece la pena vivirla todavía. Creo en el hecho de la vida después de la muerte, pero no me siento capacitado para afirmar de forma rotunda o categórica que haber experimentado más de una VSCD haya sido una ayuda en el proceso de duelo para mí».

¿Qué pasa con la tristeza causada por la muerte de un ser querido? Las VSCD tranquilizan en cuanto al destino de los familiares y amigos fallecidos. Según los receptores, han encontrado una manera de manifestarse y hacerles saber que están vivos y bien. La tristeza es otra cosa, es inevitable porque está causada por la pérdida de la presencia física del ser querido.

¿Cuál es la opinión de nuestros encuestados sobre este tema? Les preguntamos.

¿Afectó la VSCD a la tristeza provocada por la pérdida de la persona o la tristeza siguió siendo la misma?

- ‣ Se redujo la tristeza: 44%
- ‣ Se eliminó la tristeza: 10%
- ‣ La tristeza sigue siendo la misma: 31%
- ‣ La tristeza se incrementó: 2%
- ‣ Inciertos: 5%
- ‣ Otro: 8%

Estas respuestas no son unánimes. Para un poco más de la mitad de nuestros encuestados, la tristeza se ha reducido o incluso eliminado por la VSCD, pero para el 31% se ha mantenido igual y para el 2% incluso ha aumentado.

Es evidente que estas experiencias no son milagrosas. La tristeza no se borra con un baño mágico. Hay algo más en juego.

Yo plantearía la hipótesis de que las vivencias subjetivas de contacto con un difunto desencadenan una toma de conciencia que permite a los receptores comprender la *verdadera naturaleza de la muerte*. Inician una nueva forma de considerar la pérdida de un ser querido y permiten que los afligidos vean su ausencia física bajo una nueva luz. Estos contactos abren la perspectiva de la existencia de una vida después de la muerte e insinúan la posibilidad de una reunión futura. Es obvio que, vistas desde este ángulo, estas experiencias pueden impactar en la tristeza de los afligidos. ¿Por qué estos contactos no liberaron de la tristeza a todos nuestros encuestados? No lo sabemos, pero sí sabemos que el duelo es un proceso muy complejo, multifacético, determinado por muchos factores y diferente para todos.

Cito a algunas de las personas encuestadas que describieron cómo su tristeza había sido modificada por la VSCD:

«No al instante, debido a mi curva de aprendizaje, pero la tristeza de la pena se reduce definitivamente ahora, debido a esta nueva conciencia de lo que puede ser, tanto ahora como en el futuro».

«La tristeza provocada por la pérdida ha desaparecido por completo. Sigue habiendo una tristeza (o quizá impaciencia) por la separación que continúa».

«La tristeza por la pérdida de mi hijo mejoró durante un pequeño tiempo después, pero sigue siendo grande».

«Una tristeza diferente y muy reducida».

«La tristeza se ha acabado en cierto modo. Se fortalece la memoria de lo compartido. La presencia interior, también».

«La emoción de la separación permanece, pero no es desesperación. Más bien podemos tener a veces un acceso de melancolía como cuando vivimos una relación a una distancia geográfica».

«No cura el dolor, pero hace que tenga sentido continuar nuestra vida aquí, sin la presencia física del fallecido. Sin embargo, en los días siguientes a los contactos, no sufrí más o mucho menos, porque me sentí como él cuando lo percibí».

«La tristeza permanece, profunda y arraigada, pero ha surgido la esperanza».

Vuelvo una vez más a la necesidad de aceptar la irrevocabilidad de la ausencia física definitiva del ser querido fallecido. Una vez comprendida y aceptada esta evidencia, el doliente puede cultivar el vínculo interior continuo con él o ella, una relación continuada que perdurará y que nada podrá romper jamás. Las VSCD abren la perspectiva de este vínculo relacional continuo que se manifestaría, muy excepcionalmente y de forma muy breve, durante estas poderosas experiencias.

¿Qué opinan nuestros encuestados? Les preguntamos cómo describirían su relación con el fallecido:

- ‣ Mi relación terminó cuando él / ella murió: 4%
- ‣ Pensé que la relación había terminado con la muerte, pero mi VSCD reveló que el vínculo continúa: 34%
- ‣ Creí que mi vínculo con el fallecido había continuado después de la muerte y mi VSCD profundizó la conexión: 49%
- ‣ Inciertos: 6%
- ‣ Otro: 7%

Así es como algunos de nuestros encuestados describen su continuada relación interior con el difunto:

«Ya no estoy en el limbo de tener un hermano desaparecido. He podido llorar su pérdida física, pero he conseguido una relación real y continua con él... Es como si estuviéramos en habitaciones diferentes, pero su influencia en los demás, y en mí mismo, en este mundo físico es la prueba de que sigue vivo, solo que en otra forma».

«Vuelves a estar en contacto con tu ser amado y listo para una nueva, mejor, pero diferente relación».

«Mi relación está intacta después igual que antes; solo tengo que lidiar con la ausencia física».

«El dolor emocional se disolvió. Tengo una nueva relación con mi padre. Diferente, pero más cercana ahora. Me entiende y su amor por mí es completo».

«El proceso de duelo implica la evolución de la relación, en su interiorización y metamorfosis. Y en la aceptación de lo que se pierde y lo que queda».

«Siempre he sabido que el vínculo continúa, pero que debemos aceptar el cambio en la naturaleza de ese vínculo».

«Tengo menos dudas sobre la relación interior que continúa. Creo que no es en un único sentido, de mí hacia él, sino que él me escucha y me envía señales para decirme "Estoy aquí"».

«Me hizo sentir más cerca y más conectado a mi padre después de su pérdida».

«Mi relación existe hoy de otra forma entre el mundo visible y el invisible, pero no es pesada ni omnipresente. Tan solo se expresa cuando es necesario».

Experimentar una VSCD en el período tan difícil del duelo es muy beneficioso, incluso terapéutico, siempre que los afligidos logren hacer una clara distinción entre la partida física definitiva del ser querido (que los obliga a reorganizar sus vidas en consecuencia), y esta relación interior continuada que ahora puede reforzarse y en la que estos contactos encajan perfectamente. Sin embargo, si las VSCD desencadenan la ilusión de que nada ha cambiado en su vida, si esperan con impaciencia el siguiente contacto, entonces esto es problemático porque el proceso de duelo puede bloquearse por la negación de la partida definitiva del ser querido.

¿Cómo afrontaron nuestros participantes este delicado aspecto del contacto espontáneo con una persona fallecida? Les hicimos la siguiente pregunta:

¿Tiene usted un fuerte deseo de tener un nuevo contacto con el fallecido o son suficientes los contactos percibidos para usted?

- Deseo fervientemente un nuevo contacto: 47%
- El/los contacto(s) es/son suficiente(s) para mí: 33%
- Incierto: 8%
- Otro: 12%

Estas son las opiniones de algunos de nuestros encuestados:

«Me encantaría tener más contacto, pero siento que él tiene que continuar su camino al igual que yo. Éramos almas gemelas y teníamos una relación especial, así que cualquier contacto que tengo es maravilloso y estoy llena de gratitud por ello».

«Quiero volver a ver a mi hermana, a mi padre y a todos los que han fallecido y que estaban cerca de mí. Pero, en cierto modo, creo en "un mundo a la vez". Puede sonar raro, o algo frío o distante, pero como sé que mis seres queridos están tan vivos como yo, y que los volveré a ver sin duda alguna, no siento la necesidad de estar en contacto frecuente con ellos. Creo que ellos también están ocupados, dondequiera que estén, y que volveremos a reunirnos y a disfrutar el uno del otro cuando me traslade al lugar donde están ahora».

«Trato de acostumbrarme a no tener más contactos y trato de no preguntar por ellos. Recibí mucho más de lo que podría haber imaginado. Si esto se detiene, haré todo lo posible por aceptarlo. Pero, en el fondo, no puedo decir que ya no deseo que haya más contactos, eso sería deshonesto. El vínculo fue muy, muy fuerte cuando mi amado estaba encarnado, y sigue siéndolo. Y creo que puedo decir honestamente que todavía es fuerte en ambos lados».

«Estoy convencida de que habrá otros contactos, pero no espero nada. Todo es justo».

«Por un lado, sí, sigo deseando tener contactos, y por otro, quiero que mi madre pueda seguir su camino después de la muerte con total libertad».

«Estoy seguro de que esperar un nuevo contacto es como atarlo a este plano de existencia del que ya se ha ido».

«Me encantaría tener un nuevo contacto, pero los que he tenido son preciosos y suficientes para mí».

«No tengo expectativas... Tomo con deleite lo que se manifiesta. No quiero retenerlo...».

«Deseo el contacto, pero entiendo que debe producirse cuando sea apropiado y necesario».

Y estas son opiniones algo diferentes de dos de nuestros encuestados:

«Porque [la VSCD] fue liberadora para ambos y después cada uno siguió su camino».

«Porque no todos necesitan ver a una persona; algunos necesitan simplemente dejar ir, no seguir aferrados, ya que a veces eso hace que sigan buscando contacto y no logren vivir en paz».

Preguntamos si nuestros encuestados tenían la costumbre de consultar a un médium con la intención de establecer contacto con una persona fallecida antes de su VSCD. Este no fue el caso de una gran mayoría.

El 20% consultó a un médium antes de la VSCD, el 1% no estaba seguro y el 79% sin consulta con un médium

Sin embargo, hubo un cambio después de la VSCD, ya que 352 personas sintieron la necesidad de establecer un contacto adicional con el fallecido a través de un médium.

El 36% consultó a un médium después de la VSCD, el 1%
no estaba seguro y el 63% sin consulta con un médium

Cuando los receptores tienen la oportunidad de poder consultar a un buen médium, aún tienen que saber gestionar estos momentos privilegiados y en especial no abusar de ellos. La consulta repetida, incluso frenética, de los médiums puede volverse adictiva y adormecer al doliente con la ilusión de que nada ha cambiado en su vida y que no es necesario iniciar el duelo. Mirar la realidad a la cara es el primer paso decisivo de este proceso.

¿Cómo gestionaron nuestros encuestados el uso de un médium? De sus testimonios se desprende que la VSCD no desencadenó un frenesí de consultas a médiums, ya que la mayoría consultó pocas veces:

«Lleva diez meses muerto y he consultado a tres».

«Solo una vez en una sesión pública, pero no funcionó».

«Dos veces en tres años y medio. Eso fue suficiente para estar en paz. Ya no necesito consultar a un médium, porque sé que todo va bien con él, que él me guía y que le volveré a encontrar cuando llegue el momento».

«Una vez en siete años».

«Una vez para ayudar a mi sobrina a hacer el duelo por su marido».

«Una vez al año».

«Dos veces en el espacio de tres años».

Esta encuestada comprendió la necesidad de no bloquear el proceso de duelo recurriendo con demasiada frecuencia a un médium:

«Consulté a este médium una decena de veces y luego quise dejar ir a mi esposo. También me parecía que estas sesiones me impedían seguir adelante sin él».

Cuando el duelo está bien encaminado, o incluso en proceso de ser resuelto, la necesidad de solicitar un contacto con el fallecido a través de un médium disminuye o incluso desaparece de forma natural:

«Quería conversar con él, pero ahora no siento la necesidad de hablar a través de un médium, por muy tentador que sea».

Aparte de consultar a un médium, ¿qué otra cosa pueden hacer los afligidos si quieren ponerse en contacto con un familiar o amigo fallecido? Es obvio que las VSCD no son la solución, ya que son *espontáneas*, supuestamente iniciadas por los fallecidos, y no pueden generarse de ningún modo de forma intencionada. No obstante, existen muchas tradiciones, prácticas y técnicas que podrían inducir o facilitar la conexión con los difuntos.

Una de estas técnicas se basa en una reminiscencia de la antigua tradición griega de consultar a los muertos a través de un «psicomanteo», que consiste en contemplar un charco de líquido oscurecido (que actuaría como una especie de espejo) en condiciones de baja iluminación para favorecer la obtención de imágenes visuales significativas. En su artículo «Mirror-and Eye-Gazing: An Integrative Review of Induced Altered and Anomalous Experiences», Caputo, Lynn y Houran señalan que «[...] en las últimas décadas los estudios clínicos y experimentales de las ciencias sociales, biomédicas y parapsicológicas han investigado el papel de los espejos en la producción de una serie de fenómenos sensoriales o perceptivos inusuales o anómalos. Estos pueden considerarse a veces de forma más amplia como variantes de las «experiencias de encuentro» (Evans, 2001; Houran, 2000; Pekala *et al.*,

1995), y específicamente las que se manifiestan en condiciones más controladas (o estructuradas) frente a las espontáneas (o no estructuradas) (véase Houran, 2000; Houran *et al.*, 2019)».[75]

El psicomanteo fue popularizado en 1993 por Raymond A. Moody en su libro *Reunions: Visionary Encounters with Departed Loved Ones.*[76] Moody considera que el psicomanteo es una herramienta útil para resolver el duelo. El procedimiento es sencillo: los sujetos se sientan en una habitación a oscuras, iluminada solo por una vela o una bombilla tenue, con un espejo en una de las paredes. Miran a la oscuridad reflejada con la esperanza de ver y establecer contacto con personas significativas fallecidas.

Algunos años después, Dianne Arcangel también tematizó esta técnica con su libro *Afterlife Encounters: Ordinary People, Extraordinary Experiences.*[77]

Estaría fuera del alcance de este libro presentar todas las técnicas identificadas para supuestamente establecer contacto con los difuntos, pero me gustaría presentar una segunda técnica que ha cobrado impulso en los últimos años, a saber, la terapia de las *comunicaciones después de la muerte inducidas*, en inglés «Induced After-Death Communications» o «ADC»* (VSCD inducidas). En 1995, el psicólogo estadounidense Dr. Allan Botkin desarrolló este método terapéutico, diseñado para ayudar a los veteranos de guerra a superar el estrés postraumático. «[La terapia IADC*] se centra en reducir la tristeza asociada al duelo mediante un protocolo modificado de la psicoterapia mente-cuerpo EMDR («Eye Movement Desensitization and

---

75. Caputo, G.; Lynn, S. J.; Houran J. (2021). «Mirror- and Eye-Gazing: An Integrative Review of Induced Altered and Anomalous Experiences». In: *Imagination, Cognition and Personality: Consciousness in Theory, Research, and Clinical Practice*, 2021, Vol. 40(4), p. 420.

76. Moody, R. (1993). *Reunions: Visionary Encounters with Departed Loved Ones.* New York: Mass Market Paperback.

77. Arcangel, D. (2005). *Afterlife Encounters: Ordinary People, Extraordinary Experiences.* Charlottesville, VA: Hampton Roads Pub. Co.

Reprocessing»).[78] Una vez alcanzado un mayor grado de resolución, se cultiva un estado de receptividad. En este estado, muchos clientes perciben una conexión profunda y afectuosa con el ser querido fallecido. Esto se experimenta típicamente a través de uno o más de los cinco sentidos o a través de alguna otra percepción de «sensación de presencia». Los clientes que se someten a la Terapia IADC® informan de una reducción significativa de la tristeza asociada a la muerte de un ser querido. A menudo informan de que problemas no resueltos en la relación con el fallecido podrían solucionarse, y dicen haber recibido respuestas a sus preguntas y afirmaciones sobre el bienestar de su allegado. Pero quizá lo más significativo es que los clientes dicen haber experimentado un profundo sentimiento de conexión con su ser querido y una transformación de los sentimientos de separación. Aunque la mayoría de los clientes creen en la autenticidad de la experiencia, las creencias no juegan ningún papel en la eficacia del tratamiento.[79]

¿Pueden establecerse paralelismos entre las VSCD espontáneas y las inducidas?

Las VSCD espontáneas y las VSCD inducidas tienen algunas similitudes, pero también importantes diferencias. Las VSCD espontáneas se producen de forma espontánea, sin intención ni solicitación de parte de los receptores. Las VSCD inducidas, en cambio, son más parecidas a la consulta de un médium con la esperanza de contactar con un allegado fallecido, con una *intención* por parte del receptor claramente identificada.

Las VSCD espontáneas son muy breves, mientras que las VSCD inducidas duran mucho más (sesiones de noventa minutos, sin contar el tiempo del proceso de condicionamiento y el *debriefing*). Por lo

---

78. La desensibilización y el reprocesamiento por movimientos oculares (EMDR) es una forma de psicoterapia desarrollada por Francine Shapiro a partir de 1988 en la que se pide a la persona tratada que recuerde imágenes angustiosas; a continuación, el terapeuta dirige al paciente en un tipo de estimulación bilateral, como movimientos oculares de lado a lado o golpes con la mano.

79. https://iadctherapy.com/about/

tanto, en las sesiones de VSCD inducidas se entrega una cantidad de información mucho mayor, aunque los receptores de VSCD espontáneas afirman a veces que, a pesar de la brevedad de su experiencia, han obtenido mucha información del fallecido, como si el contacto hubiera ocurrido fuera del tiempo o en un tipo de tiempo diferente.

Otra diferencia notable está relacionada con las circunstancias del contacto. Los clientes que consultan a un terapeuta de VSCD inducida están de luto, a veces en una situación de duelo complicado, y esperan que la sesión les haga sentirse mejor, alivie su pena y, en el mejor de los casos, les ofrezca la dicha de una última palabra de amor del allegado fallecido. Por otro lado, los receptores de VSCD espontáneas no esperan nada, no desean nada y a menudo están sobrecogidos por la belleza y la fuerza de esta experiencia que reciben como un regalo inesperado. Además, como hemos visto en las páginas anteriores, las personas que experimentan una VSCD espontánea no siempre están de luto.

No obstante, existen similitudes entre las VSCD espontáneas y las VSCD inducidas, en particular con respecto al impacto de estas experiencias en el proceso de duelo. Los mensajes percibidos durante ambos tipos de contacto son similares en cuanto al consuelo que proporcionan, al amor que transmiten y a la convicción de los receptores de que su ser querido fallecido ha sobrevivido a la muerte física.

El tema de la tristeza es esencial en el proceso de duelo, y también es central en el método desarrollado por el Dr. Botkin. Durante una sesión de VSCD inducida, y sobre la base de la técnica EMDR, se invita a los clientes a hablar de su duelo y a sentir plenamente su tristeza, cuya intensidad aumenta hasta alcanzar su punto máximo antes de disminuir de forma gradual. Es en este estado de conciencia particular en el que parece haberse producido el contacto con el fallecido. Por el contrario, para las VSCD espontáneas, el impacto sobre la tristeza es la *consecuencia* del contacto, ya que el 44% de nuestros encuestados indicaron que la tristeza se redujo como resultado de su experiencia, y para un 10% incluso se eliminó. Para el 31%, sin embargo, la tristeza se mantuvo igual, y para el 2% incluso aumentó.

Cierro aquí el paréntesis de los contactos con los fallecidos supuestamente inducidos por diferentes técnicas.

Una pequeña mayoría de los encuestados consideró que el proceso de duelo habría sido diferente si no hubieran vivido la VSCD.

Para el 57% el proceso de duelo habría sido diferente,
el 21% no estaba seguro y para el 22% habría sido el mismo

He hecho una selección de consideraciones de aquellos que sienten que el proceso de duelo habría sido diferente sin la VSCD:

«El proceso habría sido diferente y quizá más extenso y severo sin la esperanza que da la VSCD».

«Creo que su muerte habría sido mucho más dura para nosotros si no nos hubiera mostrado o dicho lo hermosa que era».

«Sin poder hablar con ella y que se pusiera en contacto conmigo de la forma en que lo hizo y me diera las pruebas, a día de hoy estaría muy deprimida. Ahora estoy triste porque se ha ido, pero sé que la volveré a ver y que todavía puedo hablar con ella, eso ayuda mucho».

«Habría sido más largo, doloroso y destructivo».

«Hasta que recibí sus mensajes estuve a punto de suicidarme. Me ha levantado y me ha enviado a una nueva dirección en la vida».

«Siento que sentirle y poder establecer contacto me reconfortó mucho. Creo de verdad que intentaba asegurarse de que yo estaba bien. El nivel de compasión fue increíble, así que sin duda creo que marcó una diferencia tremenda».

«Cuando muere un ser querido tienes la sensación de pérdida, pero además te sientes abandonado por esa persona. Cuando el ser querido se pone en contacto contigo, la sensación de abandono disminuye porque sientes que todavía se preocupa por ti aunque haya dejado el mundo físico».

«Sé por el contacto con mi hermano fallecido que ya no es la persona mentalmente torturada que era cuando se quitó la vida. Es muy tranquilizador saberlo, y saber que otros pueden superar las dificultades que sus cerebros y cuerpos físicos les causaron en vida».

«Fue la primera vez que sentí alegría tras la muerte de mi marido; no habría tenido ese breve alivio del dolor tan pronto sin la VSCD».

«No puedo imaginar haberle perdido por completo. Fue una tragedia incluso con la VSCD. Sin ella, no estoy segura de haber elegido seguir viviendo».

«Como se suicidó en un estado de desesperación avanzada, me habría sentido muy triste por él, y no habría sabido cómo consolarme por este acto terrible. Gracias a mi visión, supe que había hecho bien en irse y que ahora era feliz. Así que no me sentí triste».

Finalmente, preguntamos cómo se sentían los participantes por haber experimentado la VSCD. Los resultados muestran que es una experiencia muy valorada, ya que más del 90% la «atesora» o está «muy feliz» de haberla tenido.

- La atesoro: 71%
- Muy feliz: 20%
- No me importa: 3%
- Muy infeliz: 0%
- Desearía que nunca hubiera sucedido: 1%
- Inciertos: 4%

Esta sección ha permitido proporcionar información sobre el papel de las VSCD en este período tan difícil de duelo, al que todos nos hemos enfrentado o nos enfrentaremos algún día. Los seres queridos fallecidos ya no están con nosotros, y nunca volverán a estar físicamente presentes, pero saber que parecen estar vivos y cómodos en su nueva existencia, de la que no sabemos nada, es una inmensa fuente de alivio y consuelo. La sensación de que los fallecidos velan por nosotros y están a nuestro lado, tal vez en cualquier momento o cuando las circunstancias lo requieran, es una fuente de solaz para los afligidos.

Las VSCD facilitan en gran medida la toma de conciencia de la existencia de un vínculo interior continuo y duradero con el fallecido, que es uno de los principales objetivos del proceso de duelo. Una gran proporción de nuestros participantes (73%) experimentó una curación emocional como resultado de la VSCD y la mayoría de ellos informó de un efecto beneficioso en su proceso de duelo.

Algunas palabras para concluir

Nuestro proyecto de investigación no podría haberse completado (y este libro no existiría) si nuestros 1.004 participantes no se hubieran tomado la molestia y el tiempo para completar un largo cuestionario. Que todos y todas reciban un caluroso agradecimiento en nombre de nuestro equipo. Gracias a la riqueza de sus aportaciones, se ha hecho más profunda nuestra comprensión del fenómeno de las vivencias subjetivas de contacto con un difunto y se ha hecho evidente el impacto beneficioso y transformador de estas experiencias.

Se pueden extraer varias lecciones de nuestra encuesta. En primer lugar, los datos recopilados permiten una mejor comprensión de las modalidades y circunstancias de la ocurrencia de las VSCD. Una de las preguntas formuladas mostró que estos contactos ocurren, en su gran mayoría, en el contexto familiar, incluidas las parejas, con algunas variaciones para los diferentes grupos lingüísticos. Los datos recopilados indican que una relación muy cercana y afectuosa entre el receptor y el fallecido durante su vida es un elemento importante para la ocurrencia de las VSCD. Los contactos con difuntos con quienes los receptores no eran particularmente cercanos son más raros y, a menudo, sirven para transmitir un mensaje destinado a los familiares del difunto.

Además, los datos recopilados arrojan luz sobre un aspecto que no se ha mencionado ni estudiado a menudo en investigaciones anteriores: la percepción de personas fallecidas desconocidas para los receptores. La significación de estas VSCD no es evidente de inmediato. Claramente, no sirven para consolar a los receptores, sino que parecen centrarse en las necesidades de los fallecidos que parecen manifestarse donde sea posible, donde pueden ser percibidos, incluso con extranjeros. Las VSCD con fallecidos desconocidos son más frecuentes de lo que esperábamos y parecen ser de una naturaleza muy diferente a los contactos con un ser querido fallecido. Los receptores a menudo se sienten desconcertados o incómodos, incluso asustados por estos contactos, porque carecen de la conexión emocional que los convierte en experiencias tan hermosas y reconfortantes. Aunque se pueden adelantar algunas hipótesis, el hecho es que el misterio sobre la función y el significado mismo de estos contactos con personas fallecidas desconocidas sigue sin resolverse.

Otro hallazgo importante de la encuesta es que el duelo no es un requisito previo para experimentar una VSCD. Más de una cuarta parte de nuestros participantes ya no estaban de luto o nunca han estado de luto por el fallecido percibido durante la VSCD, y una de las preguntas formuladas revela que el 12 % de los encuestados de habla hispana percibió a una persona fallecida que no conocían. Los datos recopilados cuestionan la hipótesis materialista, a menudo avanzada, de que las VSCD son solo ilusiones, incluso compensaciones inconscientes debido al dolor del duelo.

También aprendimos de la investigación que las VSCD impactan de forma significativa en el sistema de creencias de los receptores. Experimentar una VSCD tiene consecuencias en la concepción de la muerte y, por lo tanto, de la vida. Estas experiencias a menudo inician una reflexión, incluso un cuestionamiento de convicciones previas a la VSCD. La consecuencia puede ser un interés nuevo o ampliado por las cuestiones existenciales. Nuestros datos muestran que la espiritualidad se ve muy reforzada por las VSCD, ya que el nombre de nuestros encuestados que se consideran espirituales prácticamente se ha duplicado como resultado de su experiencia.

Una serie de preguntas nos informaron sobre la impresión de realidad de las VSCD por parte de los receptores. Ya sea que suscribieran o no la hipótesis de la existencia de una vida después de la muerte antes de su experiencia, están casi únanimemente convencidos de la autenticidad de su VSCD, y esta creencia se fortalece aún más con el paso del tiempo. El cambio en el sistema de creencias a favor de la hipótesis de supervivencia de la conciencia después de la muerte física es muy significativo, con solo el 1% de nuestros encuestados que no se adhiere después de su VSCD. Además, el impacto de las VSCD en el miedo ancestral a la muerte es deslumbrante (más del 60% de nuestros encuestados atestiguan que su miedo a la muerte ha disminuido o desaparecido después de la VSCD) y da testimonio de la fuerza de estas experiencias. El impacto de las VSCD en las creencias es innegable.

Otro hallazgo clave de la encuesta demuestra el poderoso efecto de las VSCD en el proceso de duelo. La gran mayoría de los encuestados afirma que su experiencia les trajo consuelo y sanación emocional. Las VSCD son mucho más que una simple percepción del difunto. Son las emociones sentidas y percibidas durante el contacto y la información recibida las que les dan todo su significado. La información esencial inherente a la propia ocurrencia de la VSCD proporciona la convicción subjetiva a los receptores de que su ser querido sobrevivió a la muerte del cuerpo. Una gran mayoría de nuestros participantes percibió un mensaje adaptado a ellos personalmente. Los mensajes percibidos son bastante homogéneos. En general, los fallecidos comunican que están felices y aseguran a los enlutados su apoyo y amor.

El desafío esencial del proceso de duelo es aceptar la ausencia física definitiva del ser querido y tomar conciencia de la existencia de un vínculo interior continuo y duradero con él o ella. Las VSCD encajan perfectamente en este proceso, ya que abren la perspectiva de un vínculo relacional continuo y dinámico entre los vivos y los fallecidos que se materializaría en momentos raros y preciosos. Este vínculo no parece ser solo característico de la relación tal como era en el momento de la muerte, sino que parece evolucionar de forma dinámica después de ella. Varios testimonios reproducidos en las páginas anteriores sugieren en particular que una reconciliación más allá de la muerte es posible y que nunca es tarde para comprender, reparar, perdonar y ser perdonados, y expresar amor.

Se podría haber supuesto que la breve percepción del difunto podría haber hecho aún más dolorosa su ausencia física y aumentado el sentimiento de soledad de los dolientes. Sin embargo, este no era el sentimiento del 80% de nuestros encuestados. Los datos recopilados muestran que la mayoría de nuestros participantes están convencidos de la existencia y sostenibilidad de este vínculo interno con su ser querido fallecido, y su convicción es tan fuerte que ya no necesita, para perdurar, apoyarse en una percepción breve del difunto como ocurre durante las VSCD.

Los resultados de la encuesta revelan que las VSCD son beneficiosas, incluso de naturaleza terapéutica, porque satisfacen las necesidades de los dolientes. Cabe destacar, sin embargo, que estas experiencias no eliminan siempre o completamente la tristeza por la ausencia física definitiva del ser querido, ni permiten evitar el proceso del duelo.

La última lección a destacar informa de que nuestros participantes le dan un lugar importante a las VSCD en los sucesos que marcaron su existencia. Recuerdan su experiencia con gran detalle durante años, si no décadas, después de suceder. Los testimonios de las páginas anteriores dan muestra de ello: la gran mayoría de los participantes considera que su VSCD es una experiencia muy conmovedora, impactante, memorable, consoladora y positiva. Los datos recopilados indican que haber experimentado un contacto espontáneo con un ser querido fallecido es un acontecimiento muy valorado y atesorado por casi todos nuestros participantes.

Este no es el final de la historia, sino el principio, ya que empezamos a construir una comprensión de este fenómeno potencialmente transformador y a menudo profundamente consolador. Todavía queda mucho por hacer. Confiamos en que la investigación de la conciencia en general, y la continuación de nuestro proyecto de investigación (así como la realización de proyectos similares por parte de otros) en particular, aportarán más conocimientos y una comprensión aún más profunda de las vivencias subjetivas de contacto con un difunto de carácter espontáneo.

Llamada a los testimonios

Si cree que ha experimentado una VSCD y le gustaría compartirla, puede enviarme su breve testimonio a mi dirección de correo electrónico:

evelyn@evelyn-elsaesser.com
Sus experiencias serán valiosas para nuestra investigación en curso.

¡Gracias de antemano!

Sobre la autora

La suiza Evelyn Elsaesser es experta en experiencias relacionadas con la muerte, es decir, las vivencias subjetivas de contacto con un difunto (VSCD), las experiencias cercanas a la muerte (ECM) y las experiencias al final de la vida, incluidas las visiones en el momento de la muerte. A lo largo de los últimos treinta y cinco años, ha dedicado gran parte de su tiempo a la investigación y difusión de información sobre estos fenómenos relacionados entre sí. Es autora de numerosos libros, capítulos de libros y artículos sobre esta temática. Sus libros se han traducido a varios idiomas.

Desde hace una década, ha centrado su trabajo en las vivencias subjetivas de contacto con un difunto (VSCD) espontáneas y directas. Como primer paso, tradujo al francés el libro *Hello from Heaven*[80] que trata de las VSCD, de los autores estadounidenses Bill y Judy Guggenheim. Esta traducción, con una introducción escrita por ella misma, se publicó en el 2011 con el título *Des nouvelles de l'au-delà*.[81] En el 2017, publicó su propio libro dedicado a las VSCD titulado *Quand les défunts viennent à nous: Histoires vécues et entretiens avec des scientifiques*.[82]

---

80. Guggenheim, B.; Guggenheim, J. (1996) *Hello from heaven!: A new field of research (after-death communication) confirms that life and love are eternal*. New York: Bantam Books.

81. Guggenhein, B.; Guggenheim, J. (2011) *Des nouvelles de l'au-delà: de nouveaux champs de recherche sur l'après-vie confirment que la vie et l'amour sont éternels; avec une introduction d'Evelyn Elsaesser-Valarino*. Traducido por Evelyn Elsaesser-Valarino. Paris. Éd. Exergue.

82. Elsaesser, E. (2018) *Quand les défunts viennent à nous: Histoires vécues et entretiens avec des scientifiques*. 3e édition. Paris. Editions Exergue.

332 • CONTACTOS ESPONTÁNEOS CON UN FALLECIDO

Este libro ha sido publicado en español con el título *Cuando los difuntos nos visitan. Testimonios personales y entrevistas con científicos.*[83]

Tras la publicación de este libro, recibió cientos de correos electrónicos y cartas de personas que experimentaron un contacto espontáneo con un familiar o amigo fallecido. De esta correspondencia se destacó claramente que las personas que han tenido una VSCD (llamadas «los receptores») estaban muy agradecidas, incluso aliviadas, de poder ponerle nombre a esta experiencia. Aunque los contactos se habían producido a veces hace décadas y les habían impactado profundamente, no podían compartirlos con su entorno ni encajarlos en su propia concepción de la realidad.

Se hacía evidente que había llegado el momento de emprender un proyecto de investigación a gran escala dedicado a estas experiencias, muy comunes y, sin embargo, tan poco investigadas. Desarrolló un concepto para un proyecto de investigación con el fin de obtener una beca que le fue otorgada por una fundación. Una vez constituido el equipo del proyecto, se pudo llevar a cabo el proyecto de investigación titulado «Investigación de la fenomenología y del impacto de las vivencias subjetivas de contacto con un difunto (VSCD) espontáneas y directas».

Una difusión lo más amplia posible del conocimiento actual sobre las VSCD le parece esencial a la autora, tanto para los receptores como para cualquier otra persona porque todos podemos experimentar una VSCD algún día. Una información experta y diversificada dará un lenguaje común y un conocimiento compartido de este fenómeno tan frecuente y siquiera inexistente en los medios de comunicación y el discurso público.

Evelyn Elsaesser es líder del proyecto «Investigación de la fenomenología y del impacto de las vivencias subjetivas de contacto con un difunto (VSCD) espontáneas y directas».

Es cofundadora y miembro del comité ejecutivo de Swiss IANDS (International Association for Near-Death Studies).

---

83. Elsaesser, E. (2018) *Cuando los difuntos nos visitan. Testimonios personales y entrevistas con científicos*. Madrid: Urano.

Sirvió durante muchos años como coordinadora de la rama suiza del Scientific and Medical Network (SMN).
Sitio web del proyecto: www.adcrp.org
Sitio web personal: www.evelyn-elsaesser.com

Libros de la autora

Traducidos al español

Elsaesser, E. (1999) Al otro lado de la vida: Explorando el fenómeno de la experiencia ante la cercanía de la muerte, Ediciones internacionales universitarias, Madrid. ISBN 978-8489893825

Elsaesser, E. (2018) Cuando los difuntos nos visitan: Testimonios personales y entrevistas con científicos, Kepler/Urano, Madrid. ISBN 978-8416344277

Las demás obras de la autora (incluidas las traducciones), así como sus artículos y contribuciones a obras colectivas, se pueden consultar en su sitio web:

https://www.evelyn-elsaesser.com/books/

Publicaciones resultantes del proyecto de investigación

Elsaesser, E. (2021). Contacts spontanés avec un défunt: Une enquête scientifique atteste la réalité des VSCD. Editions Exergue, Paris, France. ISBN 978-2361883973

Elsaesser, E., Roe, C.A., Cooper, C.E., Lorimer, D. (2022). «Phänomenologie und Auswirkungen von spontanen Nachtod-Kontakten (NTK) - Forschungsergebnisse und Fallstudien». Journal of Anomalistics / Zeitschrift für Anomalistik, Band 22 (2022), S. 36–71 http://dx.doi.org/10.23793/zfa.2022.36.

Elsaesser, E. (2021). Spontane Kontakte mit Verstorbenen: Eine wissenschaftliche Untersuchung bestätigt die Realität von Nachtod-Kontakten. Crotona Verlag, Amerang, Deutschland. Originaltitel: Contacts spontanés avec un défunt. ISBN 978-3861912248

Elsaesser, E. (In press). Spontaneous Contacts with the Deceased: A large-scale international survey reveals the circumstances, lived experience and beneficial impact of After-Death Communications (ADCs). John Hunt Publishing – IFF Books (Academic and Specialist Imprint), Old Alresford, UK. Original title: Contacts spontanés avec un défunt.

Elsaesser, E., Roe, C.A., Cooper, C.E., & Lorimer, D. (2021). «The phenomenology and impact of hallucinations concerning the deceased». BJPsychOpen., Volume 7, Issue 5, September 2021, e148 DOI: https://doi.org/10.1192/bjo.2021.960

Evrard, R., Dollander, M., Elsaesser, E., Roe, C. A., Cooper, C.E., Lorimer, D. (2021). «Exceptional necrophanic experiences and paradoxical mourning: studies of the phenomenology and the repercussions of frightening experiences of contact with the deceased». Evolution Psychiatrique. Volume 86, Issue 4, November 2021, pp. e1-e24 https://doi.org/10.1016/j.evopsy.2021.09.001

Evrard, R., Dollander, M., Elsaesser, E., Roe, C. A., Cooper, C.E., Lorimer, D. (2021). «Expériences exceptionnelles nécrophaniques et deuil paradoxal: études de la phénoménologie et des répercussions des vécus effrayants de contact avec les défunts». Evolution Psychiatrique. 86(4), pp. 799-824/ pp. e1-e24. https://doi.org/10.1016/j.evopsy.2021.05.002

Penberthy, J.K., Pehlivanova, M., Kalelioglu, T. Roe, C.A., Cooper, C.E., Lorimer, D. & Elsaesser, E. (2021). «Factors Moderating the Impact of After Death Communications on Beliefs and Spirituality», OMEGA: Journal of Death & Dying. July 9, 2021. .DOI: 10.1177/00302228211029160

Woollacott, M., Roe, C.A., Cooper, C.E., Lorimer, D., Elsaesser, E. (2021). «Perceptual Phenomena Associated with Spontaneous After-Death Communications: Analysis of visual, tactile, auditory and olfactory sensations». Explore: the Journal of Science and Healing, 17/3. DOI: 10.1016/j.explore.2021.02.006

Todas las publicaciones del proyecto de investigación están disponibles en el sitio web del proyecto: www.adcrp.org